LE BONHEUR À L'ÉCOLE

Martin Meissonnier
Sandra Bérézaie

LE BONHEUR À L'ÉCOLE

En 50 initiatives

Les Presses de la Cité

Les Presses de la Cité, un département Place des Éditeurs
92, avenue de France – 75013 Paris

ISBN 978-2-258-20770-7
Dépôt légal : août 2024

À Céline, Neïla, Alice

À Romain, Élise, Sasha

Ce livre est un carnet de voyage qui commence en Inde par la Riverside School, meilleure école au monde, selon World's Best School Prizes 2023[1], pour son approche de l'éducation centrée sur l'élève.

Après ce voyage inaugural, nous avons posé nos caméras un peu partout en Europe, en gardant toujours à l'esprit que l'ère numérique bouleverse le rapport au savoir et à l'autre, renforce le besoin de faire ensemble et de redonner du sens à l'apprentissage. Quant au développement de l'intelligence artificielle, il accentue encore l'urgence de s'interroger sur les fins et les moyens de l'éducation.

Comment parler de numérique à l'école sans aller observer le système éducatif estonien, qui a misé sur les nouvelles technologies et qui est considéré comme l'un des plus performants au monde ? Ce petit pays se place, en effet, régulièrement en haut du classement européen du PISA (Programme international pour le suivi des acquis des élèves[2]). Qu'en est-il chez ses voisins, l'Allemagne, la Belgique, la Suisse ou la France ?

Ce livre réunit 50 exemples pratiques d'actions pédagogiques vécues, lors de nos tournages, comme autant d'expériences d'apprentissage à découvrir, à s'approprier et à adapter, dans lesquelles enfants, parents et enseignants vivent l'école comme une étape heureuse de l'existence.

Pour rédiger ce livre, Sandra Bérézaie a repris notre enquête et l'a mise en mots. Ses talents de narratrice enrichis par ses années passées à enseigner rendent ces voyages vivants et joyeux.

En fonction du temps dont vous disposerez, du thème et du pays que vous aurez envie de visiter, les initiatives peuvent aussi être lues séparément. Elles sont souvent enrichies d'outils pédagogiques spécifiques, sous forme d'encadrés symbolisés par une boussole.

Le bonheur à l'école, c'est possible !

Sommaire

Préface

« Le Bonheur à l'école », c'est d'abord un film, puis une série, ensuite une plateforme web interactive. Aujourd'hui, c'est un livre conçu comme une boîte à outils dans laquelle piocher des idées innovantes et stimulantes qui font évoluer l'école et les apprentissages.

Depuis une trentaine d'années, la baisse des résultats est générale, l'acquisition des connaissances est moins maîtrisée. Les inégalités de performance, qui reflètent les inégalités sociales, se sont particulièrement creusées : les élèves dont les parents sont moins favorisés ont des résultats de 30 à 50 % moins bons que ceux des milieux plus favorisés. En France, comme en Allemagne ou en Belgique, cet écart inquiétant est plus important que celui de la moyenne de l'OCDE. Et partout des élèves décrochent, en France comme ailleurs. La situation est préoccupante et nos résultats aux classements internationaux le confirment[3].

Pourtant, au fil de notre enquête et de nos tournages, nous avons découvert et filmé des exemples concrets de méthodes qui font entrer le bonheur à l'école. Des initiatives de pédagogues engagés qui, aux quatre coins du monde, réinventent l'éducation pour apprendre à nos enfants à apprendre, dans un monde où la technologie bouleverse les rapports à la connaissance, au travail. Dans un monde où la capacité à s'adapter est cruciale pour avancer et rebondir. Dans un environnement numérique où ceux qui auront appris à développer leur esprit critique, à être autonomes, créatifs et flexibles auront un avantage.

Résultat : 50 expériences simples et pratiques dont nous pouvons nous inspirer pour donner, aujourd'hui et demain, du sens à l'école.

Une école où on prend confiance en soi : c'est ça l'idée !

J'ai grandi, au milieu du XXe siècle, dans un système scolaire encore figé dans le XIXe siècle. Un système très centralisé, avec des programmes imposés, un enseignement vertical et dogmatique. J'étais parti pour être un bon élève, mais le collège et le lycée ont commencé à me perdre parce que la plupart des enseignements dispensés ne correspondaient pas à grand-chose de ce qui m'intéressait.

Par exemple, j'étais très bon en maths jusqu'à l'introduction des « maths modernes », concept abstrait auquel même les profs ne croyaient pas. La radicalité de cette réforme, cet excès d'abstraction m'ont complètement déconnecté de l'école. J'ai tout de suite eu l'intuition que cette approche des mathématiques n'allait jamais me servir à quoi que ce soit. J'ai commencé à éprouver un sentiment de frustration envers l'école et ses apprentissages trop théoriques. Le collège avait perdu, à mes yeux, le côté pratique, utile et concret qui m'avait enchanté dans le primaire.

Jusqu'à ce que j'aie la chance d'avoir quelques professeurs hors norme qui ont su redonner au décrocheur que je devenais l'envie et les ressources d'apprendre à apprendre.

Souvent sévère mais terriblement charismatique, Jean Lespinasse, mon professeur principal de quatrième, a fait naître en moi une passion pour la littérature, le français et même le latin ! Il n'avait pas son pareil pour nous conter le génie de César, de Cicéron, de Platon, de Che Guevara... et surtout le sien. À travers ses portraits de personnages qui repoussent leurs limites (dans lesquels il semblait se reconnaître), il nous aura appris à identifier notre singularité et à nous donner envie de nous dépasser.

Refusant de nous imposer les flûtes à bec pour jouer des rengaines, Renaud Gagneux, tout jeune prof de musique, élève passionné de Stockhausen, nous explique, en troisième, que chaque courant musical important est sous-tendu par une nécessité sociale, politique et des influences culturelles. Il nous apprend à écouter et à décrypter. De Jean-Sébastien Bach à Jimi Hendrix, en passant par les musiques traditionnelles, avec lui la musique devient plus que des sons, elle a du sens. En seconde, monsieur Capello, professeur d'histoire intransigeant, nous montre comment nous méfier des exégètes, rechercher systématiquement les sources primaires, les documents originaux et recouper les informations – chose rare à l'époque ! Un professeur anti-fake news avant l'heure ! Sa rigueur m'a donné de précieux réflexes d'analyse, source de découvertes jubilatoires ultérieures. Bien des années après, je me retrouverai dans le désert du Yémen, à chercher le palais de la reine de Saba, et plus tard encore dans la jungle du Népal, sur les traces du Bouddha historique.

En se donnant les moyens de faire aimer leur objet de recherche d'une façon personnelle, surprenante, ces trois professeurs singuliers m'ont appris à penser par moi-même, à aiguiser mon esprit critique et ma curiosité.

J'étais déjà passionné de guitare, saxophoniste amateur et bidouilleur de sons, je choisis de faire de la musique mon métier, contre l'avis de mes parents qui me voyaient plutôt embrasser une carrière de comptable... Je décide de ne pas passer le bac, mes parents me mettent à la porte. Dont acte. Je commence à travailler et je crée ma première entreprise.

Quarante ans plus tard, je croise un directeur de chaîne TV persuadé qu'il y a deux Martin Meissonnier, l'un travaillant dans la musique et l'autre dans le documentaire. J'ai préféré ne pas lui dire qu'il y en avait bien plus : journaliste, guitariste, compositeur, DJ, producteur d'artistes, auteur, réalisateur et producteur de documentaires.

Les passages d'un métier à l'autre n'ont pas toujours été faciles. J'ai eu des très hauts et des très bas, traversé bien des doutes et des crises, mais j'ai toujours eu envie de continuer à apprendre. Ces trois professeurs avaient réussi à semer en moi la précieuse petite graine qui allait me permettre d'affronter l'avenir : la confiance en moi.

La musique m'a permis de m'ouvrir au monde, le documentaire de l'interroger

Au début des années 1980, le numérique commence sa lente et profonde révolution, je lui emboîte le pas. Internet n'est encore qu'une messagerie qui permet d'envoyer des infos en temps réel. Même si le réseau est encore bridé, il devient possible d'échanger des messages avec le monde entier. Pendant que mes copains font leurs « humanités » sur les bancs de l'université, je pianote des codes sur mon Tandy TRS-80 connecté à mon modem pour contacter des musiciens, organiser ou vendre des concerts, réserver des chambres d'hôtel et envoyer des factures.

Plus tard, devenu DJ, producteur de spectacles, compositeur et mélangeur de genres, je mixe et remixe du son jusqu'à me retrouver, de 1989 à 1994, rédacteur en chef de « Mégamix », une émission musicale hebdomadaire, d'abord diffusée sur La Sept, puis sur France 3 et sur Arte. Et là, en observant les réalisateurs qui collaborent à l'émission, je prends goût à l'image.

Depuis, j'ai réalisé plus de 25 films documentaires, dans des dizaines de pays. Que ce soit dans des domaines aussi variés que l'histoire, la musique, la technologie, la politique ou l'écologie, ce sont tous des films positifs, faits dans un but citoyen, pour interroger et proposer d'autres façons de voir, toujours dans une perspective globale.

Entre 1996 et 1998, je réalise plusieurs « Thema » pour Arte sur l'avènement du World Wide Web et les transformations que cela va induire. Ces films anticipent la fin de l'argent liquide, la communication interplanétaire et le savoir mondial accessible à tous, mais soulèvent déjà de grandes inquiétudes. Certaines phrases d'Alvin Toffler, écrivain, sociologue et futurologue américain, interviewé dans « Internet, un monde digital » (1996), sont d'ailleurs d'une actualité troublante aujourd'hui : « Les gens ne croiront plus à ce qu'ils verront, ils deviendront blasés. » Il y a presque trente ans, il anticipait déjà l'avènement des fake news, de l'intelligence artificielle et de la réalité virtuelle. Mais il n'imaginait pas encore le Métavers, ni TikTok et les algorithmes qui exploitent l'économie de l'attention.

Après ces films et cette plongée dans le numérique, il m'a semblé évident qu'une nouvelle ère commençait et qu'il faudrait vite s'y adapter. Le futur allait exiger d'apprendre en continu pour être à l'aise avec les avancées technologiques et ne pas être marginalisé.

Très vite, j'ai pris conscience que la question de l'éducation sous-tendait tous les sujets. Parce que nous avons toutes et tous un rapport passionnel à notre propre éducation. Que nous la jugions bonne ou défaillante, elle est la paire de lunettes qui nous permet de voir le monde et de nous y adapter.

Comment naît *Le Bonheur à l'école* ?

Vingt ans plus tard, alors que je prépare mon film *Le Bonheur au travail*, la France est sous le choc d'une grande vague de suicides de salariés, souvent mis au placard. En découvrant la lettre d'adieu d'un de ces désespérés, je lis la détresse d'un homme qui a consacré sa vie au travail mais s'est senti incapable de se réinventer quand on lui a signifié qu'il était rétrogradé. Héritier d'une éducation qui ne l'avait pas préparé à envisager un nouveau métier, à rebondir, à être flexible. Le « bonheur au travail » résonne alors comme un oxymore. Ce constat, déjà terrible au début du XXIe siècle, s'avère l'être encore plus aujourd'hui, quand des pans entiers de l'économie sont en mutation et que certains métiers disparaissent à vitesse grand V, quand d'autres apparaissent.

Le monde a changé : la société de l'ère industrielle dans laquelle nous avons grandi n'était pas tendre avec les « perdants », l'ère numérique semble l'être encore moins avec les « non-flexibles ». Les jeunes d'aujourd'hui et les adultes de demain devront exercer plusieurs métiers, qui s'inventent au fur et à mesure des avancées technologiques.

De nouveaux modes de communication ont été activés sans qu'on ait étudié leur impact : les réseaux sociaux et les jeux vidéo en ligne font désormais partie de la vie des adolescents et de leurs parents. Ces plateformes d'échanges et de jeux permettent de construire des communautés d'esprit foisonnantes mais produisent aussi parfois le pire : la déconnexion du réel, le harcèlement, les violences incontrôlées et les prédateurs qui avancent masqués.

Je pense que l'École doit être à l'avant-garde de ces combats. Protéger les enfants des déviances de la société de l'information tout en leur donnant les clés pour s'en servir à bon escient, pour comprendre et analyser ce qui les entoure, cesser d'être des consommateurs passifs et devenir acteurs de leur avenir.

C'est de ces inquiétudes et interrogations que naissent, en 2021, un film et une série pour Canal+ intitulés *Le Bonheur à l'école*, et une plateforme multilingue : lebonheuralecole.org

Comment apprendre aux jeunes à s'épanouir à l'ère du numérique ?

Certaines écoles publiques et d'autres privées ont déjà anticipé ces changements. Partout dans le monde, y compris en France, l'école du futur existe.

À travers tous les pays parcourus, une quinzaine au total, ne partageant souvent aucun socle mais des conditions économiques parfois très difficiles, c'est la relation professeur/élève qui est au cœur de la réflexion : les outils et les modalités de travail, les objectifs et les démarches d'enseignement, les contenus disciplinaires, le rôle du professeur et le statut des élèves.

Dans ce livre, à travers les initiatives concrètes de pédagogues engagés, vous allez découvrir des écoles qui préparent à la vie : certaines développent les intelligences multiples, d'autres incitent les jeunes à collaborer, d'autres encore leur apprennent l'autonomie... Toutes redonnent du sens au *savoir*, au *faire*, aux *valeurs* et au *travail*.

Martin Meissonnier

I. INTERACTION ET COOPÉRATION : L'ÉCOLE DE L'EMPATHIE

Des rituels humanistes pour souder les groupes et développer la compassion

Riverside School, Ahmedabad, Inde

Ahmedabad est la plus grande ville du Gujarat, au nord-ouest de l'Inde. Près de 9 millions d'habitants y vivent ou survivent dans le chaos, entre opulence, splendeur passée et misère crasse. La ville de Gandhi est traversée par le fleuve Sabarmati, au bord duquel est érigé le mausolée de celui dont les préceptes irriguent aussi la philosophie de la Riverside School. De bon matin, derrière un grand camp militaire, au détour d'une ruelle proche de la rive, nous poussons les portes de l'école fondée en 2001 par Kiran Bir Sethi. Élue « meilleure école au monde pour l'innovation » en novembre 2023, elle est classée première école au Gujarat et septième en Inde par Education World en 2022, surpassant les 10 meilleures écoles en mathématiques, en sciences et en anglais. D'où viennent ces résultats exceptionnels ?

Le concept de « *I can* / je peux » et le travail d'équipe pour favoriser la confiance en soi

Kiran Bir Sethi, la fondatrice de la Riverside School, était une designeuse heureuse, qui gérait sa propre société. Puis, il y a une vingtaine d'années, en devenant mère, elle s'est interrogée sur l'éducation à donner à son enfant, en repensant à la sienne : « J'aimais aller à l'école, mais je ne me souviens de rien. Ce n'est qu'à 16 ans, quand je suis arrivée dans mon école de design, que j'ai eu l'impression de respirer et d'exister. Dès le premier jour, le professeur m'a demandé mon avis. Et je me rappelle m'être dit : "C'est incroyable, il m'a demandé mon avis !" » Quand son fils a été en âge d'être scolarisé, à 5 ans, elle a alors rapidement pris conscience que les enfants apprennent trop vite le « je ne peux pas ». Cet enfant discret, noyé dans une classe de 60 élèves, se laissait si facilement oublier qu'au bout de trois mois son institutrice ne connaissait même pas son prénom. Cet incident a été le déclic pour sa mère, bien décidée à lancer une école où « la voix des enfants serait entendue et où ils ne seraient plus des numéros ». C'est ainsi que naît la Riverside School, « une expérience immersive, un lieu où l'acte d'enseigner est cocréé entre professeurs et élèves au jour le jour et s'élabore grâce à un processus itératif ».

LE POUVOIR DU *I CAN*

Très jeunes, les enfants observent leurs enseignants et les imitent. Qui est cet adulte ? Quel est son jeu de pouvoir ? Et ils s'adaptent à cette configuration. Les jeunes enfants sont intelligents et intuitifs. Ils se disent que s'ils sont silencieux, leur professeur les aimera. S'ils donnent la bonne réponse, leur professeur les récompensera. C'est un enseignement qu'ils intègrent très tôt : éviter les ennuis en étant gentil, poli et conforme. Et ils vont s'y tenir pendant quinze ans, pensant ainsi obtenir leur diplôme, ce qui est à peu près le cas pour tous. Afin de sortir de cette injonction à la normalité, à la Riverside School, les enfants sont confrontés à la réalité et travaillent en équipe.

Ils expérimentent *ainsi* le pouvoir du « *I can* / je peux[1] », au cœur de la méthode développée par Kiran Bir Sethi, inspirée par Gandhi : « Soyez le changement que vous désirez voir dans ce monde. » Selon elle, ce précepte n'a ni âge ni genre : « Tu dois juste réaliser que tu es une personne entière et complète. Et que toute ta personne a de la valeur. C'est vraiment le pouvoir du *I can* / je peux. »

Kiran Bir Sethi insiste sur le « respect » que les adultes doivent accorder à l'élève, au *qui* de chaque enfant : « C'est dans cette cocréation et cette collaboration que leur histoire évolue. Quand les enfants se rendent compte qu'ils ont un rôle à jouer dans leur cheminement, leur maître-mot n'est plus "le maître m'a dit de faire ça", mais plutôt "je peux faire ça". L'esprit collaboratif, l'idée que l'élévation et l'évolution personnelles font partie de l'histoire, c'est un état d'esprit qui permet de donner à un enfant l'idée de l'optimisme. L'idée que le changement est possible et qu'il peut le conduire. Pour moi, à l'époque où nous vivons aujourd'hui, c'est essentiel. »

Faire confiance aux élèves, c'est notamment les laisser s'engager dans des projets. Le travail en équipe est donc un des principaux moteurs du changement. La qualité de la relation aux professeurs, disponibles à 100 %, même au moment des repas, en est un autre. Les enfants se sentent chez eux à l'école, libres de questionner et de développer leurs talents. L'élève à qui ses professeurs ont fait confiance prend confiance en lui. Cette confiance devient contagieuse.

LA PHILOSOPHIE DU *DESIGN THINKING*

La philosophie de Riverside School, fondée sur le *design thinking*[2], encourage les élèves à trouver une solution à un problème en suivant quatre étapes :

- 1. Ressentez.
- 2. Imaginez.
- 3. Faites.
- 4. Partagez.

Pour devenir citoyen dans le monde qui les entoure, les élèves sont invités à expérimenter le monde réel afin de le comprendre concrètement, ce qui les valorise et leur donne la motivation d'agir pour l'améliorer.

Par exemple, pour comprendre l'importance des droits de l'homme, les élèves travaillent toute une journée, sans pause, à rouler des petits bâtons d'encens, ce qui les poussera à aller discuter dès le lendemain avec les commerçants voisins sur la nécessité d'abolir le travail des enfants. Ils iront même jusqu'à rédiger une pétition pour mobiliser les pouvoirs publics, désormais convaincus que, même petits, ils peuvent changer les choses.

Pour les matières réputées difficiles et abstraites, comme les mathématiques, l'apprentissage est appréhendé par le travail en équipe et les élèves s'avèrent des relais particulièrement efficaces pour leurs camarades. Anainah Dalal, élève de première, le confirme : « On n'a pas toujours besoin du professeur pour répondre à telle ou telle question, certains de nos camarades peuvent proposer une meilleure réponse pour comprendre un problème. » Amit Dixit, le professeur de mathématiques, en est aussi convaincu : « Tous les jeunes sont différents. Ils n'ont pas tous le même niveau de compréhension des concepts qu'on leur enseigne. Parfois ils passent à côté de quelque chose. Donc, pour les amener au même niveau, on les fait travailler par petits groupes. Si certains sont en retard, ils sont tirés par les autres, ça les aide, ça leur donne confiance, et ça leur permet de repérer des faiblesses qu'ils ne peuvent peut-être pas repérer tout seuls. » La confiance en soi est favorisée par le travail de groupe qui exclut l'esprit de compétition, mais pas le goût de l'excellence.

En prenant conscience de l'importance des relations humaines pour faciliter l'apprentissage, l'équipe pédagogique a développé les interactions sociales et émotionnelles. Et ça marche ! Les élèves échangent leurs idées, apportent leur contribution. Ils sont bien entourés et peuvent avancer sereinement, motivés et solidaires. La liberté accordée aux professeurs, aux élèves et à toute l'équipe pédagogique de la Riverside School leur permet de sortir des sentiers battus et d'envisager l'éducation comme une école de la vie. En consolidant la cohésion et l'esprit de groupe, l'approche collaborative permet à la fois d'améliorer la performance collective et de révéler des performances individuelles. Un bon élève va devenir encore meilleur en s'appuyant sur la réussite de son équipe.

Il n'est pas question ici de démagogie. Un protocole rigoureux encadre l'apprentissage et ramène constamment les élèves aux valeurs de l'école : l'empathie, l'éthique, l'excellence, l'élévation et l'évolution. Chaque classe est en permanence accompagnée de deux professeurs. L'un a pour mission de travailler sur la matière proprement dite et l'autre, *homeroom teacher*, sorte de « professeur en interactions », observe, participe (ou pas) et recadre si nécessaire les élèves qui ne jouent pas le jeu. L'approche collaborative n'éliminant pas tout sentiment négatif des membres, le rôle du *homeroom teacher* est de sans cesse remettre cet esprit d'interaction au cœur de chacun, pour créer un impact durable. *Tout seul on va plus vite, ensemble on va plus loin.*

Le rituel du « conglom » pour souder le groupe

Le cadre de la Riverside School étant posé, passons le portail de l'école pour y découvrir plus précisément comment se met en place ce travail collaboratif. Une surprise de taille nous attend dès notre arrivée : des élèves en uniforme se précipitent dans la cour, impeccable, pour faire des roulades avec leurs professeurs ! Sidérés, nous assistons à notre premier conglom. Relevant d'une pratique dérivée du yoga, excellentes pour l'oreille interne, ces roulades cassent les automatismes et exigent d'être vraiment présent. Et ça réveille ! Après le conglom du jour, deux élèves du primaire sont chargés de nous faire visiter l'école. Dans un anglais parfait, ils nous montrent le hall avec des canapés et des espaces pour faire des activités, la chambre noire et le labo de chimie pour expérimenter, le lieu où se tient le conseil avant la classe et le déjeuner, parfois pris avec les professeurs… Sensation étrange d'être dans un endroit où les élèves sont partie prenante de leur éducation à travers une infinité d'interactions subtiles avec l'environnement.

LE CONGLOM

Conglom, contraction de « conglomérer », signifie littéralement se réunir dans un espace pour être ensemble. Kiran Bir Sethi explique que c'est « un moment de conscience dans l'emploi du temps de la journée, moment construit autour des relations ». Lors d'un conglom, on se parle, on échange, on joue, on présente des réalisations, on discute des sorties ou des films du week-end, on fait des roulades... Il existe autant de congloms différents que de branches sur un arbre, mais tous mélangent élèves, de classes et parfois de niveaux différents, et professeurs. Certains font appel au corps, d'autres à la parole. Tous sont des moments précieux où les corps et les langues se délient, où les relations se construisent. Certains congloms sont dirigés par les enseignants, d'autres par les élèves. Que ce soit par le biais de pratiques sportives axées sur la consolidation d'équipe, par la musique, les jeux libres ou la narration, c'est toujours un moment privilégié où élèves et professeurs partagent leurs sentiments, leurs émotions, leurs visions de l'actualité, peignent, dansent, chantent, créent des liens, les renforcent et cultivent l'apprentissage par le jeu.

L'idée du conglom est née en même temps que l'école. Il n'y avait à l'époque que 25 élèves, auxquels Kiran a pris l'habitude de raconter chaque matin une histoire avant de commencer les cours. Ce moment, vécu par les enfants comme un *hug* rassurant qui les inscrivait dans une histoire commune, presque familiale, s'est institutionnalisé et a évolué avec l'école et les retours d'expériences de l'équipe pédagogique. Certains congloms se déroulent tous les jours, d'autres une fois par semaine et quelques-uns une fois par an, en fonction des niveaux, du primaire au secondaire. D'une durée de 10 à 45 minutes, chaque conglom est inscrit à l'emploi du temps et fait partie intégrante du processus pédagogique. C'est un moment de rencontre, programmé et planifié, où élèves et enseignants établissent des relations assurant le bien-être social et émotionnel des élèves, à travers des activités physiques, sociales, cognitives ou spirituelles. Et c'est aussi une étape essentielle pour briser le mur de verre entre élèves et professeurs et permettre aux enseignants de mieux appréhender l'état émotionnel des enfants. Le conglom peut aussi être déterminé par ce dont une classe a besoin. Cela peut aller de congloms où la notion de genre va être interrogée – les filles d'un côté, les garçons de l'autre discutent avec leur prof de la façon dont ils « vivent » leurs corps et des stratégies pour gagner en confiance –, à des congloms qui aident à comprendre comment les autres fonctionnent dans l'espace et réagissent au stress.

Si tous les jours débutent par un conglom, les élèves en découvrent le thème en arrivant et c'est une surprise qui leur permet de commencer la journée de façon ludique et active.

Chaque conglom est toujours suivi d'un débriefing en commun, riche en interactions et réactions. Pour Ranjhani Iyer, professeur en primaire, ce temps permet de créer un sas entre son chez-soi et l'école, de mettre les enfants en condition d'apprendre : « Parfois des enfants arrivent à l'école préoccupés ou mal réveillés. Ça n'aurait pas de sens de démarrer tout de suite les cours, ils ne percutent pas, ils ne sont pas dedans. Mais ce temps de conglom permet de casser ça, de laisser passer ses émotions et d'être pleinement dans l'instant présent. C'est aussi un temps où nous, les enseignants, nous pouvons voir que tel élève n'a pas l'air d'aller très bien ; c'est un temps pour observer, parler, se connaître, et ainsi faciliter la journée. »

Pendant que les plus petits font leur conglom roulades et sauts dans la cour, pour les lycéens, cela se passe sur le toit. Ballons en main, filles et garçons entrent sur le terrain de sport, suivis de leur coach, Kunal Lalchandani. L'ambiance est détendue et les sourires aussi larges que ceux de nos élèves français la veille des grandes vacances... Fozia, une professeure vacataire de l'école, est là pour prêter main-forte à Kunal. À grand renfort de gestes, Fozia explique les règles de ce conglom un peu particulier : les élèves sont répartis en quatre colonnes de six. Sans échanger un mot, ils doivent faire en sorte que le premier de cordée puisse déposer le ballon dans un seau. Les cinq premiers de la colonne ont les yeux bandés. Ils ne sont guidés que par le dernier, le seul à voir. Les équipes investissent chacune un coin du terrain pour discuter stratégie. « Si tu veux qu'on aille à droite, tu tapes sur l'épaule droite ; à gauche, sur l'épaule gauche.

Une tape c'est "stop" ; deux tapes, "on lâche la balle". OK ? » C'est parti. Six longues chenilles aveugles et muettes, dont les membres avancent les mains posées sur les épaules du camarade qui les précède, commencent à se déployer maladroitement sur le terrain, sous l'œil presque nostalgique de Kunal : « Honnêtement, en tant qu'ancien élève, je pense que ces séances m'ont apporté énormément. Beaucoup d'élèves en voient l'intérêt et en tirent profit mais certains, et j'en faisais sans doute partie, se disent : "Oh mon Dieu, encore un conglom." Mais aujourd'hui je pense que cela fait partie des choses qui ont forgé ma personnalité. Rétrospectivement, je me rends compte que ces façons de faire m'ont aidé à apprendre à vivre non pas dans la compétition, mais à travailler en équipe et à devenir ce que je suis. » Sur le terrain, les colonnes avancent comme elles peuvent, les tapes sur les épaules ne sont pas toujours bien interprétées, mais personne ne triche. Évidemment, c'est un jeu encadré et personne ne court le moindre danger. Mais devenir un long organisme vivant guidé par une seule paire d'yeux qui doit communiquer ses instructions de la même façon que le cerveau envoie ses ordres au corps, quelle gageure ! En même temps, apprendre à fonctionner physiquement en réseau à l'ère numérique tombe sous le sens a posteriori.

Comme après chaque conglom, un débriefing permet à chacun de s'exprimer. Les réactions fusent : « J'étais la guide et je n'arrêtais pas de taper pour lui dire d'aller à gauche, et elle continuait d'aller de l'autre côté », « On était complètement désorientés, on recevait juste des tapes mais on ne savait pas du tout où on allait. Donc je crois que ce qui est important, c'est que même si on ne sait pas où on va, on doit faire confiance à la personne qui nous donne les tapes pour nous emmener au bon endroit ». Fozia est ravie : « Faire confiance et pouvoir respecter les règles qu'on s'est fixées pour atteindre notre but, c'est très important. » Et pour Kunal, c'est la promesse que lorsqu'ils iront travailler, les jeunes sauront qu'ils ont les compétences pour se débrouiller. Les élèves rendent les bandeaux et quittent le terrain pour aller en cours, le sourire aux lèvres.

Un conglom encore plus singulier nous attend dans la cour principale de l'école. Des élèves de plusieurs niveaux – de la quatrième à la terminale – sont assis par terre, encadrés par une partie de l'équipe pédagogique dont Kiran Bir Sethi, Amit Dixit, le prof de maths, et quelques autres professeurs. Kunal Lalchandani demande aux élèves s'ils sont au courant qu'un tsunami a été annoncé par les chaînes d'info. Murmures amusés dans l'assemblée, que Kunal fait taire aussitôt : « Cela va arriver ici, maintenant, dans quelques minutes, et cela n'est pas une plaisanterie. Nous avons six bateaux juste là, qui portent les noms de vos équipes de sport. Donc, pour chaque équipe, je veux que chacun d'entre vous décide comment, et qui, vous allez sauver. Vous pouvez jeter un coup d'œil sur les bateaux et ensuite je vous accorde cinq minutes pour décider comment et combien de personnes vous voulez sauver. » Tout le monde se lève pour aller rejoindre les embarcations crayonnées au sol. L'équipe pédagogique, tel l'équipage du *Titanic*, tente de diriger les passagers vers leurs embarcations de fortune et de les canaliser. Conglom violent au pays de Gandhi ! L'exercice a beau laisser certains dubitatifs, force est de constater que, même en se serrant, tout le monde ne pourra être sauvé. On parlemente, on tente d'échafauder une stratégie... Difficile avec une telle pression morale. Un coup de sifflet retentit. La tension monte, le tsunami arrive, Kunal prévient : « Il est temps d'embarquer, vite, vite, vite ! Il vous reste exactement une minute pour sauver autant de gens que possible. » Nouveau coup de sifflet. C'est la cohue. Chaque équipe a désigné un ou une capitaine qui s'évertue à faire respecter les consignes. Sur chaque bateau, un membre de l'équipe pédagogique. Les plus légers montent sur les épaules des plus forts, on s'entasse, on se serre. Amit Dixit, le prof de maths, se retrouve avec un élève sur les épaules. Malgré les sourires – cela n'est jamais qu'un exercice après tout –, les esprits s'échauffent, impossible d'embarquer tout le monde. Nouveau coup de sifflet, la minute est écoulée, mais on continue à grimper les uns sur les autres.

Une fois l'exercice terminé, chacun se rassoit et Kunal fait les comptes : « Combien sont morts ? » Pas mal de mains se lèvent. Chaque équipe a essayé de mettre en place une stratégie : pour l'une il s'agissait soit de pouvoir sauver tout le monde, soit de sacrifier tout le monde ; une autre équipe a tenté de faire une sélection par représentant de chaque âge pour finir par embarquer tout le monde ; certains capitaines se sont sacrifiés mais, pour la plupart des équipes, il fallait sauver le maximum de personnes évidemment... Comme le fait remarquer Kiran Bir Sethi, toutes ces stratégies visant à sauver le maximum de personnes n'auraient fait que surcharger les bateaux et compromettre les chances de survie de tout le monde. Elle conclut alors : « Tous les choix que nous faisons sont rudes. Il est facile d'essayer de faire des choix rationnels – je suis plus grand, je suis capable de prendre quelqu'un sur mes épaules –, mais que se passe-t-il quand nous ne sommes finalement pas capables de le faire ? Tous les choix que nous avons à faire dans la vie impactent profondément notre existence. Les choix que peuvent faire les autres nous semblent parfois étranges de prime abord. Nous aimerions que vous partagiez les choix de certaines personnes qui vous ont semblé bizarres sur le coup, différents de ceux que vous auriez faits, et qui se sont avérés porteurs de profonds changements. » Les élèves se lèvent un à un pour prendre la parole. L'exercice s'est imperceptiblement transformé en atelier de réflexion philosophique appliquée à la notion de choix.

La liste de congloms est longue, mais comme le dit si joliment une des enseignantes : « Pendant les cours, nous nous concentrons généralement sur ce que nous enseignons et comment. Pendant les congloms nous nous concentrons sur ceux à qui nous enseignons. »

Le programme *Persistance* (« Persévérance ») pour développer la compassion

En s'impliquant dans des projets solidaires sur du long terme, les élèves de la Riverside School réalisent que la relation à l'autre est une expérience sensible qui donne envie d'agir. Quand l'altruisme devient une source de motivation, donner rend heureux et apporte du sens à la scolarité. C'est ainsi que ces jeunes Indiens et Indiennes apprennent à transformer l'empathie en compassion et à s'engager à travailler au bonheur commun. Le cœur de la méthode de Kiran Bir Sethi est simple : comprendre avec empathie plutôt qu'intellectuellement et placer l'apprentissage académique dans un contexte réel. La Riverside School enseigne ainsi aux adolescents une matière unique : la persévérance. L'objectif est de favoriser leur implication dans la communauté.

De la quatrième à la terminale, les élèves choisissent un engagement solidaire, dans lequel ils s'investissent au moins deux heures par semaine pendant tout le reste de leur scolarité. Certains rendent visite à des enfants malades, d'autres s'occupent de personnes âgées ou aident des démunis. Kiran Bir Sethi précise qu'ils ont actuellement quatre initiatives différentes en cours, dans sept lieux : « Ce sont les enfants qui les gèrent, entièrement. Ils doivent *persister* dans la même initiative plusieurs années d'affilée, car ils doivent apprendre à ne pas sauter du coq à l'âne en permanence. »

Cela fait maintenant douze ans que les enfants de l'école prennent part à la vie de la communauté et font l'expérience de la valeur du temps donné et partagé. Les groupes, une dizaine d'élèves, sont constitués d'enfants qui ne se connaissent pas au début. L'atelier est obligatoire et se déroule en dehors des heures de classe, tous les samedis, pendant cinq ans.

Aujourd'hui c'est à Suvarna Mandir, une maison de retraite un peu excentrée du centre d'Ahmedabad, que nous suivons le groupe de Rupa, Anaïna, Hadit et leurs camarades. Rupa, en terminale, supervise le groupe, assistée d'Anaïna, en première. D'architecture sans charme et vieillissante, l'établissement est légèrement délabré mais sympathique, juste un peu en dehors du temps. Surtout pour de très jeunes gens. Ouverte sur le hall central de la maison de retraite, une grande salle aux murs blancs, des tables et des chaises de jardin en plastique blanc vieilli, un autel consacré à Brahma, Vishnou et Shiva ; atmosphère à la fois émolliente et fonctionnelle. C'est dans cette salle que jeunes et vieux vont jouer ensemble.

Hadit installe des quilles en mousse orange dans un coin de la salle. Les élèves accueillent les résidents qui entrent, le sourire aux lèvres. Tout le monde se salue. Les résidents s'assoient, répartis de part et d'autre de la salle en deux groupes. Un des camarades d'Hadit prend la parole, tel un maître de cérémonie rompu à l'exercice. Pourtant lui aussi est en quatrième et son assurance n'est qu'apparente – nous le saurons après : « Alors, aujourd'hui, on va vous proposer trois jeux. On va d'abord jouer au bowling, puis on fera un chamboule-tout et enfin un loto. Qui veut commencer ? » Des regards échangés, quelques hésitations, et une femme se décide. Elle se lève doucement et attrape la boule en mousse que lui tend une élève. L'espace laissé libre entre les rangées de chaises qui se font face devient la piste de bowling, les 10 quilles attendant sagement en bout de piste. La joueuse se met en position, plie les jambes avec précaution et commence un lent mouvement de balancier de son bras droit.

Les résidents, en majorité des femmes, ont les yeux rivés sur les quilles. Il est 16 heures, la partie commence. Lancer.

Quatre quilles à terre, tout le monde applaudit, résidents et élèves. D'autres résidents arrivent, les rangs se garnissent, l'ambiance commence à être plus festive. Les quilles ne font pas les malignes, les résidentes un peu, c'est touchant. Une résidente nous confie : « On aime beaucoup quand les élèves viennent. Quand ils ne viennent pas, on est tristes. Avec eux, on oublie notre âge, et on profite de ces heures du samedi où on oublie tout. »

La partie de chamboule-tout se prépare. Les élèves empilent les boîtes de conserve sur une des tables en plastique. Il s'agit de renverser le maximum de boîtes possible avec un nombre de balles minimal. Un vieux monsieur se positionne. Il a du mal à bouger, mais pas à viser. Pendant qu'il dégomme consciencieusement les boîtes de conserve, Ruhee Parelkar, en terminale, nous raconte son engagement avec tout le sérieux de l'adolescence : « On a commencé à Suvarna Mandir il y a à peu près quatre ans. Je suis là depuis le tout début et je crois que le fait de m'engager dans cette action pendant si longtemps et de "persévérer" m'a fait changer. Je vois comme ils sont contents chaque fois que l'on vient, la façon dont ils nous attendent et leur changement d'humeur. Quand on voit l'impact que ça a, on se sent poussé à venir et à être là pour eux. »

Ruhee est la « CEO » (présidente) du groupe d'élèves volontaires qui se rend tous les samedis dans la maison de retraite. Sur son profil LinkedIn, elle est fière de mentionner ses années de bénévolat à Suvarna Mandir. Elle peut l'être. Ses camarades et elle ont su créer un lien avec ces personnes âgées qui se sentent moins en marge de la société.

Le loto a commencé, l'après-midi s'étire dans la bonne humeur contagieuse d'une réunion familiale. En sortant de la maison de retraite, le groupe se livre à un petit débriefing avant de repartir en week-end. Ils ne sont pas venus pendant trois semaines pour cause de vacances et le constat est net : « Ce qui m'a frappé, c'est quand les grands-parents nous ont demandé où nous étions passés parce que nous avons raté trois séances. Cela veut vraiment dire que la connexion est bonne, c'est une bonne chose. » Pour les plus grands, c'est aussi un regard posé sur la façon dont les plus jeunes interagissent avec les anciens. C'est la première année qu'Hadit fait partie du groupe. De son sourire à sa longue frange de hipster, tout en lui écoute les recommandations de ses aînés : « J'ai trouvé que c'était bien car, cette fois-ci, les quatrièmes n'étaient pas assis tous ensemble dans un coin, tout le monde était avec des grands-parents, à échanger avec eux. » Le maître de cérémonie a le sourire humble de ceux qui ont vaincu leur timidité, les plus grands sont détendus, personne n'a l'air pressé de quitter le parking de la résidence pour aller jouer avec les copains, on s'applaudit avant de se disperser tranquillement.

À la fin de l'année, les groupes font un compte rendu précis, en termes de temps consacré, des activités et des indices de satisfaction du programme devant trois membres d'ONG. Les trois représentants des organisations non gouvernementales sont installés derrière des bureaux d'écolier et assistent, concentrés, à la présentation qui va être animée par plusieurs élèves. Nous sommes dans une grande salle de l'école. L'heure est solennelle, il s'agit de démontrer l'intérêt du programme

Persistance et de recueillir avis et conseils de la part de personnalités engagées depuis longtemps dans l'humanitaire. La lumière s'éteint, la présentation peut commencer. Devant les trois bureaux des représentants des ONG, les élèves qui vont intervenir sont assis par terre en tailleur, attendant leur tour.

Sur le tableau interactif, le diaporama défile, avec des chiffres et des photos. Très pro. Présentation du parcours de l'année pour un des projets en faveur des enfants à l'hôpital : « Nous avons impacté 650 enfants sur 80 heures réparties en 40 sessions et nous sommes un groupe de 22 bénévoles. » Dans la grande salle de l'école, la présentation touche à sa fin. Un élève conclut en présentant un album photo des rencontres de l'année : « À la fin de cette première année, j'ai compris l'utilité d'aller là-bas parce qu'en donnant de la joie… j'ai le sentiment que ma vie a une signification. » Tout le monde applaudit.

Un des représentants des ONG prend la parole : « Vous avez parlé des changements qu'il y a eu en vous-mêmes, ce qui est très important, mais est-ce qu'il y a eu d'autres changements ? Évidemment, cela doit impacter les enfants, mais est-ce que cela a eu un impact sur le personnel de l'hôpital ? Comprennent-ils ce que vous faites ? Sont-ils accueillants ? » La principale rapporteuse du groupe est heureuse de pouvoir développer cette idée : « Vous savez, pour ces séances, on rassemble tous les enfants, on les fait asseoir sur des chaises, et au début les infirmières ne voulaient pas que nous fassions cela. Mais maintenant qu'elles voient que les enfants sont contents, chaque fois qu'elles passent, elles essaient de participer à la séance et elles s'amusent aussi avec nous. » Quelle meilleure réponse et quel bonheur de lire la joie sur les visages de tous les enfants dont les photos défilent encore sur l'écran ! Ceux qui sont dedans et ceux qui viennent de dehors, tous ensemble désireux de donner du sens à leur existence en s'amusant.

À la toute fin du diaporama, avant de laisser la place à un autre groupe, une phrase d'un auteur américain, H. Jackson Brown Jr, s'affiche sur l'écran : « Les gens les plus heureux ne sont pas ceux qui obtiennent le plus, mais ceux qui donnent le plus. » Cela pourrait sonner au mieux comme un vœu pieux, au pire comme un aphorisme facile pioché dans un magazine New Age. Mais nous étions là pour voir les sourires des uns et des autres dans la maison de retraite tout à l'heure, alors force est de reconnaître que ça sonne vrai !

Aujourd'hui, Kiran Bir Sethi partage son concept « Design for Change[3] » avec de nombreuses écoles en Inde et à travers le monde : près de 300 000 écoles dans 82 pays. Elle développe des projets sociaux importants grâce à son système participatif. Alphabétisation, développement durable... Comprendre les enjeux de notre société est une des bases de son enseignement.

Nous quittons l'Inde pour la France, mais nous restons avec Kiran et le réseau Design for Change qu'elle a fondé et essaimé. En France, cela se traduit par « Les Bâtisseurs de Possibles ». Direction Levallois-Perret. *I can !*

« Bâtisseurs de Possibles » : l'école de l'altruisme

École nouvelle Émilie Brandt, Levallois-Perret, France

L'école nouvelle Émilie Brandt est un établissement primaire privé, laïque, fondé en 1922 par Émilie Brandt. Cette pédagogue alsacienne s'inscrit dès le début du XXe siècle dans le mouvement de l'éducation nouvelle, une pédagogie progressiste qui place l'élève au centre du système scolaire. Plus de cent ans plus tard, nous sommes dans une jolie ville de banlieue parisienne préservée, et pourtant il s'y passe encore des choses révolutionnaires. Dans l'établissement, cela fait cinq ans qu'un gouvernement des élèves est élu, dans le cadre de l'éducation morale et civique. Engager les élèves dans l'action permet de répondre à leur envie d'agir, de répondre aux questions qu'ils se posent et à tous ces discours qu'ils entendent autour d'eux, notamment sur l'avenir de la planète.

Ramona Coupel-Dulgeru y enseigne depuis quinze ans, plutôt en maternelle et en CP. C'est la première année qu'elle a une classe de CM2 tous les lundis. Dans sa classe, les élèves font l'expérience de solutions à leur échelle pour répondre aux problèmes environnementaux. Ils apprennent à se mettre d'accord, faire des compromis, discuter, débattre, argumenter, reprenant ainsi les préconisations des « Bâtisseurs de Possibles[4] », que l'institutrice a découverts lors d'un salon Educatec-Educatice[5]. Ramona a été enthousiasmée par leur démarche de « pédagogie active » qui consiste, côté élèves, à s'engager de manière coopérative dans une action qu'ils choisissent et à la mettre en œuvre eux-mêmes du début à la fin, et, côté enseignants, à les guider et les accompagner si nécessaire. L'élève est donc le principal acteur de son apprentissage.

Cette approche, née au sein du réseau Design for Change de Kiran Bir Sethi et promue par le Learning Planet Institute[6], invite les élèves à réfléchir et agir pour relever, à leur mesure, les défis sociétaux, politiques et écologiques qui les touchent sincèrement.

On retrouve les quatre étapes du dispositif mis en place à la Riverside School[7], adaptées au contexte scolaire français :

1. Identifier un problème.
2. Trouver une solution.
3. La réaliser.
4. La partager.

Aujourd'hui, nous assistons à la troisième étape, une session « Prototypage », et, a priori, c'est un rendez-vous attendu. Les élèves, tous vêtus de blouses de couleurs et de styles différents, entrent gaiement. Marie et Mila nous expliquent qu'elles ont choisi, lors de la première étape, de s'atteler au problème de « la pollution des plages, des océans et de l'environnement ». Mais elles ont hésité avec « la pauvreté dans le monde ». Cruel dilemme ! Madeleine, avec un mélange de timidité et de détermination, nous résume la deuxième étape qui a consisté à identifier les causes de la pollution et essayer d'imaginer comment faire pour qu'il n'y en ait plus.

Jade rentre dans le vif de leur projet : « Pour faire ça, on avait fait une affiche avec les différents types de pollution. » Elle se retourne pour désigner le paperboard qui trône majestueusement dans un coin de la salle et sur lequel figure un arbre à problème, intitulé : « Comment lutter contre la pollution des plages, des océans et de l'environnement ? ». Sous la question, sont inscrits plusieurs mots clés : compost – tri – sobriété – automobile – ramassage de déchets – expo/ateliers – nudges – zéro déchet textile. Et sous chacun des mots clés, des Post-it avec des idées. Chaque élève a ajouté son Post-it.

LA PÉDAGOGIE DU COLIBRI

Il était une fois un colibri qui voulait éteindre un énorme incendie de forêt. Les animaux de la forêt, affolés, apeurés, étaient incapables de réagir pour éteindre le feu qui se propageait. Seul le colibri, prenant quelques gouttes d'eau de la rivière dans son petit bec, s'envolait pour les verser sur les flammes, multipliant ainsi les allers-retours autant qu'il le pouvait. Les autres animaux se moquèrent de lui : « Tu crois qu'avec ces quelques gouttes d'eau tu vas éteindre le feu ? » Le colibri, continuant sa manœuvre, leur répondit : « Je fais ma part. »

La pédagogie du colibri[8] permet d'allier le sens du collectif et les compétences individuelles de chacun, encourageant ainsi la découverte et la consolidation des connaissances. À l'image du colibri, chaque élève contribue à la construction du savoir collectif, en « faisant sa part ».

Parmi les suggestions de nos « colibris », beaucoup se rejoignaient, donc des groupes ont été constitués autour des thématiques principales. Certaines solutions sont plutôt faciles à mettre en œuvre : prendre un seau et ramasser les déchets sur la plage, installer un grand compost par immeuble… Léandre précise qu'il s'agit de faire quelque chose à sa mesure.

Aujourd'hui, nous sommes entrés dans la phase 3 du programme : réaliser cette solution. Sur les bureaux, devant chaque groupe, un prototype. Roméo nous fait un petit point rapide, entre deux réunions de chantier Playmobil : « Nous avons prototypé notre projet pour essayer de sensibiliser les gens au tri. » Les petits personnages en plastique attendent les instructions. Victor se lance : « Nous avons voulu faire une mise en scène comme quoi il y avait des personnes qui jetaient leurs déchets par terre. Certaines personnes aident les éboueurs à ramasser les déchets, et comme il y avait un policier qui passait, il a mis des amendes. » Le décor est planté mais Victor n'en a pas terminé : « Donc nous, notre solution, ce serait de mettre des gants et des sacs pour ramasser les déchets qu'on trouve dans les rues ou dans les parcs. » Sur le modèle des sacs à crottes. C'est malin.

Charlotte, Nina et Arthur ont, quant à eux, travaillé sur des nudges, des pictogrammes destinés à inciter les fumeurs à jeter leurs mégots dans les bacs prévus à cet effet, au lieu de les écraser sur la voie publique. Et il faut reconnaître que l'image de la planète bleue avec un thermomètre dans la bouche est assez convaincante.

Un atelier pour apprendre à trier les déchets dans le groupe de Madeleine, une publicité pour inciter à prioriser les transports en commun, un stand où l'on recycle les vêtements, une expo de photos sur les dangers de la pollution dont les élèves seraient les guides pour le groupe de Malak… chaque idée est intéressante.

Dans le groupe de Roméo, il y a clairement eu répétition. Roméo fait une petite intro un brin dramatique. Ses deux camarades attendent qu'il ait terminé pour animer le projet. Dans une ville du futur, la pollution a tout envahi. Il y a donc trois robots qui suppléent aux manquements des humains : ceux qui trient les poubelles, ceux qui les ramassent et ceux qui font de la pédagogie. Roméo explique : « Ceux qui trient déjà bien leurs poubelles, on les remercie de continuer, et ceux qui ne le font pas encore, on les remercie de bien vouloir s'y mettre. » Pédagogie sans punition mais avec un peu de pression : le playmobil Dark Vador n'a pas l'air franchement sympa. Chapeau bas, messieurs.

Il est temps d'aborder maintenant la quatrième et dernière étape : partager son expérience. Questions, réactions, suggestions… C'est Malak qui commence en posant une question au groupe de Madeleine, qui veut organiser des ateliers de tri des déchets : « Où est-ce que ça se passera ? » Charlotte propose que cela se fasse dans un parc pour que les gens aient le temps de s'arrêter deux minutes. Madeleine lève de nouveau la main. Eurêka ! On pourrait faire l'atelier dans le même espace que l'exposition photo du groupe de Malak ! Bien sûr !

Ramona constate que ses élèves sont réellement contents de pouvoir agir, mais ils doivent encore réfléchir à ce qui est vraiment réalisable. Elle remercie les Bâtisseurs de lui avoir donné un cadre pour travailler ces problématiques. Les élèves ont d'ailleurs bien intégré les avantages du travail collectif. Comme le dit Malak : « À plusieurs, ça va plus vite, on comprend mieux. Chacun a sa façon de voir et après, quand on mixe tout, ça fait un super beau travail. »

Cette manière de rechercher des solutions aux problèmes qui se posent, en mobilisant la force collective, se retrouve aussi dans un autre programme, celui de la médiation par les pairs.

La médiation par les pairs ou comment assainir le climat scolaire

École Victor Hugo, Colombes, France

L'école maternelle et primaire publique Victor Hugo est un bel ensemble de bâtiments en briques rouges typiques du début du xxe siècle, du temps où les garçons et les filles étaient séparés, où ils traçaient au stylo-plume d'élégants pleins et déliés, où chaque journée commençait par une leçon de morale que les élèves subissaient sans broncher. La philosophie de l'école Victor Hugo a bien changé. L'établissement est entré en REP (réseau d'éducation prioritaire) depuis 2017. L'école est aujourd'hui inclusive – c'est-à-dire qu'elle accueille quelques élèves en situation de handicap –, innovante et particulièrement attentive au climat social. Mais cela ne s'est pas fait sans heurts ni sans efforts.

Le directeur, Kamel Essaied, explique qu'il y avait des problèmes de violence et que certains élèves handicapés, comme d'autres, vivaient des situations tendues : « Cela a provoqué quelques dissensions et un peu de remous dans certaines classes. Il était important que la parole soit libérée et que chacun puisse exposer son point de vue, sa façon de voir la vie dans l'école. » L'objectif était de remettre l'élève au cœur du système, sans répression.

Plusieurs enseignants ont alors décidé de se former à la médiation pour être en mesure de former ensuite des élèves à résoudre eux-mêmes les conflits. Ainsi, Joffrey Tisseron, enseignant en CE2, Marie Boyer en CP et Chrystelle Cambon en UPE2A – unité pédagogique pour élèves allophones arrivants – ont été formés par l'association Médiacteurs Nouvelle Génération[9]. Ils ont tous les trois beaucoup appris à titre personnel en travaillant sur la communication non violente, la régulation des relations et le développement des compétences psychosociales. Aujourd'hui, quand ils forment les enfants, ils apprennent aussi beaucoup de choses à travers la façon dont les apprentis médiateurs appréhendent ce qu'ils leur apportent. Au-delà de la gestion des conflits, la médiation est un véritable projet éducatif qui favorise l'épanouissement et l'apprentissage.

Résultat : il n'y a plus d'actes significatifs de violence dans l'établissement aujourd'hui. Quelques inévitables bousculades mais plus de rixes. Et quand on a plus de 500 élèves réunis à la récré, c'est une gageure qu'il n'était pas évident de relever. Il est bien loin le temps des leçons de morale subies, voici venu le temps des élèves-médiateurs.

LA MÉDIATION PAR LES PAIRS

La médiation, comment ça marche ?

D'abord, les règles de base :

- 1. Ce qui est dit reste entre nous (confidentialité).
- 2. Chacun parle à son tour, calmement, avec un temps de parole équilibré.
- 3. Chacun y met de la bonne volonté.
- 4. Le but est de trouver une solution gagnant-gagnant (qui convienne à tous).

Le lieu de la médiation : un espace dédié, dans lequel sont affichés des exemples de médiation, des illustrations ludiques et des recommandations. Quand l'espace est occupé, un panneau « Médiation en cours » en interdit l'accès.

L'uniforme : une mini-chasuble jaune fluo sur laquelle est inscrit « médiateur ».

La formation : 25 séances d'une heure, une fois par semaine, après l'école.

Selon Kamel Essaied, il est important que le médiateur soit « visible par tout le monde » dans la cour. Cette présence constitue une grande partie de son rôle. Un planning de roulement est établi pour que les médiateurs soient toujours deux. Ils peuvent jouer avec leurs camarades, mais s'ils sont sollicités, ils emmènent les élèves concernés dans l'espace dédié. La plupart du temps, les élèves « discutent et on les félicite, au début comme à la fin, d'avoir accepté de venir ».

Et 99 fois sur 100, l'histoire s'arrête là. Les deux « médiés » repartent contents parce qu'ils ont pu dire ce qu'ils avaient sur le cœur : « Psychologiquement, c'est important de pouvoir vider ses émotions quand c'est encore à chaud et ne pas laisser tourner tout ça dans sa tête. »

Cette année, 12 élèves de CP et de CE1 suivent la formation. Aujourd'hui, nous assistons à la deuxième session. Les tables ont été placées en U dans une salle de classe. Tout le monde entre sagement et s'installe. « Bonjour, bonjour. » On sort livrets et crayons, l'atmosphère est studieuse, les jeunes apprentis médiateurs sont concentrés.

Joffrey ouvre la séance en demandant si quelqu'un se rappelle à quoi sert le médiateur. Vanina lève le doigt bien haut : « Pour régler des problèmes, quand les amis se disputent. » Joffrey approuve, mais rectifie : « En fait, le médiateur ne règle pas les conflits directement. Son travail, c'est d'aider deux personnes qui sont en train de se disputer à se parler et donc à trouver une solution à leur problème. » Après un petit tour de table récapitulatif, les élèves ouvrent leur livret de médiateur.

Joffrey expose le programme des prochaines séances : apprendre à parler des autres, de soi, des besoins de chacun, des émotions, des conflits et enfin de la manière de faire une médiation. Puis il conclut : « Voilà la formation que nous allons faire et ensuite vous pourrez commencer à travailler dans la cour de récréation en tant que médiateurs. » Vanina et ses camarades sourient. La perspective de porter le gilet jaune de la médiation a l'air d'être pour eux une cause aussi noble que stimulante.

Les livrets sont ouverts à la page « Les autres et moi », au chapitre « Les besoins » présentant une liste de mots coloriés en rouge (les besoins vitaux), en bleu (les choses dont on a besoin pour être en sécurité) ou en vert (les choses plus personnelles). Chrystelle fait un petit récap sur les besoins vitaux (dormir, manger, respirer, boire), puis sur les autres besoins qui ne sont pas vitaux mais très importants, comme avoir une maison, être protégé et respecté. Armand lève la main, il voudrait ajouter un autre besoin : « jouer ». Il avait été discuté lors de la précédente session de l'opportunité de placer ce besoin dans la liste bleue. Quand on est enfant, c'est important de jouer. Chrystelle explique qu'un adulte n'aurait vraisemblablement pas mis ce besoin dans cette liste, et la discussion continue. Joffrey alimente le débat : « Imaginez que je suis dans la cour de récréation et que j'ai un peu mal à la tête. Je ne suis pas très en forme et j'ai besoin de calme et de silence. Et, juste à côté de moi, il y a un enfant qui a trop travaillé le matin et qui a besoin de se dépenser, de courir et de crier. Qu'est-ce qui pourrait arriver entre nous deux ? Qui a une idée ?... Clément ? » Clément a une idée qu'il énonce d'une petite voix douce : « Une dispute. » Joffrey acquiesce et explique que si la dispute arrive effectivement, cela sera dans les deux sens, les deux parties ayant chacune des besoins différents : « Quand deux personnes n'ont pas les mêmes besoins, on peut avoir des disputes qui naissent, on appellera ça des conflits, nous y reviendrons bientôt. » Les enfants ont bien compris l'idée.

La formation des futurs médiateurs dure une année entière. Joffrey pense que, dans l'idéal, tous les élèves auraient besoin d'être formés : « En formation, on a eu des enfants très agités, un peu dans la provocation, et on les voit évoluer tout au long de l'année, s'apaiser et être beaucoup plus dans l'empathie, dans la réflexion avant l'action. On sent qu'ils prennent davantage le temps de se questionner avant de faire quelque chose. »

En attendant que les futurs médiateurs soient opérationnels, ce sont ceux formés les années précédentes qui sont aux responsabilités. Les médiateurs tout frais fonctionneront ensuite en binôme avec un médiateur expérimenté avant d'être indépendants. Et pour ne pas perdre la main ou rappeler à leurs camarades comment ça se passe, les plus grands mettent parfois en scène une médiation-témoin devant leurs pairs, sous l'œil observateur des trois enseignants formateurs.

Aujourd'hui, Élise et Killian jouent leurs rôles de médiateurs. Raphaël et Feroudja interprètent les justiciables. Il est question d'un ballon qui a provoqué une bousculade, une griffure et surtout deux profondes blessures d'amour-propre. Comme dans la vraie vie.

Un des deux médiateurs reformule les faits – étape essentielle qui permet de bien clarifier l'objet du conflit. Se pose ensuite la question des émotions ressenties lors de cette dispute. De la colère et de la tristesse pour Feroudja, de la douleur et de la tristesse pour Raphaël. Le médiateur demande aux deux parties en présence si elles ont une solution. La responsable de la griffure défensive en a une, acceptée de bonne grâce par l'autre partie. La médiation est finie, merci. Tout le monde se serre la main.

Joffrey rappelle aux médiateurs de bien prendre le temps des quatre étapes, qui sont récapitulées également sur une affichette plastifiée posée sur le bureau autour duquel la médiation a lieu. Élise et Killian sont passés un peu vite sur certaines, d'où la nécessité de pratiquer régulièrement ce type d'exercice.

Une fois par mois, les médiateurs se retrouvent avec les trois formateurs autour d'un pique-nique de régulation pour partager leurs expériences, leurs souhaits ou leurs difficultés. Les tables ont été disposées de telle façon que tout le monde se voie. Chacun sort son déjeuner et le pose sur la table, les trois enseignants formateurs comme les enfants. La réunion peut commencer, à table !

La séance est ouverte par Élise, médiatrice dans l'exercice précédent. Elle prend la parole avec un reste de timidité qu'elle oublie dès qu'elle commence à énoncer les faits : « Une fois, on a fait une médiation et il y a une fille qui est venue nous dire qu'elle avait un problème. Du coup, on est allés chercher la fille avec qui elle avait ce problème et on a fait une médiation mais, en fait, on n'arrivait pas à régler le problème. Il y en avait une qui criait dans la salle. » Marie avale sa tomate cerise avant de demander à Élise ce qu'elle a fait quand sa camarade criait. Élise raconte qu'elles ont essayé de régler la situation, en vain, car « elles avaient pas de solution ». Marie redonne quelques conseils : « Déjà, il faut rappeler à celui ou celle qui crie qu'en médiation on ne crie pas et qu'il faut rester calme. Peut-être qu'elle n'était pas prête et qu'il fallait attendre qu'elle se calme un peu pour faire la médiation. »

Au tour de Chaïma de raconter sa mésaventure. Chaïma est en CE2 cette année : « J'ai fait une médiation et on avait deux personnes qui faisaient semblant. Ils ont commencé à s'installer et à rigoler. » Joffrey la rassure en lui disant que « c'est normal », que certains enfants viennent avec une « fausse » médiation ; « c'est parce qu'ils ont envie de voir ce que c'est ». Il conseille alors aux médiateurs de gentiment expliquer à ces simulateurs qu'ils leur font perdre du temps au détriment d'un « vrai conflit » qui a peut-être lieu en même temps dans la cour. Chaïma opine du chef. Message reçu.

Une petite question de notre côté. Pourquoi les enfants disent-ils systématiquement « des personnes » ? Joffrey sourit et en profite pour rappeler une des règles essentielles : « Parfois vous allez être amenés à connaître des secrets et il est très important que tout le monde sache bien que vous ne répéterez rien et que quand vous nous parlez de certaines situations ici, vous les racontez toujours sans les prénoms. Cela s'appelle la… » Tous les médiateurs répondent en chœur : « CONFIDENTIALITÉ ! » Message reçu cinq sur cinq par l'équipe de tournage. Chacun son boulot, ça tourne.

À Faroudja de parler maintenant de son expérience. Elle n'est qu'en CE2, mais, à l'entendre s'exprimer et surtout à la façon qu'elle a d'écouter, elle a déjà les réflexes d'une (bonne) responsable des relations humaines : « Même si je suis pas de service ou en dehors de l'école, quand il y a des enfants qui pleurent ou qui ont un problème, je vais les voir et j'essaie de leur demander ce qu'ils ont, puis j'essaie de les faire parler ensemble pour qu'ils se pardonnent. » Une belle initiative qui résume bien la posture du médiateur ! Après ce pique-nique de régulation, les enfants ont bien mérité une petite récré avant de retourner en cours.

Kamel Essaied nous attend en fin de journée dans son bureau. Toujours un peu angoissant d'avoir rendez-vous dans le bureau du dirlo ! Mais c'est un directeur serein qui nous accueille dans son antre. Sur les murs, des tonnes de feuilles punaisées, emplois du temps, listes de noms, menus, Post-it de couleur avec des notes manuscrites, cartes de vœux personnalisées, une bannière de « La médiation à l'école Victor Hugo », un pin's de « médiateur »... Sur le bureau, trois écrans d'ordinateur et encore beaucoup d'autres papiers et cahiers.

Monsieur le directeur est un homme occupé, chaleureux et convaincu : « La médiation impacte très positivement les élèves. Ils se rendent compte que finalement on a le droit d'exister tel que l'on est. On a le droit de ne pas être d'accord, et surtout, on n'est pas automatiquement sanctionné parce qu'on dit quelque chose qui pourrait être mal interprété. Donc, on s'engage plus dans l'expression, dans la façon de se comporter, dans la façon d'être. Et quand on arrive à un point de non-retour, par exemple quand je suis amené à recevoir des élèves ici, je vois avec eux le cheminement qu'ils ont déjà fait avant. S'ils sont passés par la médiation, je commence par ce biais-là pour qu'ils se rendent compte que cela ne valait pas le coup d'arriver jusqu'à moi et qu'il y avait un moment où ils pouvaient chacun y mettre du leur. » Mais il faut dire que les convocations chez monsieur le directeur sont devenues rares, tout le monde préférant éviter la sanction au profit de la solution gagnant-gagnant de la médiation !

À la fin de la formation, lors de la cérémonie de remise de diplômes, c'est une grande fierté pour les nouveaux d'appartenir à la communauté des médiateurs de l'école. Kamel Essaied constate que la médiation procure un vrai sentiment d'appartenance à l'école : « Quand ils quittent Victor Hugo, les anciens sont systématiquement invités tous les ans aux fêtes de fin d'année, kermesses et autres. Et parmi ces élèves, les élèves médiateurs, lorsqu'ils reviennent, nous disent tous la fierté qu'ils ont eue de pouvoir gérer des petits conflits et de voir que l'équipe pédagogique leur faisait confiance parce qu'ils allaient davantage apporter pédagogiquement avec leur langage, d'enfant à enfant, que la personne qui est censée distribuer les sanctions. » Mais Joffrey entend aller encore plus loin : « Même si cela fait plusieurs années, nous sommes toujours dans l'expérimentation. Maintenant, par exemple, on essaie de motiver nos médiateurs à aller plus vers les autres enfants pour proposer leur aide, et ça, c'est quelque chose qui est un peu nouveau. À vrai dire, nous sommes toujours en recherche pour améliorer le dispositif et le rendre encore plus efficace. » Et Chrystelle, de conclure : « En discutant avec des parents mercredi dernier, l'un d'eux m'a dit que nous étions en train d'aider leurs enfants pour toute leur vie. Ça nous a vraiment beaucoup touchés. Ce qu'ils sont en train de faire, là, en fait les futurs citoyens de demain. Ils ont de quoi se débrouiller et communiquer avec les autres et peut-être que plus tard ils auront ce rôle-là au sein de leur entreprise ou ailleurs. » Les trois enseignants échangent un sourire. Tout ceci demande du temps et de l'engagement, mais quelle récompense !

En bas de la page du livret de médiateur, en session de formation des CP-CE1, il y avait ce petit encadré récapitulatif : « Nous avons tous des besoins. Certains sont vitaux et d'autres peuvent être différents d'une personne à l'autre. En tant que médiateur/médiatrice, je sais qu'un conflit peut arriver si deux personnes ont des besoins trop différents. En aidant les autres, je m'aide moi-même. En apprenant à communiquer, je ne rentre pas chez moi avec des problèmes non résolus qui peuvent amener des malentendus entre les parents et l'équipe pédagogique. En apprenant à dénouer les conflits au cœur des relations, je suis davantage en capacité d'apprendre. » CQFD.

Inclure naturellement : l'école dans la forêt

Conrad Schule, Berlin, Allemagne

En 2016, dans la banlieue de Berlin, la Conrad Schule, une école publique « normale », a ouvert deux classes en forêt pour les enfants de 5 à 12 ans, faisant de l'extérieur le lieu central de l'apprentissage. Une école forestière pour que les enfants n'aient plus envie de faire l'école buissonnière. Parce que passer 70 % du temps de classe en plein air leur permet d'éviter l'ennui d'être assis, enfermés toute la journée, et d'apprendre dans une attitude dynamique.

Hans-Gerrit Plessen, directeur et éducateur, nous explique le concept de cette école forestière où le jeu libre est roi : « L'enfant apprend par ses découvertes et sa motivation personnelle. Certains vont s'amuser avec de grands bâtons, d'autres vont faire des cabanes ou fouiller dans la terre. Chaque enfant a sa façon de jouer et sa dynamique à lui. Nous accueillons des hyperactifs et des surdoués et huit enfants à besoins spécifiques : autistes, Asperger ou trisomiques. Vous aurez du mal à les repérer, car ils se fondent complètement dans le groupe. » Cet éco(le)-système leur apprend à être à l'écoute de la nature, des besoins des humains et des animaux qui les entourent. Ils acquièrent ainsi une grande conscience des enjeux liés à la biodiversité et une aisance à évoluer dans le monde, tout en assimilant les savoirs fondamentaux. L'initiative de Hans-Gerrit a été soutenue par le ministère de l'Éducation de sa région.

Chaque jour, les enfants passent de deux à cinq heures dehors, en fonction du temps. Aujourd'hui, le ciel est couvert ; on prend les affaires de pluie au cas où, mais tout le monde a envie d'aller à la gorge des Sangliers, alors c'est parti !

Emmitouflés dans leurs manteaux, avec leurs sacs à dos, leurs bonnets et leurs gants, les élèves se relaient gaiement pour pousser ou tirer les deux petits chariots à bras, accompagnés de leur institutrice et de trois éducateurs. Il faut marcher un bon quart d'heure pour atteindre la forêt.

Tout sourire, Carla, 6 ans, nous raconte bien volontiers qu'elle voulait aller en classe en forêt depuis qu'elle a 4 ans, et là... « Ça y est, j'y suis ! Je suis contente parce qu'on peut vraiment explorer, on a déjà vu des sangliers et des cerfs, c'est cool ! » C'est cool, mais il faut aussi apprendre des choses.

Une fois le petit groupe arrivé, Birgit Eiselt, l'institutrice, fait mettre les enfants en rond autour d'elle : « Alors, chacun à votre tour, vous me dites un nom commun, c'est très simple, mais un nom commun qui doit avoir un rapport avec l'endroit où nous sommes, et si possible avec l'article. » Les enfants se concentrent : « l'arbre », « le feuillage », « *la* grain de sable ». Rires. Passé cette étape, on reprend la marche pour s'enfoncer plus profondément dans le sous-bois.

Pour travailler de façon variée et créative, chaque journée s'articule autour d'un thème différent. Aujourd'hui, c'est le sport.

Une fois assis tous en rond sur un lit de feuilles ou sur des branches, les enfants doivent dresser une liste de verbes recensant les actions qu'ils font avec leur corps en faisant du sport. Les enfants lèvent le doigt. Friedrich commence : « courir ». Birgit acquiesce et sort le papier sur lequel le verbe est écrit, le tend à Friedrich qui va le déposer au centre. Une fois tous les verbes recensés, pour concrétiser l'exercice, les enfants se transforment en coachs et aménagent des parcours sportifs pour que chaque verbe soit mis en action par leurs camarades, en petits groupes supervisés par l'équipe pédagogique. Le matériel nécessaire est sorti des chariots et installé par les enfants.

Cette classe forestière réunit des élèves de trois niveaux différents. Chaque enfant fait selon ses moyens et ses envies mais tout le monde participe. Birgit commente : « Ils apprennent les uns des autres. Les plus petits observent ce que font les plus grands et aspirent à savoir le faire aussi. À l'inverse, il y a des élèves de CP qui maîtrisent déjà des notions que certains CE2 n'ont pas complètement acquises, cela permet de les stimuler bien mieux que s'ils avaient tous le même âge. Les enfants sont beaucoup plus détendus, ils ne sont ni jaloux ni en compétition, ils savent dès le départ que chacun progresse à son rythme et avec ses capacités. » En voyant les plus grands aider les plus petits, on constate en effet que cette classe en forêt leur permet de partager ce qu'ils savent avec bienveillance et renforce leur confiance en eux. Une fois que tous les parcours sportifs sont installés, on déjeune tous en cercle et Carla commence à faire le clown.

Puis c'est l'heure pour chaque équipe de présenter son parcours sportif à toute la classe. On y va. Et ça saute en hauteur, ça court, ça marche sur des cordes tendues entre les arbres, ça commente les activités dans la joie et la bonne humeur, les bouts de bois deviennent des sabres lasers… bref, les enfants sont ravis. Mesurer précisément le saut de Friedrich, à l'aide d'un mètre, devient un truc marrant. 1,17 mètre : tout le monde applaudit.

Hans-Gerrit explicite la démarche qui les a conduits à envisager autrement les enseignements : « Certains enfants qui étaient en échec dans d'autres écoles, ou qui l'étaient aussi chez nous dans les classes normales, ont eu des difficultés en raison de leur comportement, et nous voulions vraiment qu'ils aient la possibilité de savourer l'école, de développer encore leur personnalité. Alors nous avons cherché à inventer un autre chemin pour apprendre. Un chemin avec plus de mouvement, plus de place pour l'épanouissement de compétences personnelles, qui sont tellement différentes d'un enfant à l'autre. Certains sont certes très intelligents mais cela peut être difficile pour eux dans la sphère sociale. Et pourtant, certains d'entre eux sont déjà parvenus à réintégrer des classes normales ou d'autres écoles, parce que nous avons réussi à faire sauter l'idée qu'ils n'avaient aucune chance d'apprendre. »

Tous les matins, les élèves de ces deux classes forestières ont une à deux heures de cours où ils travaillent les savoirs fondamentaux de façon classique. Lecture, écriture, calcul. Ils peuvent aussi en profiter pour revenir sur ce qu'ils n'ont pas compris ou débriefer les activités en forêt de la veille. L'équipe pédagogique veille à enrichir chaque jour le programme des activités qui seront proposées dans la forêt en fonction de leurs avancées, de leurs questionnements et de leurs retours. Sauf en cas de grosse tempête, rien ne vient bouleverser la classe en forêt. Les enfants sont équipés et les parents se sont habitués à les voir revenir couverts de boue.

C'est pour l'équipe pédagogique que c'est parfois plus compliqué. Et comme pour illustrer la chose, une petite pluie fine se met à tomber. « Chouette ! » dit Carla. Hans-Gerrit confirme : « La pluie n'est pas du tout un problème, ça nous oblige à être créatifs. » Ni la pluie ni le froid n'empêchent de faire le bilan de la journée, rituel quotidien avant de rentrer chez soi. On se met de nouveau tous en rond, capuches sur la tête, et on échange. Bilan super positif ! Carla a toujours son grand sourire mais semble plus calme.

Hans-Gerrit remarque que ce qui est aussi très intéressant avec cette classe forestière, c'est que les enfants ne s'ennuient pas, ils ne réclament pas sans cesse de la technologie, comme beaucoup d'autres de leur âge qui ont toujours besoin de quelque chose pour s'occuper. Au contraire, les enfants de la forêt « découvrent, entrent en contact les uns avec les autres, peuvent montrer leurs compétences personnelles. Ils sont incroyablement présents. Ils ramassent les déchets, dénichent la vie florissante, trouvent un escargot... Ils posent un regard entier sur un monde entier. Les enfants qui ont des besoins spécifiques voient que tous leurs camarades ont chacun leur différence et acceptent mieux cette diversité ».

Quand on lui demande si les parents ne sont pas inquiets de laisser leurs enfants s'égailler, courir, grimper, tomber toute la journée dans la forêt, c'est pour s'entendre répondre : « Il leur arrive même de se servir de couteaux pour sculpter le bois, il y a toujours un adulte avec eux et les parents comprennent qu'il y a bien d'autres endroits dangereux, sur la route, à la maison... Nous veillons à maintenir un équilibre entre confiance et surveillance. »

Au contact de la nature et à travers ces phases en plein air qui sont vues comme des jeux mais qui sont élaborées pour leur permettre d'apprendre et de se découvrir, les besoins spécifiques de certains enfants deviennent des capacités particulières. Ils ont l'impression d'apprendre des choses tout seuls et ils en sont fiers.

Pour Hans-Gerrit et l'équipe pédagogique, c'est la preuve que les démarches alternatives ont aussi leur place dans l'école publique. Et pour nous, c'est un bonheur de voir tous ces enfants avancer, maculés de boue, sur le chemin du retour, heureux de leur journée d'école forestière.

Le sport réinventé au profit de tous

Riverside School, Ahmedabad, Inde

« Ici, l'essentiel n'est pas la compétition, mais l'entraide, le travail en commun, le mentorat entre classes et le développement personnel. » Diplômé de la Riverside School indienne en 2015[10], Kunal Lalchandani, qui dirige aujourd'hui le pôle sportif de l'école, en résume bien la philosophie. Fondée sur une culture collaborative où élèves et professeurs apprennent tous les jours les uns des autres pour cocréer le programme, la Riverside School valorise le travail en équipe pour atteindre un objectif commun via un rythme d'apprentissage naturel à chacun, sans compétition.

Et cet état d'esprit se retrouve jusque dans le sport : « Habituellement, le sport ne fait que promouvoir la compétition. C'est seulement pour les gens qui sont vraiment compétitifs, les plus rapides, les plus grands, les plus forts. Quand on joue au foot, par exemple, ceux qui aiment vraiment le foot sont complètement à fond, et ceux qui ne jouent pas restent sur le côté et se disent : “Je ne veux pas jouer, je ne suis pas entraîné, je vais être moins bon qu'eux.” Ils se mettent en retrait, arrivent aux séances avec cet état d'esprit fermé. C'est cet aspect du sport qu'on a voulu changer. Une de nos méthodes, c'est d'inventer des sports complètement nouveaux, auxquels personne n'a jamais joué. »

À l'école de Riverside, le seul endroit d'où l'on aperçoit vraiment le fleuve Sabarmati, qui a inspiré son nom à l'établissement, c'est sur le toit. Et c'est justement sur ce toit, devenu terrain de jeu, que se déroulent les ateliers de sport. Sur le terrain, des élèves de terminale, répartis en deux équipes, doivent jouer à un jeu dont leur coach, Kunal Lalchandani, expose la règle pour la première fois et ce, juste avant qu'ils ne jouent : chaque équipe dans un temps imparti doit envoyer le plus de balles de tennis possible dans le camp adverse : « C'est parti ! Je vous donne une minute pour établir une stratégie si vous voulez. »

Le jeu démarre et s'achève dans une pagaille joyeuse et une désorganisation totale. Mais l'objectif est ailleurs. Le professeur nous explique : « Avec des sports comme ça, personne ne sait vraiment ce qui va se passer, puisqu'ils vont tous y jouer pour la première fois. Donc personne ne peut être déjà bon dans ce sport, personne ne peut être meilleur que les autres. Ça met tout le monde sur un pied d'égalité, les filles et les garçons jouent ensemble et tout le monde doit trouver comment bien jouer ensemble. »

À la prochaine partie, ils auront compris ce qu'il faut faire pour avoir une chance de gagner ensemble. Et c'est bien cet état d'esprit que ce sport permet de développer : « Ce sont des qualités de leadership. Être capable de travailler en équipe, de valoriser les autres, de conduire une équipe vers un objectif commun. » Il est probable qu'aucun de ces élèves ne devienne sportif professionnel. Mais là n'est pas l'essentiel pour Kunal : « Le sport est important parce que les élèves peuvent y apprendre plein de choses qui leur serviront dans leur vie. » Donc peu importent leur taille, leur carrure, leur inclination naturelle pour le sport, en jouant en équipe à un jeu nouveau, ils inventent ensemble des stratégies, ils s'amusent. Ceux qui ne faisaient jamais de sport en font sans le savoir et tous participent. Le professeur devient un entraîneur dont la mission est d'amener son équipe au meilleur niveau. Quand on apprend ensemble, on apprend mieux.

2. UNE ÉCOLE MOTIVANTE : PRÉVENIR OU LUTTER CONTRE LE DÉCROCHAGE SCOLAIRE

Atelier « La raison d'être de ma scolarité » avec l'association Le Sens de l'École : la méthode du photolangage

École Pierre de Coubertin, Villeneuve-la-Garenne, France

Aujourd'hui, direction Villeneuve-la-Garenne, dans un quartier récent de la banlieue nord de Paris, composé de tours et de larges avenues. Dans les rues, beaucoup de voitures et peu d'humains. Nous sommes mi-juin, le ciel est bleu, mais rien de gai pourtant dans ce quartier où le minéral a poussé sans végétation pour l'adoucir. Le groupe scolaire Pierre de Coubertin est en zone d'éducation prioritaire. Les vacances approchent. Les élèves de CM2 de la classe de Bérénice s'apprêtent à recevoir la dernière des quatre interventions prévues cette année par l'association Le Sens de l'École[1].

C'est la deuxième année que la fondatrice de l'association, Virginie Schaefer, intervient auprès de ces élèves. L'idée est de faire en sorte que l'école ne soit pas vécue comme un exercice imposé mais comme une chance. Les ateliers se construisent en partenariat avec l'enseignant, qui s'approprie le projet et en prolonge les bénéfices dans le quotidien de sa classe. Virginie explicite la démarche : « On ne fait pas le travail des enseignants à leur place, ils font déjà tout ce qu'ils peuvent pour intéresser ces enfants qui sont un peu sur le bord du chemin. Notre but, c'est de les aider à raccrocher ces enfants à l'école, à faire en sorte qu'ils deviennent plus perméables aux apprentissages, qu'ils aient cette motivation intrinsèque en se rendant compte qu'il y a quelque chose de génial pour eux à l'école. »

Littéraire et musicologue de formation, Virginie a travaillé pour des programmes de démocratisation de l'opéra. Elle-même a longtemps adoré l'école, mais, à l'adolescence, elle n'y trouve plus trop de sens et se demande ce qu'elle fait là, assise sur une chaise pendant sept heures. Alors, lorsqu'elle découvre que les élèves français ont un sentiment d'appartenance à l'école plus faible que la moyenne de l'OCDE[2], germe le projet de ce qui deviendra « Le Sens de l'École » en 2020. En quatre ans, 13 800 enfants ont déjà bénéficié des ateliers de cette association. Sur les trois leviers clés d'accrochage scolaire : le sentiment d'appartenance à l'école, la raison d'être et l'état d'esprit de développement (le fameux « *Growth Mindset*[3] »), les premières mesures d'impact font apparaître des effets positifs, notamment sur le climat de classe et l'entraide.

Les deux jeunes femmes ont poussé les tables le long des murs. L'espace est dégagé : tout le monde s'assoit par terre, en cercle et en tailleur. La conversation reprend là où elle avait été arrêtée lors du précédent atelier, avec encore un peu de timidité chez certains, mais le lien est là : « La dernière fois, je vous avais demandé à quoi ça sert l'école, et aujourd'hui je vous propose d'approfondir cette réflexion en vous demandant : à quoi ça sert *pour moi* ? Est-ce que j'ai un but, un rêve, une grande cause qui me touche et qui fait que ça vaut le coup d'aller à l'école et de faire de mon mieux ? »

Virginie laisse ses mots résonner avant de poursuivre : « Pour commencer, je vais vous raconter l'histoire de trois tailleurs de pierre sur un chantier. Le premier accomplit son dur labeur de très mauvaise grâce, parce qu'il faut le faire. Le deuxième le fait d'une façon un peu mécanique parce qu'il construit un mur. Le troisième homme, lui, taille sa pierre de façon enthousiaste, presque joyeusement. Pourquoi ? Parce qu'il construit un hôpital. »

En illustrant ainsi, de façon sensible, l'importance de donner du sens à son travail et d'avoir un but, Virginie permet aux élèves de toucher du doigt la motivation formidable de se projeter dans une aventure utile aux autres.

Virginie propose ensuite un exercice à partir de photos disposées sur les tables. Les élèves vont devoir se lever pour les regarder, en silence, avant d'en choisir une en se posant la question : « Qu'est-ce que je voudrais apporter de beau dans le monde ? » À ce stade, les yeux des enfants, qui sont encore assis, sont pleins de points d'interrogation. Étrange exercice pour eux, méthode du photolangage pour Virginie et Bérénice. Toujours assise en tailleur, Virginie leur montre une photo plastifiée, sa photo : « Moi, par exemple, ma photo, c'est celle-là. Cette photo représente des petits enfants, qui sont visiblement à l'école parce qu'ils sont assis, on voit des bureaux, des chaises… et sur cette photo on voit des enfants, à l'arrière-plan, qui sourient, qui ont l'air heureux. Et au premier plan, on voit un petit garçon qui a l'air de s'ennuyer, qui a même peut-être l'air malheureux. » Effectivement. L'enfant, la tête au creux de la main, le coude posé sur un pupitre, fixe l'objectif avec l'air de celui qui va être fusillé. De grands yeux tristes dans un visage enfantin, de quoi déprimer des générations d'écoliers de par le monde. Virginie poursuit : « Cette photo me touche.

Elle me rend triste. Parce que, pour moi, c'est important que les enfants soient heureux et, plus encore, c'est important que les enfants soient heureux d'apprendre et d'être à l'école. »

LE PHOTOLANGAGE

La méthode du photolangage permet de dialoguer au sein d'un groupe (parler et écouter), de travailler sur les représentations (à travers l'image), de se construire et de construire des repères. Virginie a sélectionné au préalable 80 photographies polysémiques et évocatrices pour que 50 enfants différents puissent choisir la photo qui leur parle le plus. Certaines sont incarnées, d'autres représentent des paysages, la flore, la faune… Quelques-unes se ressemblent. Le panel est suffisamment large pour que chacun puisse trouver celle qui, d'une façon ou d'une autre, est liée à sa sensibilité et à son histoire personnelles.

Tout le monde se dirige vers les photos et se laisse absorber, en silence, par les scènes en couleurs, certaines légères, d'autres beaucoup moins. Les regards s'arrêtent sur l'une, presque choisie, pour être attirés ensuite par une autre. Toute la classe prend l'exercice très au sérieux, pas facile de décider l'image qui représente le mieux ce qui nous touche et nous donne envie de nous battre. Quand le choix est fait, les enfants prennent leur photo et la regardent, attentivement, comme pour en deviner l'histoire en mouvement qui a été figée dans l'instant du *clic* de l'appareil photo.

Puis ils s'assoient de nouveau par terre, en binômes, pour la première partie de l'exercice, la partie « Atelier » : chaque enfant a deux minutes pour présenter sa photo à l'autre. Virginie fait sonner un bol tibétain, et c'est parti pour le premier round. Les enfants se prêtent volontiers à l'exercice. Gunjee et Ouardiya s'installent côte à côte. Ouardiya montre sa photo à son amie et la commente, d'une voix douce où perce la tristesse : « Cette photo, elle me touche, parce qu'il y a des gens qui dorment dehors, ils n'ont pas d'appartement, et qu'il y a des gens, ils ont des appartements et ils sont vides. » Sans avoir vu la photo, on imagine des gens allongés dans des duvets, sur des trottoirs ou ailleurs, mais non. Quand Ouardiya nous la montre, on y voit un homme assis dans la rue d'une grande ville avec une pancarte et un gobelet devant lui. Un homme, jeune urbain bien habillé, s'est accroupi à ses côtés et caresse son chat. Sur la pancarte, on lit « *Homeless* ». Ouardiya ne parle pas anglais. Pas nécessaire pour être touchée et surtout pour interpréter une scène à l'aune de son propre univers. Kristel a choisi une photo avec deux petites filles heureuses qui jouent avec le maigre filet d'eau coulant d'une montagne, quelque part dans un pays d'Asie : « Je vois qu'il y a des gens qui sont heureux d'avoir de l'eau, alors que moi, quand j'ai de l'eau, parfois j'ai pas envie de la boire... Pour moi, c'est rien du tout, alors que pour eux, c'est quelque chose. » Le bol tibétain sonne.

C'est maintenant au tour de celui ou celle qui écoutait de s'exprimer sur la photo qu'il ou elle a choisie. Sur celle d'Alyassine, une femme et ses trois enfants, dont l'un est un très jeune garçon, ploient sous le poids d'énormes régimes de bananes, tout en regardant l'objectif avec un mélange de résignation et de dignité polie. La voix d'Alyassine est grave quand il dit à sa camarade : « C'est pas de leur âge de travailler comme des acharnés. » Ryad, dit Riri, a choisi une photo de jolis fonds marins grouillant de magnifiques poissons-clowns : « Les poissons, moi je les aime bien. Ils sont bons et en plus ils sont beaux. Ça me rend triste de regarder cette photo, parce que peut-être, un jour, on ne les verra plus. » Riri aurait pu se contenter d'y voir le monde de Nemo, il a vu bien au-delà. Il veut que l'on arrête de polluer les océans. Son mot clé ? « Compassion envers les animaux. » Respect.

Atelier terminé, on passe au compte rendu. Mais avant, avec l'aide de Bérénice et de Virginie, les enfants vont noter sur des Post-it, sous leur prénom, les idées associées à leur photo. Ils iront ensuite les coller tour à tour sur le tableau, en les rassemblant par thème.

Ismaël se lève et rejoint timidement le tableau. Il montre sa photo à ses camarades. On y voit un homme dans la rue, accroupi contre un mur d'un beau bleu Klein. L'homme se tient une jambe, il y a quelques journaux épars à côté de lui. Cette photo a touché Ismaël. Pour apporter quelque chose de beau dans le monde, il voudrait créer une association pour les personnes handicapées et les SDF. Virginie lui propose quelques mots clés : « Handicap, SDF, Entraide, Solidarité, ce que tu veux. » Ismaël choisit Solidarité. Le petit Post-it jaune avec le prénom d'Ismaël rejoindra donc celui de son camarade précédent sous le thème « Solidarité ».

C'est au tour de Lassana de montrer sa photo à ses pairs. Il a choisi une place jonchée de déchets. Cette photo le rend triste. Pour le mot clé, il veut marquer Recyclage sur le tableau. Les enfants écoutent religieusement leurs camarades. Kristel leur montre sa photo, celle des deux enfants qui jouent avec le filet d'eau. Au tour d'Inès. Sa photo représente un magnifique iceberg. Inès ressent de la tristesse mais aussi un peu de colère, elle souhaiterait lutter au quotidien contre le réchauffement climatique. Son mot clé ? Anti-gaspillage. La maîtresse le note au tableau. Alyassine montre la photo de la famille ployant sous les régimes de bananes. Il a l'air profondément affligé de montrer cette scène à ses camarades, jusqu'à ce que Bérénice reformule ce qu'il voudrait faire pour que de telles situations ne se produisent plus : « Alyassine a beaucoup, beaucoup insisté sur le fait qu'il voulait aider les autres, ceux qui sont dans des situations de pauvreté. Il voudrait éventuellement créer une association pour pouvoir le faire et pour que tout le monde se sente bien. Est-ce que tu as une idée de mot clé ? » Alyassine répond timidement, mais avec le sourire maintenant : Entraide. Il a de nouveau l'air d'un enfant.

Tous les élèves s'expriment, tous écoutent. Au tour de Bérénice de montrer la photo qu'elle a choisie. On y voit un sportif courir dans un magnifique décor naturel : « Moi, j'ai choisi cette photo parce qu'on ne voit aucun bâtiment à l'horizon, pas une maison, pas un immeuble, rien. Ce paysage me procure un sentiment de liberté incroyable. Quand je vois ça, je pense à la liberté, et ce que je voudrais vraiment faire, c'est pouvoir donner la chance à tous les enfants de partir en vacances pour pouvoir vivre ce sentiment de liberté, de repos et d'apaisement. »

Liberté, Joie, Respect, Aider les autres, Solidarité, Découverte, Protection des animaux, Compassion envers les animaux, Protection de la nature, Découverte du bonheur, Anti-gaspillage, Déchets, Robotique... Certains mots clés inscrits sur le tableau sont reliés les uns aux autres par des flèches qui dégagent de grands thèmes.

Quand Bérénice et Virginie félicitent les enfants et les engagent à s'applaudir, ceux-ci sont heureux. Les pieds dans le béton gris, ils viennent de commencer à mettre du beau dans leur vie en imaginant en apporter au monde. Parce que, comme le dit si bien Virginie Schaefer : « Tout commence par le pourquoi. Dès lors que l'on sait *pourquoi* on fait les choses, on est capable de déplacer des montagnes. Le sens est un puissant levier de motivation scolaire ».

L'école du déclic et le concept anti-décrochage avec l'association Énergie Jeunes

Se préparer au collège dans une classe de CM2

École élémentaire Jules Ferry, Nanterre, France

L'école élémentaire publique Jules Ferry, à Nanterre, est scindée en deux bâtiments, vestiges de l'école non mixte, à la fois séparés et réunis par le grand réfectoire qui fait office de frontière entre l'école A et l'école B. Chaque bâtiment a son directeur : Dorothée Fillon-Benabdallah dans le A et Kader Zerrou pour le bâtiment B. Pas de résurgence du passé non mixte, non, juste le fruit du hasard ! À peu près 200 élèves de chaque côté. Nous sommes à quelques encablures de Paris, le RER n'est pas loin ; c'est la banlieue, ni rose ni morose.

Aujourd'hui, Ali K. et Laëtitia interviennent pour Énergie Jeunes dans des classes de CM2. Reconnue d'utilité publique depuis 2009, cette association combat les inégalités par des actions de prévention du décrochage scolaire. Ses bénévoles interviennent chaque année auprès de 120 000 élèves, du CM2 à la troisième, partout où l'orientation des jeunes est rendue difficile par manque d'informations, de soutien familial ou de modèles. Leur devise : « On va tous aimer apprendre ». Les programmes sont conçus avec des chercheurs, pour provoquer des « déclics[4] » psychologiques chez les élèves. Ils visent un impact direct et mesuré, notamment sur la discipline, l'attention, le dynamisme et l'enthousiasme vis-à-vis de l'acquisition de connaissances nouvelles, mais aussi sur les aspirations et l'amélioration des résultats scolaires. Construire des compétences socio-comportementales clés aide les élèves à prendre confiance en eux et à trouver du plaisir dans l'effort que demande l'apprentissage.

Pour l'heure, nous pénétrons dans le bâtiment B afin d'assister, avec une classe de CM2 de 21 élèves, à la séance préparée par notre binôme de volontaires du jour. Ali K., informaticien en reconversion professionnelle, a découvert le coaching scolaire et l'association il y a quatre ans et s'est inscrit dans la foulée comme bénévole. Aujourd'hui il est animateur expert et il est doué. À ses côtés, Laëtitia, jeune maman, salariée à la Société générale, vient une fois par mois donner bénévolement de son temps à ces jeunes. Le programme lui a été présenté dans le cadre du mécénat via son entreprise. Laëtitia a décroché de l'école à 17 ans et commencé à travailler très tôt. Faire naître cette envie d'apprendre chez les plus jeunes est une façon de leur donner ce qu'elle aurait aimé recevoir à leur âge.

Quand les élèves entrent dans la salle de classe, ils s'installent comme s'ils allaient assister à un cours normal mais, très vite, ils pressentent que les deux animateurs ne sont pas là pour leur apprendre des choses, au sens classique, mais plutôt pour réveiller quelque chose qui est en eux, et dont ils n'ont pas encore conscience. Sur le mur du fond, en guise de tableau, le vidéoprojecteur allumé est prêt.

Ali et Laëtitia se présentent, le maître s'installe au fond de la classe, les élèves sont invités à écrire leur prénom sur le carton rigide faisant office de chevalet devant eux. La mise en scène orchestrée par Énergie Jeunes peut commencer. Laëtitia lance la vidéo « On va tous aimer apprendre ». La voix off est digne d'une superproduction hollywoodienne. Bon point pour les enfants, qui sont tout de suite aimantés par l'écran. Mais ils ne seront pas passifs, tant s'en faut ! Trois règles s'affichent sur l'écran-tableau : 1) lever la main pour prendre la parole, 2) rester calme et concentré, 3) respecter ses camarades. Laëtitia demande aux élèves de les énoncer à voix haute. Et « on » passe un contrat moral. « On » décide de les respecter ensemble ? Un grand « oui » unanime. Sur les tables, chaque élève dispose d'un petit nuancier de quatre couleurs (bleu, vert, rouge, jaune) pour répondre aux questions posées sous forme de QCM. « Qu'est-ce qui vous fait peur au collège ? » Bleu, c'est d'avoir plusieurs profs. Vert, c'est d'être plus autonome… Beaucoup de bleu et beaucoup de vert. Il s'agit d'aider les élèves à préparer la transition du primaire au secondaire, à les rassurer, mais aussi à formuler leurs craintes : les changements de salles et de professeurs durant la journée, des établissements plus grands avec des élèves plus grands qu'eux. Tour des tables, qu'est-ce qu'on peut dire à celles et ceux qui ont peur ? Chacun est invité à s'exprimer, sans crainte de donner une mauvaise réponse, car « il n'y en a pas ». On a peur de ce qu'on ne connaît pas, c'est normal », rassure Laëtitia, mais après « on réalise que ça se passe bien ».

« On » passe à la notion suivante : « Quelle habitude prendre pour mieux se concentrer en classe ? » Quatre réponses possibles s'affichent sur l'écran, dont « faire son lit » ou « manger des carottes ». Il est drôle pour les adultes que nous sommes de voir que cette dernière suggestion, assez farfelue, ne provoque pas de réaction amusée. Les nuanciers sont brandis. « Faire son lit » n'a pas la cote. Le maître est invité à donner son sentiment à l'issue de l'échange : « Cela peut vous sembler ridicule mais faire son lit, ça aide, parce que cela fait de vous quelqu'un d'ordonné, de structuré. Ce sont des petites choses comme ça qui font grandir. »

La vidéo qui suit détaille « les trois habitudes gagnantes » : 1) préparer ses affaires, 2) se coucher de bonne heure, 3) écouter ses professeurs. Un enfant a besoin de dix heures de sommeil par nuit. Ali et Laëtitia demandent aux élèves à quelle heure ils se couchent et à quelle heure ils se lèvent. « On » fait les calculs, le compte n'y est pas souvent. Les élèves sont un peu surpris, mais finalement l'info a l'air de leur plaire. Un peu de reformulation, quelques petites interactions, puis Ali s'adresse à son auditoire : « Prêts à écouter le témoignage de Koma ? » La réponse lui semble un peu molle, Ali la répète comme un chanteur demande à son public de réagir :

« Je n'ai rien entendu. Prêts à écouter le témoignage de Koma ?

— OUI !!! »

Tout le monde est de nouveau mobilisé.

Koma est une jeune fille à la fois timide et spontanée qui parle, seule, face caméra. Elle raconte son parcours et la façon dont elle a appris à se concentrer. Son témoignage est simple et sincère : « Les études, c'est maintenant. C'est le seul moment pour réussir. C'est comme si ton destin, il est entre tes mains, donc si tu ne le fais pas maintenant, plus tard, tu le regretteras. » Certaines de ses phrases font réagir l'assistance. C'est la façon dont elle dit les choses, avec ses mots à elle, qui sont leurs mots à eux. À la fin de la vidéo, petit tour de table comme d'habitude. Ali et Laëtitia demandent aux élèves ce qu'ils ont retenu :

« Il faut écouter ses professeurs.

— Bien, et puis ?

— Le collège c'est une étape importante de la vie.

— C'est bien. Autre chose ?

— Elle a parlé de destin. Elle a dit qu'elle voulait que sa maman soit fière d'elle. »

Le tour de table est éloquent, apparemment le discours de Koma a fait mouche. Imad a un truc à ajouter : « Elle a dit que l'avenir est dans nos mains. »

Ali revient sur la notion de changement : « Koma a parlé d'efforts à faire quand on change d'habitudes, vous vous rappelez ? » Les élèves acquiescent. Ali va l'illustrer à sa façon : il croise les bras et demande aux élèves d'en faire autant. Il leur demande ensuite de croiser leurs bras dans le sens inverse. « C'est bizarre, hein ? On a envie de revenir à la position d'avant, non ? C'est pareil pour tous les changements. Il faut faire un effort et persévérer ! » Simple. Habile. Efficace.

Il est presque l'heure de se séparer, Ali et Laëtitia lancent le défi à relever pour la prochaine session, dans un mois : adopter une nouvelle habitude.

« Vous êtes prêts ?

— OUI ! »

Distribution de stickers à coller dans les agendas. Le maître, Ali et Laëtitia s'assurent que les élèves ont bien compris les consignes du défi et donnent quelques astuces pour le relever. Si c'est « se coucher de bonne heure, ne regardez pas d'écran, lisez... » La cloche sonne, tout ce petit monde s'égaille joyeusement.

Nous assistons à la présentation pour la classe de CM2 suivante et force est de constater que les réactions sont peu ou prou les mêmes. La peur des heures de colle, de se faire taper, d'être les plus petits, de se tromper... Kader, le directeur, s'est glissé dans la classe pendant l'échange. Quand les enfants s'aperçoivent de sa présence, ils ont le réflexe de se lever, ce que le directeur leur enjoint d'un geste de ne pas faire. Le directeur a l'air heureux.

Provoquer le déclic au collège

Collège Thomas Mann, Paris, France

En primaire, le programme d'Énergie Jeunes se décline en deux temps, autour de quelques notions simples et la possibilité pour les enfants d'exprimer leurs envies, leurs craintes. L'objectif est de mieux les préparer à la transition vers le collège, de les motiver et les aider à prendre de bonnes habitudes de travail. Mais c'est surtout au collège, avec trois sessions annuelles de 55 minutes, que l'autodiscipline et l'autonomie sont développées. Les thèmes évoluent en fonction des niveaux. « Devenir acteur de sa scolarité » en sixième, « Progresser chaque jour » pour les classes de cinquième, « Muscler sa volonté » en quatrième et « Préparer son avenir » en troisième. Pour les classes de la cinquième à la troisième, les professeurs peuvent choisir une thématique plus spécifiquement adaptée à leur classe : « Apprendre à apprendre », « Réfléchir sur soi », « Développer l'esprit critique »... ou encore le parcours conçu pour les collèges des zones rurales. Les sessions interactives sont toutes organisées autour de vidéos scientifiques et de témoignages, de temps d'échanges et de jeux pédagogiques pour susciter l'engagement des élèves et favoriser les conditions d'un déclic psychologique.

Quelques jours plus tard, nous allons donc observer la phase suivante au collège Thomas Mann, dans le quartier très moderne de la TGB (Très Grande Bibliothèque), dans le XIIIe arrondissement de Paris. Établissement public accueillant plus de 500 élèves, le collège est immense, constitué de grands bâtiments, beaucoup de verre, peu de vert. C'est une classe de quatrième qui accueille aujourd'hui la première session du programme Énergie Jeunes. Le processus est le même, mais pas les élèves. En quatrième, ce sont vraiment des adolescents, la différence est sensible.

Le thème général de l'année, la volonté, invite à réfléchir sur le dépassement de soi par rapport aux difficultés que l'on rencontre sur son chemin. Les différents supports pédagogiques et les interactions sont centrés sur l'idée de progression. Le témoignage de Ryadh Sallem, sportif français handicapé, triple champion d'Europe de basket-fauteuil, quinze fois champion de France de natation, né sans jambes et avec un seul bras et qui a participé deux fois aux JO, est une invitation formidable à se dépasser, à s'engager et à accepter sa différence. Mais la vidéo n'est pas diffusée pour être une leçon de vie, au contraire. C'est de responsabilité qu'il est question. Celle que l'on a de prendre en main son avenir. L'échange qui suit la vidéo est riche, intéressant, les élèves réagissent, interagissent.

Viendra ensuite une vidéo pour découvrir comment vivre des moments forts : « Parfois le temps s'écoule lentement, ce sont les moments faibles ; et parfois il s'écoule très vite, ce sont les moments forts. » Il n'y a jamais de moments forts quand on fait plusieurs choses à la fois, alors que quand on s'engage à fond dans une activité qui nous passionne, jouer, danser, travailler, on ne voit pas le temps passer. Et dire aux élèves qu'ils peuvent éprouver ce plaisir, ce moment fort, aussi bien en travaillant qu'en pratiquant leur sport préféré est entendu par presque toute la classe. Trois élèves perturbateurs, certainement ceux qui auraient le plus besoin d'entendre ce qu'ils n'écoutent pas, s'ingénient à semer la zizanie, en répondant à côté ou en refusant de développer la moindre idée. Les deux animateurs s'emploient néanmoins à insister sur des mots clés comme l'entraide, l'écoute, la concentration, la volonté. Et la professeure d'espagnol qui assiste à la session conclut par ces mots : « Dans cette classe, il y a un problème d'ego. Certains essaient de prendre l'ascendant sur les autres et d'empêcher la classe de travailler et de s'entraider sans juger, sans se juger. Laissez de côté ce mauvais esprit. N'écoutez pas les personnes qui vous disent que c'est impossible. Osez, travaillez. »

Le thème de l'année, envisagé à travers la problématique de l'attention, permet aux élèves de repenser leur façon de travailler pour progresser et de percevoir à quel point leur cerveau est malléable et peut s'habituer à prendre du plaisir à travailler. Le passage de l'enfance à l'adolescence fait du collège une période de grande transformation, un moment de risque et de mauvaises influences mais aussi d'opportunités et de possibles. D'où l'importance de donner aux élèves des modèles, des conseils pour progresser, s'entraider et apprendre à prendre du plaisir à apprendre et à travailler pour construire son avenir.

Lutter contre le fatalisme social, hormonal, comprendre l'utilité de l'effort et la nécessité d'adopter de nouvelles habitudes, autant de leviers pour provoquer le fameux déclic et débloquer les croyances limitantes sans tomber dans la démagogie et la pensée magique, mais en se disant : « Si les autres y arrivent, pourquoi pas moi ? » La conclusion, c'est Ali K., l'animateur rencontré à l'école Jules Ferry de Nanterre, qui la fournit en discutant après les séances : « Des yeux qui brillent, un redressement de posture, et me voilà dopé pour la journée. »

Le droit à l'excellence avec l'Institut Louis Germain

Collège Jacques Prévert, XIIIe arrondissement de Marseille, France

Le 19 novembre 1957, quelques jours après avoir reçu le prix Nobel de littérature, Albert Camus écrit à son instituteur, Louis Germain : « On vient de me faire un bien trop grand honneur, que je n'ai ni recherché ni sollicité. Mais quand j'ai appris la nouvelle, ma première pensée, après ma mère, a été pour vous.

Sans vous, sans cette main affectueuse que vous avez tendue au petit enfant pauvre que j'étais, sans votre enseignement, et votre exemple, rien de tout cela ne serait arrivé. » La réponse est bouleversante : « Je t'aime trop pour ne pas te souhaiter la plus grande réussite : celle que tu mérites. [...] Je crois, durant toute ma carrière, avoir respecté ce qu'il y a de plus sacré dans l'enfant : le droit de chercher sa vérité[5]. »

Plus de soixante-cinq ans plus tard, en ce joli matin de printemps, nous allons voir des mains tendues, des mains saisies et des jeunes en quête de leur vérité, volontaires pour l'excellence.

Il est tôt et une foule de jeunes gens, de la cinquième à la terminale, se presse déjà devant le grand portail. Nous sommes dans les quartiers nord de Marseille, cernés de hautes tours, et c'est le dernier jour des vacances de Pâques... Le collège Jacques Prévert est un établissement tout de béton gris mais étrangement chaleureux, et son principal, Rodrigue Coutouly, a du cœur. Quand il rencontre le fondateur et directeur général de l'Institut Louis Germain, Julien Puel, tous deux se tendent la main. Le collège fait partie des établissements qui accueillent les différents campus de l'Institut pendant les vacances. À ce jour, ce sont plus de 41 campus qui se sont déroulés à Marseille depuis la création, sans compter ceux qui se sont tenus en Île-de-France, où le tutorat est implanté depuis 2022, et ceux de Toulon, Nice, Avignon où tout a commencé. La liste va s'allonger, du fait notamment du déploiement géographique en Île-de-France.

L'INSTITUT LOUIS GERMAIN

L'objectif de l'Institut Louis Germain[6], fondé en 2014, est de doter les élèves talentueux issus de milieux modestes du bagage académique et culturel qui leur permettra d'intégrer les grandes écoles et les cursus universitaires auxquels ils peuvent prétendre, mais dont ils sont socialement et culturellement très éloignés. Ce tutorat d'excellence leur offre le droit de chercher leur vérité, mais il a un prix : l'engagement. Et ce terme n'est pas un mot creux, c'est un (p)acte fort. Chaque élève signe la charte de l'Institut : assiduité, travail, respect d'autrui, laïcité, livres, cahiers et stylos. Les téléphones portables et tablettes sont interdits. Si le pacte n'est pas respecté, l'élève ne pourra pas se présenter au campus suivant.

Cinq campus par an, répartis pendant les vacances scolaires, soit 120 heures de cours (près de 3 mois), c'est-à-dire 20 jours de cours tout au long de l'année scolaire. De la cinquième à la terminale, en petits effectifs, les élèves ont ainsi accès à un contenu pédagogique dense, articulé entre humanités-français, histoire, culture générale, philosophie et sciences-mathématiques. Les fameux savoirs fondamentaux. Pour 2 euros par jour à la charge des parents, le reste du financement étant pris en charge par les collectivités territoriales, des partenaires institutionnels et des mécènes privés. 90 % des élèves se réengagent d'une année sur l'autre. Depuis 2014, environ 3 000 élèves sont passés par l'Institut. Certains ont intégré Polytechnique, d'autres Sciences Po, de grands lycées, des écoles d'ingénieurs, etc., et tous ont déployé leurs rêves pour s'offrir la carrière qu'ils méritent.

Acte I : des cours d'excellence pendant les vacances en mathématiques, humanités et culture générale

Yliès est en cinquième, il a 12 ans : « J'avais beaucoup de temps pendant les vacances. On est dans une société qui est liée aux portables et aux réseaux sociaux et je me suis dit qu'aller dans un institut pour travailler, ça pourrait être mieux pour moi. » Juste à côté d'Yliès, un de ses camarades ajoute : « Moi, je m'ennuie pendant les vacances, je préfère aller à l'école. » Le grand portail s'ouvre et les élèves pénètrent dans l'établissement. Comme tous les élèves du monde, ils papotent en groupes dans la cour, s'échangent des bouquins, se racontent les potins... L'atmosphère normale d'une cour de lycée ? Pas tout à fait.

Les auteurs qu'ils commentent, Giono, Camus, Shakespeare, leurs univers et les personnages qu'ils apprennent à fréquenter trahissent quelque chose du temps long de la connaissance, un parfum d'exotisme feutré, constitutif d'un héritage culturel et de références à partager.

En traversant la cour, Julien Puel salue les élèves comme les instituteurs publics devaient saluer leurs ouailles sous la IIIe République. Le vouvoiement et les conventions de politesse sont de rigueur. C'est décalé, formel, efficace. « Les quartiers nord de Marseille, ce sont des règlements de comptes toutes les semaines, la drogue, le deal, la violence, et c'est un avenir qui est bouché. Or, dans ces quartiers, il y a des talents, il y a des pépites, il faut les sortir de là. Il faut leur donner la chance de s'épanouir et de devenir des modèles, des exemples. C'est pour ça que l'Institut Louis Germain existe. »

En ce tout début de matinée, le principal, Rodrigue Coutouly, regarde les élèves discuter entre eux, échanger avec leurs profs et rejoindre les salles de cours dès que la sonnerie retentit. Ce soir, il sera au premier rang pour assister à la troisième édition des « Rencontres de l'excellence », qui se tiendront au grand auditorium du parc Chanot, à côté du stade Vélodrome[7].

Quand nous pénétrons dans la classe de mathématiques dirigée par Sylvie Cosquer, la prof de maths que tous les élèves adorent, Rama, 18 ans, répond gentiment à nos sollicitations et à nos félicitations. Elle est en terminale au lycée Thiers, spécialité physique-chimie et maths, et vient de décrocher un 19 en maths à l'épreuve du bac. Applaudissements de ses camarades de classe, qu'elle accueille avec un sourire modeste et un regard complice à sa prof. Elle est fière d'elle, mais elle sait aussi qu'elle a encore beaucoup de chemin à parcourir. Coureuse de fond, douce et déterminée. Sylvie Cosquer était la prof de maths de Rama en cinquième, au collège Izzo de Marseille, en REP+. C'est elle qui a proposé à Rama de participer à la réunion d'information organisée par Julien Puel au sein du collège. Rama raconte : « Je ne savais pas trop dans quoi je me lançais, ça empiète quand même sur une partie des vacances, mais au final c'était super. Il y avait plein d'élèves comme moi, qui voulaient réussir. » Cela fait donc six ans que Rama passe une partie de ses vacances à travailler ! Elle sourit quand on lui fait répéter ce que l'on a pourtant bien compris, puis elle nous explique : « En venant à l'Institut, on avance très vite, on est moins nombreux, c'est plus facile de comprendre et de suivre. Au lycée, on est entre 35 et 40 par classe, alors c'est très dur pour les profs de nous suivre individuellement. Ici, on est une dizaine, c'est plus simple, plus suivi, plus cadré. Les profs ici ont des méthodes que les profs au lycée n'ont pas, ou n'ont pas le temps d'avoir. » Rama ne sait pas encore exactement ce qu'elle veut faire plus tard, mais elle voudrait intégrer une prépa scientifique afin d'accéder aux écoles d'ingénieurs et valider un double diplôme, ingénieur et commerce. « Pour avoir plusieurs cordes à mon arc », précise-t-elle. Dans quelques heures, sur une des scènes du palais des Congrès, Rama jouera Mathurine dans *Dom Juan*. Matheuse Ramathurine, Molière aurait adoré.

La prof la regarde, les regarde toutes et tous, avec un immense sourire. En dehors des heures de cours qu'elle délivre à l'Institut Louis Germain pendant les vacances, Sylvie Cosquer est toujours prof au collège Izzo. Elle enseigne depuis trente ans et la passion lui va bien, elle est aussi pétillante que ses élèves. Issue elle-même des quartiers nord de Marseille, elle a souffert de la différence et surtout de n'avoir ni la culture générale ni les codes sociaux nécessaires. Avant d'obtenir son agrégation, elle l'a ratée deux fois, faute d'avoir pu/su se mettre dans les conditions de réussir, et c'est précisément ça que les élèves de l'Institut apprennent, en plus de consolider et d'approfondir les savoirs fondamentaux et la réflexion. Son parcours la rend donc bien consciente des difficultés d'un collège REP+ : « On travaille, mais comme le niveau est très disparate, on n'arrive pas à monter les élèves à un très haut niveau. Or, ici, le mot d'ordre c'est de les stimuler, de les monter au maximum de leur niveau, d'exploiter leurs capacités et leurs atouts, en français, en mathématiques mais aussi en culture générale. J'ai réussi ma scolarité grâce à mes professeurs des quartiers nord, mais c'est le côté post-bac qui m'a posé problème. » À l'Institut, on travaille pour le bac et pour l'après.

Pour ce faire, Sylvie Cosquer est convaincue des bienfaits de l'interdisciplinarité : « On travaille le raisonnement mathématique, parce que, comme je le leur dis souvent, les grands philosophes étaient des grands mathématiciens. Quand j'ai commencé à enseigner, mon mémoire portait sur l'interdisciplinarité. J'avais déjà l'idée de décloisonner les matières. J'aimais les mathématiques mais j'aimais tout autant le français et la philosophie, d'ailleurs c'est grâce à ça que j'ai réussi. Alors j'apprends aux élèves à rédiger tous les raisonnements mathématiques et c'est ça qui les aide. La réflexion et la rédaction qui sont derrière les raisonnements. Parce que les calculs, ce sont les ordinateurs et les calculatrices qui les font, mais savoir bien penser, bien réfléchir, bien raisonner, c'est ça qui fait la différence ! » Sylvie est aimée de ses élèves, cela se sent, cela se voit. Et c'est sans doute parce que, au-delà d'être une « bonne » prof, elle se nourrit d'eux pour leur apporter le savoir dont ils ont vraiment besoin : « Ils me stimulent incroyablement. Ce sont les enfants qui sont ambitieux et qui ont des difficultés qui nous aident à apprendre à enseigner. C'est par leur façon de nous questionner que l'on arrive, en tant que prof, à se remettre en question et à ne pas délivrer un enseignement figé, prémédité. »

Alan est assis non loin de Rama. Il a 17 ans et lui aussi a rejoint l'Institut Louis Germain en cinquième : « Quand on est petit, on ne sait pas ce qu'on veut faire, on travaille comme on peut, pour nos parents, mais le fait d'approfondir les choses, d'aller vers l'extérieur, de rencontrer d'autres élèves qui viennent d'autres collèges, le français, la philo et les livres qu'ils nous donnent à lire, ça nous sert à avoir une meilleure rhétorique, une meilleure façon de parler, de penser et à voir la vie en grand. » Quand il était plus jeune, Alan s'imaginait vaguement dans le sport, mais en voyant les résultats scolaires qu'il pouvait avoir il a envisagé d'aller vers les mathématiques et la physique. Il est d'ailleurs aujourd'hui en terminale au lycée Perrier, spé maths et physique-chimie, avec l'option maths expertes. Le sport a perdu un rêveur, la vie a gagné un esprit libre de choisir. Alan ponctue chaque phrase ou presque d'un éclat de rire. Il y a une part de timidité bravache bien sûr, mais de fierté aussi, cela se sent. Quand on lui demande à quoi ça sert vraiment d'apprendre, sa réponse fuse et sonne comme un mantra : « Apprendre, ça sert à avoir confiance en soi. » Dont acte. Alan fait partie de la petite troupe de théâtre qui va interpréter des extraits de pièces classiques du répertoire, ce soir, à l'auditorium du parc Chanot, nous y reviendrons dans l'acte II.

Stimulés, curieux, ambitieux et joyeux, ils sont troublants tous ces jeunes gens qui travaillent, comme si l'effort intellectuel était un sport dans lequel le corps et l'esprit prenaient du plaisir à se dépasser, ensemble. Idriss est plus jeune, il a 12 ans. Intimidé, il répond à nos questions avec la candeur appliquée d'un enfant qui veut que ses parents soient fiers de lui : « Dans ma classe, au collège, le niveau est assez bas, parce qu'on n'avance pas tous au même rythme. À Louis Germain, tout le monde est excellent, du coup ça nous permet d'avancer plus vite et de faire plus de choses. » Le principal qui a du cœur, Rodrigue Coutouly, le formule autrement : « Louis Germain offre à ces élèves, qui ont déjà 120, 130 jours de cours par an, 20 jours de cours supplémentaires mais avec un rythme de travail et des contenus beaucoup plus importants, qui leur permettent d'aller beaucoup plus loin. » Plus loin et ensemble. Des petits groupes se forment, qui se voient et échangent hors période de cours, pour se retrouver et se sentir en phase avec celles et ceux qui ont aussi envie d'apprendre, de s'en sortir et s'en donnent les moyens. Sylvie Cosquer nous confie même qu'il y a un groupe WhatsApp dans lequel elle échange avec les élèves, qui lui demandent ce qu'ils peuvent préparer avant la prochaine session, ou de bien vouloir les faire travailler sur tel point spécifique, pour les concours notamment.

Julien Puel qualifie souvent de « hussards noirs » ces professeurs qui viennent enseigner sur leur temps de vacances. Cette expression, inventée par Charles Péguy, désignait les instituteurs publics sous la IIIe République, après le vote, en 1905, de la loi inscrivant la laïcité dans le système scolaire républicain. Leur mission : assurer l'instruction obligatoire, gratuite et laïque de tous les garçons et de toutes les filles de France, pour « faire disparaître la dernière, la plus redoutable des inégalités qui vient de la naissance, l'inégalité d'éducation », comme le prônait Jules Ferry dès 1870. Les hussards noirs de l'Institut Louis Germain sont plus cool que ceux de l'époque, mais ils ont la même envie chevillée au corps et ce même dévouement aux valeurs de la République qui auront permis à Charles Péguy, d'origine modeste, de devenir homme de lettres. Sylvie Cosquer, la prof de maths, Guillaume Auvray, prof d'humanités et de théâtre, Philippe Maïsetti, prof d'humanités, Paule Auvray, prof de lettres et de théâtre, et tant d'autres sont tous unis dans un même objectif : amener leurs élèves sur la route de l'excellence.

Philippe Maïsetti nous accueille dans sa classe. L'ambiance y est gaiement studieuse, il est question de la composition d'un plan, dans le cadre d'une dissertation de français ou de philosophie. Philippe explique, les petites têtes pas blondes notent sur leurs cahiers : « En général, on vous propose une alternative entre deux notions. Plaire et instruire par exemple… Quand, dans une dissertation, vous avez une alternative entre deux notions, repérez la dissonance. On voit bien dans cet exemple que plaire peut faire basculer dans la démagogie, dans la séduction… Une fois que vous êtes conscient qu'il y a un décalage, que les deux notions ne vont pas forcément ensemble, vous êtes sur la bonne route pour pouvoir construire votre plan. Mais, on l'a déjà évoqué, c'est très maladroit de faire un grand "I. Plaire", un grand "II. Instruire"… » Philippe parle à son auditoire, une dizaine d'élèves en classe de première, avec l'autorité chaleureuse de celui qui a envie de transmettre. Il est écouté avec l'avidité joyeuse de ceux qui ont envie d'apprendre. Les élèves sont là pour préparer le bac de français mais aussi, et surtout, pour acquérir une série de références, être capables de parler des courants littéraires, artistiques, philosophiques, pouvoir aborder sereinement la philo l'année prochaine et, un peu plus tard, le contexte argumentatif d'un oral, d'un entretien.

Philippe a été prof de français pendant treize ans, au collège, au lycée et à la fac. Une série de frustrations liées à l'Éducation nationale lui aura donné le goût de s'en échapper et de travailler à l'Institut. Cela fait maintenant six ans : « J'étais très frustré que l'on séquence les cours et que l'on n'ait plus aucun rapport avec le temps long. Ici, avec les élèves, on travaille sur du temps long. Quand on travaille sur le héros, on part d'Homère et on va jusqu'au super-héros, on peut construire de l'épistémologie, une vraie évolution... Et j'avais trop vécu l'expérience de travailler avec des élèves courageux qui se retrouvent après le bac face à une espèce de mur : vous êtes trop scolaire, ce n'est pas vous qu'on va prendre dans tel ou tel concours. Ce qui m'a intéressé à l'Institut, c'est que l'on ne travaillait pas sur du coaching, du mentorat. Le but c'était d'amener les élèves à appréhender le temps long et à décloisonner les matières. Je ne suis pas prof de français ici, je suis prof d'humanités. On fait de l'histoire, on les initie aux sciences humaines, à la psychologie, à la sociologie, à la philosophie... On essaie d'appréhender ensemble les différentes bases de ces disciplines, de leur montrer comment travailler une notion à partir de plusieurs disciplines différentes et de leur donner des références. Avec mes collégiens, je peux, par exemple, mettre en relation un super-héros et un chevalier du Moyen Âge, et interroger la question de l'intime à partir de ça. » Philippe regarde ses élèves, qui acquiescent, le sourire aux lèvres.

Philippe ajoute : « Et un truc qu'on n'a jamais lâché, ce sont les dictées et la langue. C'est très important, parce que nos collégiens ont une grande pauvreté de vocabulaire, une incapacité à rentrer dans le nuancier d'un champ lexical, donc ça, c'est quelque chose qu'on travaille beaucoup ensemble. Notre objectif, c'est de leur donner la capacité de travailler leur curiosité tout seuls après, chez eux. Avec mes lycéens, par exemple, je m'appuie beaucoup sur leur projet professionnel. Assïa veut travailler dans la mode, Driss voudrait être animateur 3D, Bastien est un triathlète… donc je m'appuie sur leurs projets pour les amener à creuser et à voir comment une culture générale peut les nourrir, ces projets. Je ne suis pas là pour faire du soutien, même si j'en fais quand même un peu, mais je suis là surtout pour les amener à avoir de la curiosité, à se construire un vrai fonds en culture générale, à s'ouvrir et à avoir des méthodes pour aller chercher les infos. Le but, c'est qu'entre les différents campus ils acquièrent leur autonomie. »

À cette fin, les élèves ont aussi beaucoup d'interventions extérieures, des ateliers, des rencontres, des conférences, sur l'histoire de la pensée, de la philosophie et des arts, les neurosciences, l'orientation et Parcoursup… et beaucoup de témoignages d'anciens élèves qui viennent par exemple leur expliquer comment fonctionnent une écurie en médecine, le concours de l'ENA, Sciences Po… Du très concret au très abstrait, l'essentiel étant de cultiver cet équilibre entre les deux.

Philippe ne retournera pas dans l'Éducation nationale. Il se retrouve plus dans la manière de travailler à l'Institut, dans la liberté qu'il a de s'appuyer sur l'univers des élèves afin de construire son enseignement. Contrairement à ce que l'on pense souvent, « ces univers sont riches » et constituent une bonne base « pour leur apprendre à prendre du recul », « à se rendre compte que derrière l'histoire de la jupe, derrière l'histoire du sport, il y a moyen de faire de l'histoire politique, de faire de la sociologie, pour les ouvrir à des univers qui ne sont pas les leurs. Leur donner des armes, le travail, la rigueur, mais aussi leur montrer qu'on peut investir de l'enthousiasme là-dedans, que ça vaut le coup. Ça vaut le coup que ça ne reste pas extérieur à eux et qu'ils puissent s'approprier ces différents éléments-là ».

Nous sortons de la classe avec l'impression d'avoir senti, dans l'enthousiasme de Philippe, le vent frais d'un avenir plus ouvert traverser la salle de cours et danser entre les hautes tours du quartier.

Acte II : engagement et théâtre

Sélectionnés pour leurs résultats, leurs capacités de travail mais aussi leur soif d'apprendre et leur comportement, les élèves doivent rédiger une lettre de motivation pour espérer être admis à l'Institut. Leurs lettres sont appliquées et touchantes, mais celles que leurs parents adressent parfois à Julien Puel pour le remercier le sont peut-être plus encore. En donnant à ces enfants la chance de se dépasser, c'est aussi la place et le statut de leurs parents qui sont réparés.

D'origine kurde, Pelin est arrivée de Turquie il y a quelques années, elle ne parlait pas un mot de français. Pelin jouera

Molière ce soir, devant 500 personnes. Avant de monter sur scène, elle a répété, encore et encore. Elle sourit en évoquant la surprise initiale de ses parents de l'entendre déclamer des vers en français, puis rit carrément en avouant qu'à la fin ils en avaient assez, même s'ils ne pouvaient s'empêcher d'être fiers. Son petit frère aussi est à l'Institut Louis Germain. Ils seront dans le public ce soir. C'est la première fois de leur vie qu'ils viennent au théâtre.

Tous les membres de la troupe sont là : Rama, Alan, Meryame, Ibrahim, Meriam, Idriss et d'autres dont nous faisons la connaissance. Ils sont 17, c'est une première pour eux que de monter sur scène. Ils ont entre 12 et 18 ans et vont interpréter des extraits du répertoire classique. Molière bien sûr, Racine et Shakespeare. Pour tous, c'est un trac immense que leur metteur en scène les aide à traverser grâce à des exercices de respiration, des encouragements et un soutien indéfectible. Ils ont répété, fait un filage sur scène cet après-midi après les cours et peu mangé, mais l'adrénaline est là. Leur metteur en scène, c'est Guillaume Auvray, qui est également leur prof d'humanités. Lui et sa mère, Paule Auvray, ont accompagné ces élèves, les ont fait répéter, travailler et leur ont permis de découvrir la joie de la belle langue, qui crée du lien entre le passé et leur avenir, précieux présent. Mais comme il est de coutume au théâtre, présentons d'abord le contexte et les personnages. Ce matin, quelques heures avant la représentation, Guillaume nous ouvrait les portes de sa classe.

Guillaume est jeune, fougueux et généreux. Ce matin, avec sa classe, il parle de la cause : cause manifeste, cause invisible.

Les élèves prennent volontiers la parole, les échanges sont fluides, le sujet interroge, passionne. Guillaume s'enhardit : « Est-ce que vous pouvez essayer de travailler sur quelque chose qui serait une cause invisible mais qui se manifeste dans le monde et n'a rien à voir avec la foi ? Est-ce que vous ressentez des moments où vous ne vous contrôlez pas et vous ne savez pas comment l'expliquer, où quelque chose se produit et vous ne savez pas l'expliquer ? » Cause à effet, les prises de parole s'enchaînent. Le « parce que » sera ensuite décortiqué, analysé puis découpé pour évoquer la grammaire et le participe présent, auquel Guillaume leur fait raccrocher des souvenirs : « Vous vous rappelez le texte de William Faulkner que je vous ai fait lire, *Absalon, Absalon* ? Tout le texte est écrit au... au participe présent, c'est ça. Et après on a lu Claude Simon et je vous ai demandé d'écrire vous-même un récit au participe présent, vous vous rappelez, c'était il y a un an... » Sur les bureaux des élèves, quelques livres éparpillés, livres offerts par l'Institut. *Hamlet*, les *Poésies* de Rimbaud, *Le Bourgeois gentilhomme*, 1984... Nous sommes en classe de quatrième.

Quand on demande à Guillaume pourquoi il a eu envie d'enseigner à l'Institut, il répond tout à trac : « Liberté. C'est le mot qui m'a marqué quand j'ai rencontré Julien Puel. Cela fait deux ans que j'enseigne ici et un an que nous faisons du théâtre. On ne joue que des textes dits classiques, mais avec des jeunes d'aujourd'hui, qui ne connaissaient pas ces textes auparavant. Ça donne des incarnations et une re-vitalité incroyable aux textes littéraires classiques. »

Après les extraits de pièces, il y aura les discours des représentants des institutions publiques, du principal, la nomination des lauréats des olympiades de l'excellence, le témoignage d'un ancien élève, les remises des prix d'excellence et des diplômes suivies du discours de Julien Puel. L'ancien élève, c'est Salah, venu non pas prêcher la bonne parole – le public lui sera déjà tout acquis –, mais raconter, tout simplement. Salah a 20 ans. Originaire des quartiers nord, il a aujourd'hui intégré HEC : « Dans ces cursus élitistes, où il vaut mieux être issu d'un milieu très favorisé, il vous faut travailler deux fois plus qu'un autre pour briser le plafond de verre. » Salah a fréquenté l'Institut pendant sept ans, c'est-à-dire depuis sa création, et quand il regardera la salle en face, dans moins de deux heures, en concluant son discours d'un « L'excellence est à votre portée ! », ses mots auront valeur d'exemple incarné.

En attendant, la soirée de gala commence, avec photocall à l'entrée de l'auditorium, sous le portrait d'Albert Camus. « Ouistiti ! » Les familles posent avec leurs enfants, sourires géants et souvenirs en grand.

Le fondateur et directeur général de l'Institut, Julien Puel, est un ancien cadre en entreprise et c'est un littéraire. Parlez-lui de Bernanos ou de Simone Weil et vous verrez ses yeux briller, mais c'est aussi un amoureux de la République et de ses forces vives. Offrir la culture à ces jeunes, pour lui, c'est leur donner l'opportunité d'« ouvrir leurs yeux sur des choses qu'ils ne soupçonnent pas et de comprendre que les écrivains d'il y a cinq cents ans ressentaient ce qu'eux ressentent aujourd'hui. De la colère, de l'amour, de l'amitié, de la déception ».

Dans l'auditorium, la tension monte.

En coulisses, les émotions se télescopent, la peur d'avoir oublié son texte, l'angoisse de bafouiller, d'apercevoir ses parents ou ses amis, trouble et euphorie se mélangent. Du côté du public, le trouble est là aussi. De la timidité pour beaucoup de parents qui pénètrent dans cette immense salle comme on entre dans un lieu de culte, avec déférence, et de l'excitation pour les frères et sœurs. Tous sont étrangers à cet univers. Et pourtant ils sont venus, vêtus de leurs plus beaux atours. Timidité, fierté et angoisse, il y aura décidément beaucoup d'émotion ce soir, à deux pas du stade Vélodrome.

En coulisses, l'ingénieur du son équipe les comédiens de micros-casques, la tension monte encore d'un cran. Quelques larmes entremêlées de rires et de « je suis au bout de ma vie », quelques italiennes, des petits sauts pour se détendre… chacun expérimente sa façon de gérer le stress.

Les profs s'installent : Sylvie, Philippe et les autres. La salle se remplit tandis que dans les coulisses on fait les derniers exercices de respiration autour de Paule et de Guillaume Auvray. Paule sera la « MC » (maîtresse de cérémonie) de la partie théâtre, racontant le contexte des extraits de pièces joués pour que chacun puisse prendre plaisir à les écouter. Les mots choisis par Paule pour introduire les extraits à venir ne sont pas édulcorés pour parler au plus grand nombre, on ne nivelle pas le niveau ici, on l'élève.

Une fois le public installé, il ne reste plus une place libre, le spectacle peut commencer. Durant quarante-cinq minutes, les élèves vont interpréter des rôles prestigieux, avec leur énergie et leur candeur, et pour certains avec une belle audace. Idriss-Harpagon s'offrira même le luxe de descendre du plateau pour aller haranguer le public.

19 h 30. Quand Ibrahim arrive dans son beau costume noir, sous les applaudissements nourris du public, il est le maître de philosophie du *Bourgeois gentilhomme*. « Que voulez-vous donc que je vous apprenne ? » Monsieur Jourdain, interprété par une jeune femme, lui répond comme de bien entendu : « Apprenez-moi l'orthographe [...] Après, vous m'apprendrez l'almanach, pour savoir quand il y a de la lune, et quand il n'y en a point. » Nul doute qu'ils vont la décrocher, cette lune, tant ils savourent déjà la délicieuse mise en abyme de cette turquerie à l'envers. Des téléphones portables filment discrètement les apprentis comédiens, petits morceaux de bravoure qui seront souvent regardés en famille. Quand le maître de philosophie égrène les voyelles, les lèvres de Julien Puel, assis au premier rang, suivent le mouvement : « A, E, I, O [...]. Ah ! la belle chose, que de savoir quelque chose[8] ! » Le public rit. Si le prénom de la jeune femme qui interprète si bien Monsieur Jourdain n'est pas cité, c'est que sa maman ne voulait pas qu'elle monte sur scène, cela ne se fait pas de se donner ainsi en spectacle. Mademoiselle Jourdain n'a pas bravé l'interdit, elle l'a dépassé. Qu'elle en soit remerciée. Elle

a l'étoffe d'une grande comédienne, ce qu'elle ne se destine pourtant pas du tout à être, tout comme ses camarades.

Il en aura fallu, du travail et de la rigueur, pour en arriver là. Trois heures tous les samedis pendant six mois, de 14 heures à 17 heures, au collège Jacques Prévert. Ibrahim – le maître de philosophie – nous le disait ce matin dans la cour : « C'est vrai que c'est assez riche et assez dense de faire partie de la troupe de théâtre. » Quand Pelin entre sur scène pour rejoindre Cléonte et Covielle dans la scène VIII de l'acte III du *Bourgeois gentilhomme* et que, devenue Nicole, la servante de Monsieur Jourdain, elle clame : « Ah ! vous voilà tout à propos. Je suis une ambassadrice de joie[9][...] », elle semble avoir dépassé bien plus que sa timidité. « Je l'ai répété plusieurs fois, comme un texte. Après, j'ai rajouté les intonations et ensuite le mouvement, étape par étape. Je me suis imprégnée du texte et puis j'ai rajouté les moments de silence et les moments d'improvisation, parce que dans notre groupe on s'est organisés aussi au cas où on oublierait nos textes. Ça a influencé ma façon de parler de tous les jours parce qu'avec l'intonation on comprend mieux les sentiments ; il faudrait faire ça avec tous les livres. Et même si ce sont des mots assez compliqués, au final, c'est comme s'ils venaient de moi. Et ça me permet de me préparer au grand oral. Si je peux passer devant 500 personnes, alors deux profs… » Alan, que nous avions rencontré en cours de maths avec Sylvie Cosquer, interprète Hamlet, dans la traduction d'Yves Bonnefoy. Si apprendre sert à avoir confiance en soi, il a appris, nul doute là-dessus. Il cabotine même un peu en lançant d'un ton goguenard à la salle : « Car, mon cher

Damon, tu le vois. Ce royaume démantelé fut celui de Jupiter, où maintenant règne un pauvre bougrrrre[10]… »

Les extraits se suivent et ne se ressemblent pas. Chacun imprime sa marque à son personnage. Phèdre en baskets est olympienne, Meryame-maître de musique fait chanter Monsieur Jourdain en l'accompagnant de sa guitare, et Guillaume-Dom Juan se joue de Rama la matheuse-Mathurine et de Meriam, qui se chamaillent dans la langue de Molière avec le naturel et l'esprit de jeunes femmes d'aujourd'hui. En incarnant une sororité très 2023, Charlotte et Mathurine ridiculisent Dom Juan aux yeux du public, tout en ne changeant pas un mot au texte. Vous avez dit classique ?

Aucun d'eux ne rêve d'être comédien. Ils veulent juste pouvoir jouer, sur scène et dans la vie, le rôle qu'ils auront choisi et pour lequel ils auront travaillé dur. Et répéter signifie faire troupe, être ensemble tout au long de l'année. Motivés. Mais pour que la magie opère, il faut une structure, un cadre, une école, un département, une région, des transports en commun, de la restauration, des partenaires et des mécènes. Les discours qui suivront auraient dû être formels, ils ne le seront pas.

L'édile de la région, emporté par l'énergie déployée sur scène par les élèves et leur engagement tout au long de leur scolarité, abandonne même son texte écrit pour parler « avec ses émotions »… Quand Julien Puel monte sur scène à son tour, il est applaudi, comme de juste. En saluant les uns et les autres, chef d'établissement, professeurs, élèves, parents, entreprises, il regarde le public mais s'adresse à chacun quand il dit : « Dans une société qui fait trop souvent le choix de la facilité et du raccourci, vous avez fait celui de l'effort et d'un chemin long et ardu qui vous mènera vers le succès. Soumis à l'influence d'Internet et des réseaux sociaux, à l'immédiateté et à l'impermanence des images, vous avez compris l'importance d'être constants et assidus. D'une certaine manière, à l'image de l'Homme révolté d'Albert Camus, vous avez le courage de dire non. Cependant, n'oubliez jamais que votre réussite dépend uniquement de votre capacité à maintenir ce haut degré d'exigence que vous avez envers vous-même. »

Vient ensuite le temps de la remise des prix d'excellence. Julien Puel appelle les élèves à qui seront remises les distinctions, encadrées : « En reconnaissance de ses progrès, de son assiduité et de sa persévérance, nous le félicitons et saluons l'exemple qu'il donne à ses camarades. Nous espérons que ce prix l'encouragera à poursuivre son parcours d'excellence tout au long de sa scolarité. » Les élèves déjà récompensés restent sur le plateau tandis que leurs camarades sont appelés, les profs leur remettent un énorme dictionnaire à tous. Dans le public, ça filme et ça photographie de plus belle. Quand les élèves rejoignent leurs places et leurs familles, ils montrent leurs prix, joyeux et solennels.

Mais sur le plateau, c'est au tour des terminales d'être fêtés. Eux recevront un diplôme récompensant leurs efforts et faisant d'eux des membres à vie de l'Institut Louis Germain.

Il y a des larmes dans les yeux et des étreintes quand les profs leur remettent leurs diplômes. Alan-Hamlet fait la roue devant un Julien Puel qui voudrait ne pas avoir l'air trop ému, le public crie et applaudit. Comme le disait Gilles Deleuze : « Le rôle d'un prof, c'est ça, c'est communiquer un texte, faire aimer un texte à des gamins[11]. »

Une dernière surprise avant de libérer la salle. Les terminales reviennent sur le plateau, en même temps que résonnent les premiers accords d'un morceau de hip-hop californien électro, et se lancent dans une chorégraphie joyeuse. La salle est en liesse. Applaudissements.

Acte III, épilogue : mérite et transmission

Quand le principal, Rodrigue Coutouly, a pris la parole un peu plus tôt sur la scène de l'auditorium, il a rappelé pourquoi il était un fervent défenseur de ce projet, tout en étant profondément attaché à l'École de la République et à sa mixité. Il a rappelé les débats qui avaient agité l'instance du rectorat chargée de décider quelles associations pouvaient recevoir l'agrément de l'Éducation nationale, quand il a découvert, et soutenu, le projet de l'Institut Louis Germain il y a huit ans. La crainte de certains que ce projet ne soit élitiste. Rodrigue Coutouly a su convaincre, le projet a obtenu l'agrément.

Nous l'avions interrogé à ce sujet en début de matinée, dans le couloir vitré qui surplombe la cour de l'établissement, à l'heure où les élèves venaient d'entrer en cours. Instituteur, puis professeur et enfin chef d'établissement, cela fait trente ans qu'il vit et travaille dans les quartiers nord de Marseille : « L'Éducation nationale, les équipes pédagogiques en collège REP+ font un travail formidable, mais avec un public d'une très grande hétérogénéité. Vous avez, dans une même classe, des élèves qui ne savent absolument pas lire, des élèves qui ont un niveau très faible et des élèves qui ont un très fort potentiel. L'enseignant fait ce qu'il peut pour essayer de faire progresser tous ses élèves mais il a très peu de temps à consacrer à ceux qui ont le plus de potentiel pour les faire progresser. C'est là que l'Institut Louis Germain est vraiment très important, parce que cela permet à ces élèves-là d'aller vraiment beaucoup plus loin. Ce sont donc deux démarches complémentaires. » Le contexte social aussi a évolué : « Il y a trente ans, le rôle de l'école, c'était la transmission des savoirs. Aujourd'hui, les savoirs sont partout. Ce n'est plus le monopole de l'école en réalité, puisque tous les savoirs sont disponibles sur chaque téléphone portable. Et dans un monde de plus en plus complexe, de plus en plus anxiogène, le rôle de l'école a complètement changé. Le rôle de l'école, aujourd'hui, c'est d'une part aider à vivre ensemble, et d'autre part permettre aux jeunes d'appréhender cette complexité et finalement de vivre avec. Ce qui veut dire finalement que les enjeux de citoyenneté, les enjeux de compréhension globale du monde sont devenus beaucoup plus importants. Et les enjeux de l'esprit critique aussi. La capacité des élèves à prendre du recul sur les informations compte beaucoup plus aujourd'hui que la simple transmission des savoirs. Et la difficulté qu'a l'Éducation nationale, c'est finalement d'évoluer suffisamment vite pour pouvoir s'adapter à cette évolution, de plus en plus rapide, de plus en plus difficile. »

En accueillant depuis trois ans les élèves de l'Institut Louis Germain en son sein, le principal a aussi découvert une autre vertu à ce programme : « Les bons élèves sont souvent considérés comme des fayots dans leurs classes, ils sont souvent très isolés. Là, ils se retrouvent cinq semaines par an avec des élèves qui sont comme eux. Je vois ce qui se joue dans la cour de récréation entre eux. Des relations d'amitié pérennes, parce qu'ils retrouvent des enfants qui ont les mêmes problématiques qu'eux : une envie d'enseignement supérieur, l'ambition scolaire, une rapidité intellectuelle qui les isole dans leurs classes ordinaires, et là, ils retrouvent ce sentiment d'être finalement des élèves comme les autres. C'est essentiel dans la construction de leur personnalité. »

Autre particularité de l'Institut soulignée par Julien Puel : « Dès le début, nous avons pris le parti de bannir le numérique de nos cours. Ils ont des cahiers et des stylos, des dictionnaires, des méthodes de grammaire, et on leur offre des livres en papier, qu'ils lisent, qu'ils s'échangent, qu'ils cornent, qu'ils annotent. Et on constate que ces enfants qui, au quotidien, ont les yeux rivés sur leurs téléphones, quand ils sont à l'Institut oublient cet environnement, oublient cette forme d'agression, cette forme de soumission – pour ne pas dire d'esclavage –, et ils discutent entre eux, s'installent avec leurs livres… Et quand je vois les effets que cela a sur leur capacité d'attention, qui augmente, et sur les échanges qu'ils ont entre eux sur les livres qu'ils ont lus, je suis absolument convaincu que cela leur ouvre toutes les perspectives qu'a contrario le numérique leur ferme. Parce que le numérique, ce sont des algorithmes qui vont voir ce qu'ils regardent de façon préférentielle pour les abreuver toujours de la même chose, ce qui ferme complètement leur champ de vision. Je veux leur faire comprendre l'importance du temps long, de la réflexion, de la patience, du silence, de l'assiduité. Comme je le leur dis souvent, vous ne réussirez que par un travail dans la durée. Tout ce qui est immédiat, tout ce qui est instantané ne pèse rien, ne vaut rien. »

Quand on lui fait remarquer ce que la démarche pourrait avoir d'anachronique aux yeux de certains, c'est un peu comme si nous lui avions fait le plus beau compliment du monde. Il sourit, assis sur les marches à l'extérieur de l'auditorium où, quelques heures plus tard, il s'adressera au public en ironisant sur le fait que c'est à ChatGPT qu'il a demandé d'écrire son discours.

Dans les conclusions de l'enquête PISA 2012, on pouvait lire notamment qu'« en France, les élèves issus de l'immigration sont au moins deux fois plus susceptibles de compter parmi les élèves en difficulté [...]. Les élèves issus d'un milieu socio-économique défavorisé n'obtiennent pas seulement des résultats nettement inférieurs, ils sont aussi moins impliqués, attachés à leur école, persévérants et beaucoup plus anxieux par rapport à la moyenne des pays de l'OCDE[12] ». La publication de l'OCDE en 2018 enfonce le clou : « En France, un élève défavorisé n'a qu'une chance sur six de fréquenter le même lycée qu'un élève très performant[13]. » L'Institut Louis Germain contribue à redresser ce douloureux constat. Et quand une phrase, de la dernière enquête PISA (2022), insiste sur le fait que « les élèves français éprouvent des difficultés à mobiliser leurs connaissances et à exercer leur esprit critique pour affronter des situations qui sortent des habitudes du travail scolaire[14] », on mesure à quel point les élèves que nous venons de rencontrer se donnent la chance d'affronter le monde.

Bouclons la boucle et revenons, pour finir, au début, au sésame initial : la lettre de motivation.

Julien Puel est formel : « C'est un exercice difficile mais qui me permet d'opérer une forme de sélection, et de voir ceux qui y consacrent du temps et qui s'appliquent en faisant l'effort d'exprimer les raisons pour lesquelles ils veulent vraiment faire partie du tutorat d'excellence. D'autant que je leur demande d'écrire une lettre manuscrite, à la fois propre, sans ratures et sans fautes d'orthographe ni de conjugaison. Et j'ai des lettres bouleversantes. »

Concluons avec la lettre d'Ibtissem, 13 ans :

Monsieur, Madame,
Je m'appelle Ibtissem. Traduit, cela veut dire « sourire ». Cela me va plutôt bien car je suis souriante, enjouée et motivée. J'aime lire… J'aime approfondir mes connaissances… la philosophie et les langues… J'aime aussi énormément les mathématiques…

Les sciences nous permettent de comprendre, et l'histoire de connaître nos erreurs passées pour ne plus les refaire. Pour l'instant je ne sais pas ce que je veux faire plus tard. J'ai trop d'ambition et peut-être qu'apprendre dans un cadre différent m'aiguillera et je pourrai déjà commencer à penser à ma future vie professionnelle. Malgré cela, je voudrais avoir le choix et pouvoir faire quelque chose que j'aime. Aimer ce que l'on fait est une chance que je veux saisir...

Mes salutations distinguées.

Une année pour s'orienter : la Højskole à la française, construire son projet d'avenir

L'Année lumière, Lyon, France

Claire Bleton-Martin, docteure en sciences de l'éducation et fondatrice de l'association l'Année lumière[15], s'est rendu compte que nous détenions un triste record : celui du stress des jeunes au moment de l'orientation. De sa collaboration pendant deux ans avec des confrères danois, elle tire l'envie de changer les choses en France. Au Danemark, depuis presque cent quatre-vingts ans, un programme à la fin du secondaire, la Højskole, fait travailler les jeunes selon trois axes : qui ils sont, quel est ce monde qui les entoure et comment ils ont envie de se projeter vers l'avenir. Ils le font avec des méthodes actives et expérientielles, dans un environnement bienveillant mais exigeant. Et un mode de relation horizontal, pour mettre à l'aise les jeunes. Ainsi naît, en 2019, l'Année lumière, un programme français qui permet aux jeunes d'oser « s'exprimer, questionner, se tromper et recommencer[16] ».

Les locaux de l'association sont situés sur le campus des Compagnons du Devoir, dans le IXe arrondissement de Lyon. Étrange mais rassurante sensation de pénétrer dans cet univers où les réalisations des jeunes apprentis chaudronniers, ferrailleurs, menuisiers, tailleurs de pierre et autres, égayent la cour commune aux deux établissements. Le ton est donné. Ici, on fabrique, on est dans le concret, dans la matière qui se forme, se transforme, se connecte et se reconnecte. Ils étaient 20 « Lumineux » la première année, 50 la deuxième et 120 celle d'après. Le programme est payant, les jeunes ou leurs familles participent en fonction de leur quotient familial. Il existe également un programme solidaire pour que certains jeunes soient entièrement financés par des fondations ou des entreprises. L'association reçoit par ailleurs des financements publics et, sur les huit membres qui siègent au conseil d'administration, quatre sont des jeunes.

Une année d'entrepreneuriat pour des jeunes de 16 à 25 ans : une immersion dans le monde du travail

Nous pénétrons dans les lieux en passant sous une marquise baroque, ouvragée par les apprentis Compagnons voisins, et entrons dans une des salles du bâtiment, lumineuse comme il se doit. Une équipe travaille sur un projet entrepreneurial qui devra être présenté au festival des mini-entreprises du partenaire opérationnel, Entreprendre pour apprendre[17]. Chaque groupe travaille par pôle : communication, coordination, production, finance, vente-marketing… Au milieu des jeunes entrepreneurs qui nous accueillent, un golden retriever vient saluer chacun des étudiants et se laisse caresser tout en fixant d'un œil avide les balles de tennis coupées qui protègent les pieds de chaises. Apprentissage de la frustration pour Médor, mais brainstorming enthousiaste pour le groupe, qui finalise aujourd'hui le prototype d'un *ecogame* avant de le faire imprimer. Les jeunes sont aidés par quatre mentors experts du monde de l'entreprise, dont le propriétaire du chien, qui les encadrent et leur donnent des conseils pratiques, une fois par mois. Force est de reconnaître que là où nous nous attendions à voir une promotion de décrocheurs, nous découvrons une équipe soudée et joyeuse de jeunes startuppers.

Claire nous explique que l'Année lumière n'a pas vocation à donner des cours « au sens classique », avec des notes, mais d'aborder des sujets concrets avec des professionnels. Ce n'est pas toujours évident de faire travailler les jeunes « autrement ». Ils ont été habitués à être « peu actifs » dans le système scolaire, « contraints dans du savoir transmis », subissant les examens et l'orientation sélective. Au sein de l'Année lumière, « ils comprennent qu'ils vont faire plusieurs métiers dans leur vie, croiser beaucoup de gens et d'opportunités pour se former et se réorienter tout au long de leur existence. Cela leur redonne un peu de sérénité pour apprendre, expérimenter et se tromper, en se disant qu'ils sauront comment faire plus tard quand ils changeront de poste, d'entreprise, ou se reconvertiront ».

Sylvain, un chef d'entreprise lyonnais de 38 ans, vient sur son temps libre pour encadrer l'équipe. Il avoue volontiers qu'il est là parce qu'il aurait « aimé, plus jeune, avoir la chance de vivre cette expérience » et parce que ce mentorat le galvanise dans sa propre activité. Échanger avec des jeunes, c'est un échange de compétences et d'appétence fructueux pour tout le monde – et, sur ce point, tous les mentors sont d'accord.

Rebecca, 18 ans, travaille au pôle vente-marketing avec son équipe : « Je ne savais pas quoi faire de ma vie, clairement. Je ne savais pas quelles études faire après le bac et je suis tombée sur le stand de Claire à un salon de l'Étudiant. Quand j'ai vu "Une année pour éclairer son avenir", je me suis dit : tiens, ça me parle, ça ! » Pendant les trois premiers mois, à travers des ateliers collectifs et individuels, les jeunes réalisent que l'orientation subie et les choix faits par dépit ne doivent pas déterminer leur avenir professionnel. Lya, détendue, travaille sur le rapport d'activité de la mini-entreprise. Elle a fait trois ans de licence de biologie avant de comprendre qu'elle ne voulait pas travailler en laboratoire : « Avec les ateliers de développement personnel et maintenant à travers les ateliers et les stages, je me rends compte que je suis très à l'aise dans tout ce qui est organisation, gestion humaine et logistique, et que j'ai envie de faire du management. »

Même si les origines sociales et les profils des étudiants sont très différents, du décrocheur en seconde au diplômé du supérieur qui a été mal orienté, en passant par le jeune bachelier qui ne sait pas ce qu'il veut faire ou a été bloqué par Parcoursup, Claire Bleton-Martin rappelle que le principe de cette année d'entrepreneuriat est que tous « apprennent à faire ensemble avec les différences de chacun », comme dans une vraie entreprise.

Avec Jonathan Sueur, un des 38 intervenants, nous assistons à des mises en situation en entreprise pour une quinzaine de Lumineux. Jonathan est coach en développement personnel chez Awayke[18]. Il aborde le langage verbal et non verbal à travers un exercice pratique : les faux patrons d'un côté de la table, les faux salariés de l'autre. La question est : comment décoder, grâce au langage du corps, la disposition d'esprit de son interlocuteur ? Ce décryptage est une première étape vers la reconnaissance de ce qui se passe en soi. Ce qui frappe Jonathan à travers les échanges que ce genre d'exercice suscite, c'est que ces jeunes « ont vraiment du mal à mettre des mots sur leurs besoins fondamentaux, leurs objectifs profonds : qu'est-ce que je veux, à part avoir une maison et une vie familiale ? Qu'est-ce que je veux vraiment réaliser, accomplir ou juste être ? » Il s'étonne aussi qu'ils arrivent souvent mieux à décrire leurs défauts qu'à mettre l'accent sur leurs qualités.

À la fin de l'atelier, tout le monde se lève pour coller deux Post-it anonymes sur le grand tableau blanc. Sur le Post-it jaune, une des choses retenues lors de l'atelier, et sur le rose une chose à faire pour améliorer sa communication. En général, les jeunes ont pris conscience de l'importance du non-verbal et des différentes manières de communiquer. Mais certains disent aussi ne pas avoir appris grand-chose, ce qui, loin de désarçonner Jonathan, lui fait dire au contraire : « Super, ça renforce les compétences déjà acquises. » Puis ça leur fait toujours du bien « d'être écoutés, de débriefer leurs ressentis, leurs émotions ». Ça doit être ça, la communication vraiment positive !

Après les ateliers d'introspection, le programme d'entrepreneuriat prévoit, pendant six mois, une immersion professionnelle réalisée grâce à un service civique, des stages ou des jobs étudiants, afin de découvrir l'ambiance de travail, la dimension d'équipe, les horaires. Claire Bleton-Martin précise que les jeunes sont accompagnés pendant cette période par un « coach individuel » pour qu'ils cheminent « sur un parcours construit en toile d'araignée, pas en silo et pas en case, et que chacun prenne ce dont il a besoin pour construire son projet d'avenir, libéré de la peur », en particulier la peur du jugement des autres.

À l'issue de cette année, certains Lumineux retrouveront les bancs de l'école, de la fac ou de grandes écoles, d'autres se réorienteront vers des filières professionnelles ; tous auront retrouvé confiance en eux et en leurs propres capacités. Cette première approche de la vie leur permet d'entrer dans l'âge adulte, l'âge des choix, avec un regard en prise directe avec la réalité.

Atelier « Intelligences et natures multiples » : comprendre le concept d'alignement

En voyant les yeux des Lumineux s'allumer quand ils parlaient de ce fameux atelier « Intelligences et natures multiples », nous avons évidemment eu envie d'aller voir ça de plus près à la rentrée suivante.

INTELLIGENCES ET NATURES MULTIPLES

Basé sur la théorie des natures multiples de Steven Rudolph, pédagogue américain, qui a lui-même enrichi les travaux de Howard Gardner, psychologue cognitiviste, professeur de neurologie à Boston et enseignant à la Harvard Graduate School of Education, sur les intelligences multiples, le parcours « Intelligences et natures multiples » comporte un test psychométrique et des ateliers interactifs pour se comprendre, et ainsi mieux choisir son orientation. De quoi s'envisager autrement qu'en termes de défauts ou de qualités, de matheux *versus* littéraire, manuel *versus* intello. Les défauts deviennent des zones de fragilité et les comportements naturels associés aux différents types d'intelligences permettent de cerner son fonctionnement et de trouver son mode d'emploi.

C'est Mathilde Blanchardon[19], coach, conférencière, praticienne et formatrice en intelligences et natures multiples, qui va animer cette session. Nous sommes fin octobre et c'est la deuxième fois que les étudiants de cette nouvelle promo rencontrent Mathilde. La première fois, ils ont rempli le MN Test (test multiples natures) qui permet d'identifier ses 10 intelligences et les 9 natures. Mathilde lance son diaporama devant une salle concentrée et studieuse. Les Lumineux vont phosphorer pendant trois heures, développement personnel durable.

À 31 ans, Mathilde a en face d'elle de jeunes adultes pas si éloignés en termes d'âge. Zoé, la doyenne de la promo cette année, a 25 ans. Mathilde est jeune mais surdouée, haut potentiel intellectuel, hypersensible, cerveau gauche, zèbre... Elle fait partie de ces 2 % de l'humanité à être nés sous le signe de la douance, mais son parcours n'a pas été facile pour autant : « Ce sont les outils développés par Rudolph qui ont enfin pu m'aider à poser des mots sur ce que j'avais en moi et que j'estimais joyeux, alors que, de l'extérieur, ce qu'on disait de moi laissait à penser que j'avais un handicap, qu'il y avait des choses qui n'allaient pas chez moi. » Après un début de parcours aussi fulgurant que frustrant dans de grands groupes, multinationale spécialisée dans l'agroalimentaire, sociétés de conseil dans l'IT (Information Technology) et la transformation digitale, elle a ressenti la nécessité de se retrouver dans un métier qui lui permette de se servir de ses multipotentiels, enfin identifiés, pour s'épanouir : aider les autres à comprendre leur fonctionnement pour éviter de suivre les chemins tracés par leurs résultats scolaires. Elle se lance et crée son entreprise, alors qu'elle le reconnaît volontiers elle-même en souriant : « Je n'avais pas une nature entrepreneuriale particulièrement forte à la base, mais je me suis formée, j'ai travaillé, et aujourd'hui c'est beaucoup plus naturel pour moi. » Comme quoi !

C'est parti pour le rendez-vous avec soi. Face à Mathilde, ils sont 19 dans le groupe du matin : Férréol, Bastien, Qassim, Zoé, Thelma, Louise et les autres. Mathilde leur distribue une feuille sur laquelle ils vont devoir reporter sous forme de graphique les scores obtenus dans l'exploration des 10 intelligences multiples et des 9 natures multiples lors du test réalisé, en ligne, durant le premier atelier. Ce graphique sera leur boussole, l'illustration visuelle de leurs potentiels à ce moment précis de leur vie. Le graphique évoluera en même temps qu'eux en fonction de leurs expériences : rien n'est figé, c'est un instrument de navigation. Une fois les traits tracés aux feutres de couleur, on perçoit des traits saillants sur les boussoles.

Mathilde fait ensuite défiler des photos de personnalités du monde automobile, associatif, musical. Les Lumineux doivent établir quelles sont leurs intelligences et natures multiples : intelligences corporelle, brute et fine, natures aventurière et organisatrice pour un pilote de Formule 1 ; natures protectrice et aventurière, intelligences linguistique et naturaliste pour la jeune militante écologiste suédoise Greta Thunberg...

Une fois que son public a bien cerné les différents types d'intelligences et de natures, Mathilde lui demande d'imaginer quelque chose : « Vous pouvez fermer les yeux si vous voulez. Je vais vous demander d'imaginer un tout petit tigre. Un tout petit tigre tout mignon. Imaginez devoir vous en occuper, devoir aller lui chercher à manger… Vous lui donneriez quoi ? Du lait, d'accord… De la viande, oui, mais en quelle quantité ? » Difficile de répondre sans visualiser la taille du tigre. Mathilde avance d'une slide et c'est un adorable bébé tigre qui apparaît sur l'écran. Des murmures attendris traversent la salle et les doigts se lèvent pour proposer des idées de menus spécial tigreau. Quelques secondes plus tard, Mathilde demande de nourrir un énorme tigre. Quand la photo d'un magnifique tigre apparaît sur l'écran, les murmures ne sont plus attendris, mais les doigts se lèvent encore plus vite : « un éléphant », « un agneau », « deux ! »…

LE CONCEPT D'ALIGNEMENT

Mathilde conclut alors l'exercice : « Imaginez que chacune de vos intelligences et natures, c'est un tigre qui est plus ou moins gros à l'intérieur de vous. Vous avez la responsabilité de vous en occuper, de les nourrir. Le challenge auquel on va s'attacher aujourd'hui, c'est de les nourrir en juste dose. » La « nourriture », ce sont des activités à explorer, des choses à réaliser. Chaque activité doit devenir une source de bonheur et d'équilibre : « Certaines personnes expriment cet état comme un état de flow, ou comme si elles étaient dans un faisceau d'énergie qui va générer énormément de concentration et d'épanouissement. » D'aucuns appellent cela l'état de grâce. La clé du concept d'alignement, c'est de savoir quelle quantité de nourriture donner à chacun de ses tigres.

Mais la tâche n'est pas facile, il arrive qu'on soit en overdose, qu'on ne sente pas très bien. On se tourne alors souvent vers des « stratégies superficielles ». Changement de slide. Des dessins illustrent chacune des stratégies possibles : une tasse de café, de la junk food, des sucreries, une manette de jeu, des pictogrammes de réseaux sociaux, des sacs de shopping, une cigarette, de l'alcool... Mathilde raconte qu'elle-même passait beaucoup de temps sur les réseaux sociaux et buvait beaucoup de café pour essayer de se concentrer. Mais d'autres ressentent le besoin de lâcher la pression en buvant de l'alcool en surdose pour oublier... Toutes ces stratégies superficielles font partie de la vie. Et Mathilde d'ajouter : « Pour le shopping, je pense que je suis encore pas mal perfusée. » Rires dans la salle.

Comme Mathilde intervient devant un public de jeunes gens, elle manie volontiers le parler simple, les images directes et une grande sincérité. Et ça marche. Mathilde rappelle ce qu'ils ont vu la dernière fois sur ces stratégies qui « ne sont pas durables » : « Quand j'ai acheté cette super robe, je suis très contente pendant une heure, mais après j'en vois une autre sur Instagram et je me dis que ma vie serait plus belle si j'avais celle-là aussi. » Murmures d'approbation dans la salle. Les stratégies superficielles parlent à tout le monde, sans considération de genre, d'âge ou de milieu social. Rassurant ?

L'objectif de la séance du jour est d'identifier des activités qui sont beaucoup plus durables pour l'épanouissement, des stratégies « naturelles » qui vont rééquilibrer l'alimentation de nos tigres. Mais avant de déterminer la quantité et la qualité de nourriture à leur donner, il s'agit de déterminer l'état dans lequel ils se trouvent à l'instant T.

Mathilde distribue les questionnaires qui vont permettre à chacun de procéder à son check-in intérieur : est-ce qu'en ce moment je me sens aligné(e) sur mon intelligence intrapersonnelle (avec moi-même) ? Bien nourri(e), ou au contraire affamé(e) ou en overdose ? Si mon intelligence interpersonnelle (avec les autres) est haute et qu'en ce moment je ne vois personne, que je reste tout(e) seul(e) dans mon coin, elle va être affamée. Pas simple de comprendre la différence entre ses potentiels et la façon dont ils sont exploités au quotidien. Mathilde donne un exemple à Qassim : « Admettons que tu as une intelligence musicale assez élevée et que, là, tu sois au conservatoire. En fait, la musique, tu l'aimais quand tu en faisais avec tes potes, mais maintenant on te demande d'apprendre le solfège, tu as 8 heures de cours par jour, plus les répétitions et des concerts, tu es en overdose. Être bon quelque part ne veut pas dire qu'il va falloir le faire tout le temps et surtout ne faire que ça. »

Burn out *versus* bore out, sans oublier le brown out, ou la perte de sens. Mathilde explique ce que ces trois « B » impliquent dans le monde du travail et permet ainsi aux étudiants d'appréhender la meilleure façon de mettre toutes les chances de leur côté pour exploiter leurs potentiels.

Ensuite les jeunes, en binômes, réfléchissent à des activités à faire en fonction de l'état de leurs tigres intérieurs. Les tigres de Qassim sont plutôt bien nourris, mais, à la réflexion, la linguistique pourrait l'être davantage : « J'ai plutôt un bon niveau en anglais mais je m'aperçois qu'il me manque du vocabulaire pour être à l'aise à l'oral, notamment en mécanique. Il faudrait que j'apprenne tout seul de mon côté, en fait. » Les discussions vont bon train. Juste avant la pause, on évoque les stratégies de rééquilibrage. Mathilde répond aux questions et tout le monde se disperse dans la cour pour un moment d'intelligence interpersonnelle bien mérité.

Au retour, Mathilde leur montre comment développer leurs pleins potentiels, en illustrant par quelques exemples qui ne sont pas issus du groupe. Nouvelle slide où apparaissent les niveaux d'intelligence linguistique d'Alexis et de Charlotte. Charlotte a évalué son intelligence linguistique à 9, mais elle voudrait être écrivaine et scénariste. Malgré son score élevé, elle va devoir se challenger pour passer d'un potentiel brut à un niveau d'expertise. Pour cela, elle va devoir apprendre, se former, peut-être écrire un premier roman et le faire lire à des professionnels, ou faire une école spécialisée, en tout cas se confronter à d'autres pour se nourrir de leur feedback et progresser. Et, quoi qu'il arrive, elle devra faire des efforts pour transformer son potentiel en un talent qui lui permettra d'être reconnue dans ce qu'elle fait et d'y prendre du plaisir. Alexis a, quant à lui, une intelligence linguistique à 3, donc plutôt faible, mais il en a besoin dans son futur métier. Mathilde explique qu'« en ayant identifié cette zone de fragilité, vous pourrez travailler dessus pour monter en compétence et vous pourrez aussi faire appel à quelqu'un de votre entourage ou de votre équipe pour qui c'est un gros tigre ». Par exemple, ici : Charlotte ! Pour elle, cela sera facile et cela évitera à Alexis de passer des heures à remanier un texte alors qu'il pourrait se concentrer sur une autre tâche dans laquelle il excelle.

Passons maintenant à l'étape suivante, celle des « combos gagnants », les métiers ou projets qui sont alignés avec mes intelligences ou mes natures. Munis de la boussole du départ, certains vont essayer de répondre à cette question individuellement, d'autres en groupe, c'est au choix.

Il s'agit de dégager des pistes, tout en sachant qu'il y a plein de métiers dont ces jeunes n'ont aucune idée. Mathilde leur raconte notamment le cas d'une de ses clientes en reconversion professionnelle qui est devenue facilitatrice, métier qu'elle ne connaissait pas et qu'elle n'avait donc jamais envisagé de faire. Forcément ! Mathilde passe dans les groupes pour les aider. Ils ont encore du mal à comprendre comment interpréter leurs potentiels et leurs zones de fragilité. Elle leur donne des indices, des pistes à creuser, des pelotes à dérouler, des activités à expérimenter, ne serait-ce que sous forme de loisirs dans un premier temps. Se frotter à la réalité : première étape.

Quand elle passe dans les groupes, tout le monde l'interpelle, la salle de classe est devenue une ruche vibrante de questionnements. Au vu des lignes de force qui se dégagent de sa boussole, Mathilde suggère à Zoé de penser peut-être à l'art-thérapie. Mais Zoé ne se voit pas du tout se diriger vers ce type de métier. Très sensible aux émotions des autres, elle a peur d'entrer trop en résonance avec leur souffrance.

Mathilde lui suggère, avec beaucoup de pédagogie, qu'il s'agit peut-être là d'une croyance limitante, nécessaire à son âge pour se protéger. Mais elle n'ira pas plus loin. L'idée est d'amener les jeunes à explorer par eux-mêmes tout leur champ des possibles. Mathilde nous précise qu'elle laisse le soin aux coachs qui vont les suivre en séances individuelles d'analyser leurs croyances limitantes, de les aider à « comprendre les endroits où ils se brident, ou au contraire ceux où ils sont en surconfiance parce qu'ils n'ont encore rien réalisé ».

Chacun va maintenant passer devant le groupe pour exposer ses idées, ses envies, ses doutes aussi ; cela permet aux autres d'interagir. Férréol expose son projet de devenir développeur et d'apprendre à coder. La question que nous nous posons en l'écoutant, c'est bien sûr la raison de sa présence ici : son projet pro est déjà si clair ! Mais il a arrêté son école d'informatique sitôt commencée, après de longs mois de phobie scolaire qui ne l'ont pas empêché d'avoir son bac, mention bien, mais qui l'ont privé du cadre qu'il est venu chercher ici : réapprendre à vivre au milieu des autres. Qassim pense à faire « quelque chose de social, aider les gens ». Mathilde l'aide à creuser un peu mais l'exercice est difficile. Qassim a passé un bac ST2G avant d'être en mission locale, passé son BAFA, exercé un premier job, fait des stages en entreprise, découvert des univers, mais sans jamais réussir à trouver sa voie. Même si leur projet est encore vague, comme le rappelle Mathilde aux étudiants, cela va aussi s'affiner au gré des rencontres, des expériences. Tout le monde se prête à l'exercice de bonne grâce. Zoé, vêtue d'un tee-shirt Harry Potter, prend la parole pour exprimer son désir de « publier un roman fantastique », mais aussi de « mettre en avant des handicaps que parfois on ne voit pas », « informer les gens là-dessus ». Applaudissements. Mathilde est heureuse que Zoé ait formulé son projet ultime à voix haute. Pour autant, elle n'est pas là pour coacher les étudiants, mais pour leur transmettre un savoir, en tant que formatrice. Bastien ne sait pas trop vers quel métier s'orienter, mais une de ses réflexions illustre bien la portée de tels ateliers : « Il y a pas mal de gens ici qui m'ont dit que j'avais une certaine aisance à l'oral. » Ses camarades confirment, ce qui encourage Bastien à poursuivre : « Donc, avec le projet d'entreprise qu'on a cette année, pourquoi pas essayer le métier de commercial. Je ne sais pas vraiment ce que ça peut donner, mais tant que je ne le découvre pas, je ne peux pas vraiment le savoir. »

Quand vient l'heure d'aller déjeuner, les étudiants partent en remerciant chaleureusement Mathilde et en continuant leurs conversations. Certains embryons de réponses soulèvent bien des questions, c'est bon signe. Tous les Lumineux et toutes les Lumineuses se livrent d'autant plus facilement qu'ils sont tous et toutes dans la même galère. Devenir ce que l'on est, premier acte fondateur de l'alignement. Y travailler en groupe, c'est encore mieux.

3. L'ÉCOLE DANS LE CONCRET : FAIRE ET APPRENDRE PAR LE RÉEL

Pédagogie du projet : co-construire et responsabiliser

La gd-Schule, Bratsch, dans le Haut-Valais, Suisse

Bratsch, au cœur des montagnes du Haut-Valais, dans la partie germanophone du canton du Valais où on parle aussi bien en wallisertiisch, le dialecte traditionnel, qu'en allemand et en français, était un village en déshérence : 123 habitants, une population vieillissante, plus d'école en activité.

Mais c'était avant l'arrivée de Damian Gsponer et de son équipe pédagogique. Psychologue, spécialiste en ressources humaines et auteur de plusieurs ouvrages de référence[1] proposant de nouvelles méthodes pédagogiques, directeur de plusieurs écoles pendant dix ans, dont six dans le public, et père de deux enfants, Damian a peu à peu acquis la conviction que l'école devait s'adapter aux besoins des enfants d'aujourd'hui et leur donner davantage l'envie d'apprendre grâce à la confrontation au réel. Il pense ainsi que la meilleure façon d'apprendre, c'est « de jouer, de découvrir et d'expérimenter ».

Avec le soutien du maire de Gampel, la ville voisine dont dépend Bratsch, Damian devient en août 2016 le directeur d'une école qui utilise au quotidien la pédagogie du projet, un enseignement qui vise systématiquement des réalisations concrètes, au service de l'école *et* du village, des élèves *et* des habitants, en quelque sorte une école-village, sans notes ni devoirs à domicile, mais avec des outils.

Les enfants participent ainsi à l'élaboration des plats servis au réfectoire. À en croire l'attitude concentrée d'Elia, 9 ans, quand il sert ses camarades venus déjeuner, c'est une activité valorisante : « On apprend beaucoup de choses en cuisinant. On devient plus rapide et meilleur. Et moi, j'aime bien cuisiner, j'aime la bonne nourriture et j'espère que ça va plaire aux autres enfants. Et il y a aussi plein d'autres tâches à faire, comme vider les poubelles, suspendre les torchons, ranger, nettoyer le sol. Dans les autres écoles, on passe toute la journée assis, à écrire, à calculer, c'est comme une obligation, alors qu'ici on fait plus de choses. On travaille un peu et puis on fait d'autres choses, on apprend. » Il y a de la salade russe à midi : « C'est où, la Russie ? » Tout le monde cherche sur la grande carte du monde fixée au mur. Damian nous explique que « c'est une façon de leur inculquer la géographie avec des points de référence, sans que cela soit abstrait ».

L'équipe pédagogique a basé son enseignement sur un apprentissage à long terme, où la motivation se nourrit aussi bien de l'essai et de la recherche que de l'erreur et des bobos, avec un principe de base : développer les connaissances des enfants à partir de leurs propres idées, de leurs initiatives et en fonction de leur développement et de leurs aptitudes plutôt que de leur tranche d'âge.

Et si on construisait une cabane à outils sur le terrain de l'ancienne aire de jeux pour la remettre à neuf et pouvoir bricoler ? C'était une idée des enfants ; c'est devenu une réalisation des enfants. Ils ont échangé des idées, discuté les prix, étudié les matériaux, en tenant compte des règles de sécurité avant d'en dessiner un plan à l'échelle, aidés par un habitant, architecte à la retraite. Une fois le projet monté, il a été soumis au conseil municipal qui l'a approuvé et a débloqué un budget. Il manquait un peu de financement, les enfants ont eux-mêmes fait des demandes de mécénat pour boucler le budget. Ils ont ensuite dessiné en 3D la cabane et les jeux à implanter sur le terrain. Toutes les pièces ont été fabriquées chez le menuisier du village et montées sur place. Mission accomplie ! La fameuse cabane à outils flambant neuve qui jouxte l'aire de jeux est en effet un véritable atelier d'artisan, organisé, professionnel.

Le papa de Samael, François-Xavier, directeur de sociétés spécialisées dans l'e-commerce, a emménagé dans le village pour mettre ses enfants dans cette école où pédagogie alternative rime avec principe de réalité et où l'on demande à l'enfant ce qu'il aimerait faire. Et quand on l'interroge pour savoir s'il ne craint pas que son fils se blesse en bricolant, il sourit : « Les règles de sécurité sont discutées avec les enfants, après, c'est une question de confiance et de cohérence. » Damian Gsponer précise : « Les enfants sentent très bien ce qu'ils savent faire et ce qu'ils ne savent pas faire. Ils savent évaluer les risques. Pour ceux chez qui nous décelons des difficultés de perception, c'est autre chose. Nous les surveillons davantage, mais c'est rare. »

En ouvrant cette école, Damian a relevé un défi, pris un risque et un engagement vis-à-vis du village, de l'équipe pédagogique qui l'a suivi, des parents et des élèves. C'est en tout point ce qu'il propose à ses élèves de faire en retour, chacun à son rythme, en cultivant leur curiosité et leur créativité. Damian explique qu'« en faisant revivre ce village de montagne, les enfants apprennent à assumer une responsabilité dans la société et à ressentir l'impact à court et à long terme de leur engagement. C'est une excellente préparation pour devenir des citoyens responsables ». Jouer en grandeur nature, travailler sur des projets concrets, avoir tout un village pour école, ça prépare les enfants à la vie en vrai[2]. Les enfants sont consultés pour chaque décision et toutes les matières sont envisagées à travers des projets transversaux. La construction du poulailler, le réaménagement en réfectoire de l'ancien restaurant du village, fermé depuis des années, l'extension de l'école, tout est pensé avec les enfants, fait en collaboration avec eux.

Dans l'établissement, les élèves sont séparés en trois groupes : le premier qui va de 3 à 6 ans ; le deuxième de 6 à 12 ans ; et le dernier de 12 à 18 ans.

Pour les petits, l'environnement scolaire est construit sur le modèle d'un appartement familial, avec cuisine, matelas par terre, un coin salon avec des petites chaises pour tout le monde. Ils sont accompagnés individuellement par un tuteur pédagogique qui restera leur référent pendant plusieurs années et discutera avec eux, une fois par semaine et en entretien individuel, de leur bien-être, des objectifs fixés ensemble et de leurs réalisations. Damian pense que « certaines capacités ne peuvent pas se révéler dans une école classique », le cadre « trop étroit » ne permet pas de révéler toutes les qualités des enfants. Or, « lorsqu'un enfant se dit :

“Ah, j’ai été apprécié pour ce que je suis capable de faire”, alors il n’a plus besoin de se faire remarquer par le comportement ». Ici, tout est prétexte à apprendre via l’émotion, la motivation et les capacités personnelles de l’enfant.

Dans le coin salon, sur un tableau blanc, de drôles de dessins accrochés avec des pinces à linge sur une corde attirent notre attention. Parce que, pour certains enfants, il peut être difficile de faire le lien entre les sons et les lettres pour apprendre à lire, l’équipe pédagogique a trouvé une méthode d’apprentissage plus concrète que les méthodes traditionnelles, inspirée de la méthode phonétique et gestuelle Borel-Maisonny. Chaque lettre est épinglée sur le dessin d’un visage avec l’ouverture de la bouche qui correspond à la lettre prononcée. Au début, il s’agit pour l’enfant de chercher à reproduire le son émis par l’ouverture de la bouche dessinée. Ensuite on identifie la lettre. En voyant ces visages tous les jours, plus rien d’abstrait. Dès qu’ils maîtrisent un son, ils peuvent passer au suivant, apprendre à lire un autre visage.

Sérine, 6 ans, la sœur aînée de Samael et la fille de François-Xavier, pose naturellement l’index et le majeur de sa main gauche sous sa bouche pour nous montrer comment elle s’ouvre pour prononcer le « A ». Ses petits doigts accompagnent le son qui sort de sa bouche, puis elle commente : « Au début c’était un peu difficile, mais maintenant ça va déjà beaucoup mieux. » Elle a désormais hâte de faire des choses encore plus difficiles parce que « c’est vraiment amusant ». Concret.

Des enfants assis par terre au milieu de la pièce doivent reconnaître les lettres les yeux bandés, en laissant leurs doigts courir sur les reliefs imprimés sur des cartes, tandis que d'autres jouent à aligner des petits carrés de bois sur lesquels sont imprimées les minuscules et les majuscules des mêmes lettres. Les groupes sont d'âges disparates, soit installés en rond autour de la maîtresse, soit sagement assis à leur pupitre en train de faire des lignes d'écriture agrémentées de dessins d'animaux, ou bien debout, en train d'oraliser un magnifique « A ».

Comme le dit Natascha Moser, l'une des enseignantes : « Ils sont tous motivés pour apprendre à lire et à écrire parce que c'est quelque chose que les adultes font et que tous les enfants veulent être grands. Mais certains commencent plus tôt, d'autres plus tard. Il faut attendre la disposition de l'enfant. Et on s'aperçoit qu'en respectant cela ils apprennent à lire plus tôt et plus facilement que dans le système traditionnel. »

Les plus grands sont rassemblés dans une salle avec de grandes tables modulables pour travailler en équipes. Quand ils arrivent le matin, ils ont un quart d'heure pour planifier leur journée. Ils sortent leurs ordinateurs pour ouvrir le logiciel sur lequel ils voient leur programme. Logiciel qu'ils participent d'ailleurs à enrichir avec la société qui le développe.

Réunion à l'étable sur le projet immobilier d'extension de l'école, module sur la finance et entretien individuel. Le logiciel leur indique où ils en sont de l'avancement de leurs différents projets et ils peuvent donc gérer leur planning en fonction. L'autodiscipline est impressionnante.

Certains se dispersent, d'autres restent dans la salle pour faire de la programmation, travailler le code de la route, la philo ou l'histoire. Damian explique qu'un élève, en l'espace de dix minutes, peut passer « du monde digital au monde réel, courbé en deux, à se salir pour construire un truc ». L'idée est que chacun puisse avoir « cette double casquette entre innovation dans le secteur technique et ce lien avec la nature, les objets, le risque », mais toujours au sein d'une structure solide et fiable, à l'intérieur de laquelle l'élève peut développer sa propre stratégie pour atteindre ses objectifs. Et donc, faire des erreurs, une étape importante qui permet, selon Damian, « d'apprendre à les surmonter pour trouver l'envie de s'améliorer ». C'est donc « une façon de développer leurs propres talents ».

À Bratsch, tout est propice à apprendre et à grandir, notamment l'émulation entre les tranches d'âge. Les petits imitent les plus grands, les grands aident les petits, et les habitants du village sont une source inépuisable d'anecdotes, d'expériences et d'échanges.

Si les élèves apprennent à faire pousser leur propre nourriture, à s'occuper des poules, à ramasser les œufs pour leur cantine, ils doivent également gérer les coûts engendrés par ces activités. Ils apprennent la permaculture grâce aux anciennes du village et les aident en retour à résoudre leurs problèmes informatiques. L'apprentissage passe par l'échange et la solidarité. La responsabilité, par l'engagement.

Aujourd'hui, à la gd-Schule, les résultats scolaires aux examens nationaux sont supérieurs à la moyenne locale, et l'école a tellement de succès que le village se repeuple avec des familles qui veulent y scolariser leurs enfants, des fermiers locaux aux bourgeois bohèmes. Dans cette école privée, le coût de la scolarité est basé sur les revenus des parents. De 17 élèves à l'ouverture de l'école, ils sont aujourd'hui 50. La liste d'attente pour la gd-Schule s'allongeait tellement qu'elle a été supprimée faute de pouvoir satisfaire les demandes, des commerces rouvrent et le bus scolaire rythme à nouveau joyeusement la vie du paisible petit village et de ses habitants. Et Damian de conclure : « Notre but principal, c'est qu'ils quittent l'école en ayant de l'assurance. » Pari osé, mais pari relevé !

La pédagogie du chef-d'œuvre : en route pour l'autonomie

« Éducation nouvelle », Le Grand Vivier, Chièvres, Belgique

Chièvres est une ville francophone, en région wallonne, à 60 kilomètres au sud de Bruxelles, pas très loin de la frontière française. L'école Le Grand Vivier, en briques rouges avec chapeaux pointus d'ardoises brillantes, témoigne du passé médiéval de la ville. En face de l'hôtel de ville de style XVIe siècle, en bordure de la grand-place, l'école est gaie et l'équipe pédagogique gonflée à bloc. La cour est divisée en zones : basket, foot, danse, nature… de quoi permettre aux grenouilles de ce joyeux vivier de bondir et rebondir à loisir.

La pédagogie du chef-d'œuvre

Le Grand Vivier était une école communale publique classique jusqu'en 2016, où elle change radicalement de philosophie, optant pour une pédagogie nouvelle, inspirée des principes de Charles Pepinster, docteur en sciences de l'éducation, inspecteur honoraire et instigateur du GBEN, Groupe belge d'éducation nouvelle.

LA PÉDAGOGIE DU CHEF-D'ŒUVRE

À travers la pédagogie du chef-d'œuvre, directement inspirée de l'exigence et du savoir-faire des Compagnons du Devoir, il s'agit de favoriser un projet transversal, de bannir les notes et la compétition, sans sortir du giron du ministère de l'Éducation nationale pour autant. Commencé dès la maternelle, via plusieurs exposés par an sur des projets personnels, toujours validés par une présentation écrite et/ou orale selon les niveaux, cet apprentissage voit son couronnement en sixième, équivalent du CM2 en France. À la fin de cette dernière année de la primaire, chaque élève présente son projet à l'écrit et à l'oral devant ses parents et les élèves des autres classes.

Aidé d'un enseignant, d'un parrain ou d'une marraine et du centre de documentation, chaque sixième travaille son projet, durant toute l'année, en suivant une liste de consignes précises qui embrassent toutes les dimensions d'un sujet :

littéraires, mathématiques, historiques et géographiques. L'élève devient ainsi sujet-auteur en s'appropriant son apprentissage. Le responsabiliser tout en l'accompagnant, lui permettre d'apprendre à gérer son temps et les consignes, c'est lui offrir la possibilité de faire des erreurs et de les corriger, de se construire grâce aux échanges – une partie de la présentation sera en effet consacrée à répondre aux questions du public –, et de débusquer les informations contradictoires, en croisant les sources pour préparer son sujet. C'est aussi l'aider à gérer ses émotions en partant d'une de ses envies, d'un de ses rêves. L'objectif final est qu'il parvienne à proposer des interactions ludiques pour ne pas perdre son auditoire pendant les deux heures de présentation finale, un challenge relevé par les enfants, qui auront ainsi appris à partir d'un thème qui leur plaît, en autonomie, à développer leur esprit critique et à transmettre.

Ce matin, dans la classe d'Arnaud Risselin, instituteur et directeur de l'école, les élèves s'installent et sortent leurs portfolios. On fait le point sur leurs avancées, en ce début janvier. Il reste encore plusieurs mois avant la grande présentation, mais encore tellement de choses à faire. Vincent, qui a choisi comme thème l'électricité, ouvre son cahier, et d'un phrasé encore hésitant, l'œil se perdant parfois sur la page comme pour se rassurer, il énonce au maître : « L'éclair fait 500 millions de kilowatts, c'est plus de 100 fois une centrale nucléaire, et cette quantité d'électricité est déchargée pendant 100 microsecondes. » On devine déjà, au sérieux avec lequel il s'exprime, qu'il travaille sa présentation orale. À côté de lui, Lucie, une de ses camarades, a choisi Paris « parce que c'est une belle ville ». Elle a déjà commencé ses graphiques, son travail d'enquête, sa ligne du temps, mais réfléchit encore aux activités ludiques qu'elle proposera le jour de la présentation. Julie fait son chef-d'œuvre sur l'aromathérapie. Quand Patricia, une des enseignantes de l'école, lui demande si c'est parce que quelqu'un de sa famille pratique cette discipline, la réponse est simple : c'est non. Si Julie a eu envie de s'intéresser à ce sujet, c'est « parce que c'est un peu magique », répond-elle. En disant cela, son regard semble se poser sur un parterre de fleurs que personne d'autre qu'elle ne voit. « Tu sens des plantes et après ça peut te guérir, c'est le pouvoir des plantes. » Sa maman a trouvé une personne « ressource » avec laquelle Julie va faire un stage le week-end suivant. La fillette sourit. Certains chefs-d'œuvre débouchent sur des vocations.

Arnaud Risselin renchérit : « On développe l'autonomie, la recherche, l'esprit critique. Les enfants vont devoir trouver des documents, argumenter sur leurs choix, hiérarchiser les sources, en écarter certaines pour privilégier celles qui leur paraissent plus importantes. L'enfant prend conscience de ce qu'il a appris mais se développe aussi par lui-même, sans attendre que l'enseignant lui dise ce qu'il doit faire. C'est lui qui doit s'organiser, tenir son planning. Dans leurs apprentissages, dans leur développement personnel, ce sont des choses dont ils auront besoin et c'est du concret. »

Et du concret, en voici, en voilà. Rémi fait son chef-d'œuvre sur une entreprise, mais pas n'importe laquelle. Il nous montre fièrement un catalogue de grues. Télescopiques, avec nacelles à ciseaux électriques ou Diesel, le choix est large.

Rémi aime les tracteurs et les grues et, plus tard, il veut être entrepreneur. Il a déjà préparé les questions qu'il posera au patron de la société dont il feuilletait avec gourmandise le catalogue à l'instant. Il va d'ailleurs filmer l'interview pour pouvoir en diffuser des extraits lors de la présentation. Pour le moment, il apprend à comprendre les tarifs, à faire des devis et des factures. Quand Patricia le félicite, lui aussi sourit. Ça doit être ça, le plaisir d'apprendre.

La toilette de texte en primaire, pour travailler l'écrit

Une autre façon d'apprendre est de créer ensemble. Toujours avec notre classe de sixième primaire, après une petite récré bien méritée, nous entrons dans la classe où Margaux, l'institutrice, va orchestrer la toilette de texte. Quèsaco ?

Les enfants s'installent. Derrière les bureaux, sur les canapés, par terre… peu importe, du moment que tout le monde est concentré. Quand Margaux allume le vidéoprojecteur interactif, un texte apparaît : « Futur radioactif ». Le titre est accrocheur et la première phrase aussi : « 12 janvier 2093, 70 ans après aujourd'hui, alerte nucléaire. » Clovis, son cahier de toilette de texte en main, lit à haute voix les lignes que ses camarades découvrent à l'écran. C'est lui qui a écrit le texte. Comme tous les autres, il a choisi un thème et composé un texte libre qui va être enrichi du regard et des suggestions de ses camarades. Cela aurait pu être un roman, une biographie, un conte ou une poésie, comme le texte qu'Elsa a présenté la dernière fois, mais Clovis a préféré l'anticipation. Il termine la lecture de son texte : « Par chance, un rat tombe sur le bouton qui arrêtait le réacteur, donc ça n'explose pas et tout le monde est sain et sauf. »

La toilette du texte de Clovis peut alors commencer. Sur le TBI (tableau blanc interactif), sous chaque phrase, un espace est laissé libre pour y noter les améliorations proposées. Margaux rappelle quelques points de méthode : « Est-ce que Clovis a fait des répétitions ? Est-ce qu'il a fait des erreurs de conjugaison, de concordance des temps ?... Est-ce qu'il y a des choses que vous voudriez modifier, d'abord dans la globalité ? » Lucie lève le doigt : « Quand Clovis parle de rats, on pourrait ajouter des rats "de laboratoire", parce que généralement les laboratoires sont propres. » Margaux acquiesce, c'est une précision qu'on pourra ajouter plus tard. Au tour de Loïs de lever le doigt : « On sait pas d'où sortent les rats. S'ils sortent des conduits d'aération, par exemple. » Margaux acquiesce de nouveau mais essaie d'amener les enfants à une réflexion plus globale sur le texte :

« Chérine, tu veux ajouter quelque chose ?

— J'aurais peut-être enlevé le "donc", pour le remplacer par un synonyme... »

Un problème de mot-lien, pas facile pour Margaux de leur faire envisager le texte dans son ensemble. C'est donc elle qui s'y colle : « Clovis, j'aime beaucoup ta façon de commencer. Pas de verbes conjugués donc cela n'est pas vraiment une phrase, mais je trouve qu'il y a un style dans le fait de commencer comme ça, il y a quelque chose d'urgent dans cette phrase, on le sent. Ça, c'est intéressant. Ce que je trouve aussi très intéressant dans ton texte, c'est que tu utilises de vrais verbes. » Clovis est tout ouïe, logique, mais ses camarades le sont aussi. « Ils *se précipitent*. Dans ce verbe-là, on a toutes les infos dont on a besoin pour que notre phrase ait du sens. On voit dans notre tête les scientifiques qui se précipitent, donc qu'ils vont vite, qu'ils courent, qu'ils se bousculent, c'est la panique, ce verbe est bien choisi. On évite le verbe *faire*, le verbe *mettre*, le verbe *aller*, qui sont un peu passe-partout, OK ? » On avance dans l'analyse du texte. Pas un bruit dans la classe, extraordinairement concentrée sur un texte qu'ils ont collectivement la responsabilité d'améliorer. Fascinant.

Lucas demande la parole : « Pour avoir un peu plus d'action, j'aurais préféré un autre mot que *créature*, comme *monstre* ou un autre mot qui fait plus peur. » Clovis a utilisé deux fois le terme « créature » dans son texte. Margaux pense qu'on pourrait utiliser un synonyme pour éviter de répéter le mot mais, en même temps, « ça laisse aussi un mystère ». On avance encore un peu et c'est sur une phrase précise que l'on s'interroge maintenant. Loïs propose de changer la partie où les scientifiques prennent le fusil pour se défendre « parce qu'on ne dit pas où ils prennent le fusil, d'où ils le sortent ». Bien vu. Lucas va plus loin :

« Je ne sais pas pour Clovis (l'auteur), mais moi j'aime pas trop "comme les scientifiques avaient peur". Moi, j'aurais mis "par précaution".

— Oui, pas mal du tout », répond Margaux.

Elle note tout de suite la modification au tableau sous l'œil attentif de Clovis, qui se corrige lui-même un peu plus tard sur une autre phrase.

LA TOILETTE DE TEXTE

Écrire pour être lu, c'est travailler à être compris. Et comment le faire mieux qu'en le faisant à plusieurs ? L'écriture se vit ici comme un processus collaboratif où le style de chacun est respecté, mais où le sens est travaillé à plusieurs pour enrichir la vision de l'auteur de la sensibilité de ses lecteurs. Apprendre, c'est faire. Puis, comme dit Éloi, « si tu sais pas écrire, t'as beaucoup moins de chances de réussir dans la vie ». À travers la toilette de texte, c'est l'artisanat de l'écriture que ces élèves éprouvent. Cette pratique, particulièrement créative et formatrice, familiarise les élèves à la langue, les incite à développer leur esprit critique et à accepter le regard de l'autre.

L'enfant vedette en maternelle, pour travailler l'oral

Et le regard de l'autre se travaille très tôt, au Grand Vivier. Ce sont les petits de troisième année de maternelle qui nous accueillent maintenant pour un exercice appelé l'enfant vedette. Ils ne savent pas encore lire et pourtant ils font, chacun à leur tour, une présentation à l'oral de leur livre préféré, avec exposé et questions/réponses des copains de la classe. Le livre a été lu et relu avec leurs parents, ils le connaissent presque par cœur.

L'ENFANT VEDETTE

En racontant l'histoire sans pouvoir la lire, les enfants apprennent à prendre la parole devant les autres, développent leur capacité à relater et travaillent leur mémoire. Les camarades apprennent à écouter et à échanger, en posant diverses questions sur le récit. Cet exercice permet le développement de la confiance en soi, surtout pour les enfants qui sont timides et pour lesquels la prise de parole est difficile. Tout tend vers le chef-d'œuvre.

Assis autour d'une grande table ovale, les maternelles sont aujourd'hui le public concentré de Justin, l'enfant vedette du jour. Justin a rapporté de chez lui *Renato aide le Père Noël*[3], c'est son histoire préférée du moment. Il a 5 ans. Il se met debout, armé de son livre qu'il commence à lire à ses camarades. Lire sans savoir lire, c'est réciter ? Oui et non. Justin raconte. En brodant un peu, il se réapproprie le texte et les illustrations, pour faire découvrir à ses copains l'histoire qu'il aime tant que ses parents lui lisent. Sa voix, toute fluette, s'élève timidement. Le débit est rapide, les mots un peu mâchonnés, l'exercice n'est pas facile mais Justin ne flanche pas. Il « lit » une page puis tourne le livre pour que ses camarades voient les illustrations. Il arrive aux dernières lignes :

« De retour à la maison, Renato se jette dans les bras de Papy et Mamy. Merci Papy et Mamy, vous m'avez aidé à me sentir plus fort... et à courir plus vite. » Ses camarades applaudissent. Ils n'ont pas bougé, pas discuté pendant tout l'exposé. Justin accueille leurs applaudissements avec toute la modestie de l'orateur qui sait que la partie n'est pas terminée. Reste maintenant à répondre aux questions. Il referme son livre et demande à ses camarades, dans un mélange d'assurance et de peur :

« Vous avez des questions ?
— Pourquoi il avait peur d'aller chercher le cadeau ?
— Parce qu'il avait très, très peur du noir.
— Pourquoi son papy lui a posé un secret dans l'oreille ?
— Ben, pour qu'il soit plus fort.
— Pourquoi ses copains de l'école lui ont dit que Renato ne rimait pas avec fort ? »

Et là, surprise, Justin n'a pas le temps de répondre, c'est un de ses camarades qui le fait à sa place : « C'est parce qu'il ne sait pas sauter très haut et parce qu'il ne sait pas courir très vite. »

Les enfants reçoivent les mots comme des cadeaux qui font grandir.

« À la soupe ! » en maternelle, pour travailler l'esprit d'équipe et l'autonomie

Afin d'aider au développement et à l'autonomie des enfants, il n'y a pas que les exercices intellectuels. Les activités manuelles comptent tout autant. Elles permettent le développement de l'autonomie et de l'esprit d'équipe. Elles forment à des enseignements pratiques et utiles au quotidien et elles sont douces aux enfants, car ce ne sont pas des exercices évalués. On apprend ainsi en s'amusant, sans se forcer et sans autre enjeu que de faire plaisir à la communauté. Parmi ces activités : cuisiner pour toute la classe.

Aujourd'hui, avec les deuxième année de maternelle, nous assistons à la préparation de la soupe de légumes qui sera servie au déjeuner du lendemain. Au centre de la table, un saladier dans lequel les enfants mettent les épluchures, et une grande casserole pour les légumes épluchés et coupés en morceaux. Les élèves épluchent, râpent, coupent et découpent les légumes. Les couteaux passent parfois un peu près des doigts – âmes sensibles s'abstenir ! –, mais Sanda veille. Le risque est contrôlé. Les planches à découper recouvrent les tables de classe, l'atmosphère est celle d'une joyeuse brigade de Ratatouilles en herbe.

Tout en participant à la découpe des légumes, Sanda interroge les enfants :

« Alors, on a utilisé quoi comme légumes ?
— Des pommes de terre.
— Oui, et quoi d'autre ?

— Des carottes.

— Oui, et on doit encore mettre... Comment s'appelle ce légume ?

— Un oignon.

— Et dans la casserole, qu'est-ce qu'on a mis aussi ?

— Une courge butternut.

— Parfait ! Allez, continuez à couper les carottes. »

Sanda coupe les oignons pendant que l'atelier carottes suit son cours.

Elle nous explique que ce type d'activité, qui a lieu une fois par mois, vise à favoriser l'autonomie et le travail collaboratif : cela permet déjà aux enfants de « voir comment une soupe se prépare », car « tous les enfants n'ont pas la possibilité de le faire chez eux », puis que « tout le monde ait la même collation ». En tout cas, l'oignon réunit tout le monde autour d'une même activité : pleurer. Sanda et les enfants en rient.

Le moment est venu d'ajouter de l'eau. La cocotte va finir le travail et, une fois prête, la soupe sera goûtée. Parce qu'il faut quand même s'assurer que c'est bon. Sanda verse un peu de soupe dans les gobelets des enfants, avec les recommandations d'usage. On souffle, on souffle ! Le verdict tombe très vite : « Elle est bonne. » Super.

L'école de l'éveil des sens et des abeilles

École Pappelhof, Berlin, Allemagne

L'école publique de Pappelhof, ouverte en 1997 dans un quartier résidentiel et calme de la ville, accueille aujourd'hui 140 élèves, de 6 à 18 ans, tous en difficultés spécifiques. Elle est un centre de soutien pour le développement mental, les élèves qui y sont admis s'épanouissent au travers d'activités diverses : cuisine, céramique, jardinage, design, textile, apiculture… L'école se définit elle-même comme « un lieu spécial pour des personnes spéciales ».

Ce matin, nous faisons la connaissance de Mme Köster, enseignante, qui nous accueille au sein de l'atelier « Apiculture », sur le toit-terrasse de l'école. *Happy culture* donc, au milieu des ruches, avec, entre autres, Johann, Jasmin et Timo, 14 ans, et Alex, 15 ans. Mme Köster rassure ses élèves, que la présence d'une équipe de tournage inquiète un peu : « Vous n'avez qu'à me regarder. Nous faisons tout comme d'habitude. Commencez par mettre vos vêtements, voilà… » Rassurés, les élèves enfilent leurs combinaisons de protection, chapeaux et gants, et commencent à nommer les actions qu'ils font au fur et à mesure. Mme Köster a remarqué que lorsque les élèves apprennent par la pratique, ils retiennent les termes plus rapidement : « C'est plus facile pour eux. » Au fil des semaines, les élèves ont appris à connaître les tâches d'un apiculteur, à ouvrir une ruche, sortir les cadres et surtout à ne plus avoir peur. Maintenant, ils prennent soin des abeilles mellifères avec beaucoup d'application et d'implication et adorent les regarder travailler. Leur enseignante essaie de les responsabiliser en intervenant le moins possible ; elle a remarqué que si elle intervenait toujours tout de suite, ils n'avaient pas « le temps de réfléchir à ce qu'ils doivent faire ensuite ».

Au cours de l'année, les tâches varient : expansion de la ruche, filature du miel, traitement de la cire, réparation de divers matériaux… Et l'intérêt grandit avec les connaissances déjà acquises. Mme Köster nous explique qu'ils travaillent en projets interdisciplinaires dans l'école : « Pour l'atelier "Apiculture", nous avons besoin de plates-bandes surélevées et de maisonnettes que nous faisons dans l'atelier "Bois", mais également de plantes mellifères, qui sont cultivées dans le jardin de l'école. » S'occuper de ruches, c'est aussi comprendre les fleurs, les insectes amis, le cycle de l'eau et des saisons, l'aménagement des différents espaces verts de l'école, le recyclage… Le premier objectif est évidemment que les élèves réalisent qu'ils peuvent faire quelque chose et qu'ils progressent, notamment en développant leur capacité à communiquer, ce qui implique d'acquérir du vocabulaire. Mais le second objectif, plus lointain, est de leur donner envie d'apprendre un métier. Certains se dirigeront peut-être vers l'horticulture, d'autres vers l'aménagement paysager – autant de métiers que l'intelligence artificielle ne fera pas disparaître !

Grâce aux abeilles, les jeunes apprennent à travailler ensemble et se sensibilisent à l'environnement. Les abeilles sont très sensibles aux vibrations, elles piquent quand elles ont peur, elles vont chercher du nectar dans le jardin, se mettent à l'abri quand il pleut… Les élèves prennent conscience de l'importance de les protéger et développent leur capacité d'autonomie et de réflexion. Ils réalisent que leur travail a un sens. Comme le dit leur enseignante : « Ils fabriquent ou font quelque chose qui est utile et cela les rend très fiers. »

Mais avant d'en arriver là il aura fallu sensibiliser les parents, les collègues, vaincre leurs appréhensions et susciter leur intérêt pour ces insectes nécessaires à l'écosystème. Finalement, tout le monde est ravi de partager un petit morceau d'univers dans lequel apprendre à vivre ensemble, chacun à son rythme et selon ses moyens. Mme Köster évoque l'hétérogénéité des élèves : « Nous avons des élèves qui sont déjà capables de réaliser certaines tâches et d'autres qui ont du mal à mettre leur veste ou à s'exprimer. » Mais, grâce à l'atelier « Apiculture » et aux autres mis en place dans l'école, les enseignements sont adaptés aux compétences de chacun, techniques et psychologiques : « Ils essaient, découvrent et se découvrent, s'épanouissent. » Un accompagnement personnalisé, en fonction de ses capacités et de ses acquis, permet de développer ses talents individuels. L'effet papillon.

À travers un village, dans la forêt, sur la Toile, le réel devient la matière enseignée. La réalité n'est plus une fatalité mais la possibilité de faire de nouvelles expériences, de se découvrir des responsabilités stimulantes et de prendre des risques. Parce qu'aucun système éducatif ne peut suivre aujourd'hui le besoin constant de renouvellement en transmettant un savoir lui-même en constante évolution, il faut apprendre aux élèves à le trouver eux-mêmes, faire du professeur un passeur et du réel, un terrain de jeu[4].

Au Japon, un couple d'architectes, Takaharu et Yui Tezuka, a construit une école, la Fuji Kindergarten, à 40 kilomètres de Tokyo, où l'architecture ouverte sur l'extérieur, modulable et conçue pour respecter le besoin de courir et de bouger des enfants, leur permet d'apprendre et de se dépenser physiquement, quitte à se faire quelques bobos. À Lomé, au Togo, Ousia Assiongbon Foli-Bebe a construit au sein de son EcoTecLab une imprimante 3D en recyclant des déchets technologiques, et elle intervient dans les écoles pour sensibiliser les jeunes au recyclage et à la pollution engendrée par les composants électroniques. En France, à Saint-Ouen, en région parisienne, les enfants créent un guide touristique de leur ville avec l'association Eutopique. À l'école communale Le Grand Vivier, à Chièvres en Belgique, les élèves préparent une soupe avec leur professeur une fois par mois pour tous les élèves[5]. Autant d'initiatives ancrées dans le réel, qui permettent de se sentir bien dans son environnement.

Le travail manuel pour valoriser l'artisanat

École Gustav Adolf Grammar School, Tallinn, et école de Kolga, Estonie

Même si l'Estonie a misé sur le numérique à l'école[6], tous les élèves estoniens, filles *et* garçons, apprennent *aussi*, tout au long de leur scolarité, à cuisiner, coudre, tricoter, manier le bois et l'électricité. Sensibiliser les jeunes aux métiers de l'artisanat, souvent dévalorisés, c'est ramener les élèves de l'ère numérique à l'âge du faire.

Que ce soit à la Gustav Adolf Grammar School de Tallinn ou à l'école de Kolga, nous entrons à chaque fois dans des classes tout ce qu'il y a de plus banal : des tables, des chaises, des élèves et leurs professeurs, mais en lieu et place de cahiers ou de tablettes : des bobines de fil et des aiguilles, des morceaux de bois, des compas, des règles et des scies. Ce sont des cours comme les autres, par classe, mais auxquels certains élèves d'autres classes et niveaux peuvent aussi venir se joindre pour terminer une réalisation.

À la Gustav Adolf Grammar School, la professeure de couture est dynamique, en petite marinière et jean, moderne. Un petit garçon est en train de coudre un sac, une de ses camarades mesure son fil de laine tandis qu'une autre demande de l'aide. L'ambiance est appliquée et douce. Tout le monde travaille sur son ouvrage.

À l'école de Kolga, c'est Mart Almers, le prof de technologie, qui nous accueille dans le même style de classe et dans la même ambiance studieuse, concentrée. Les élèves de sixième sont en train de découper de petites pièces de bois, nous sommes en plein cours de menuiserie. Ils sont deux ou trois par poste de travail, en l'occurrence un établi au-dessus duquel sont suspendus de grosses prises orange qui tombent du plafond, entre les rangées de néons, et des câbles de la même couleur qui permettent de se brancher sans être gêné par les fils. L'installation est pro, le travail aussi. Très fière,

Merliis Veersalu nous raconte : « Une fois, j'ai fabriqué un puzzle pour ma grand-mère. C'est une sorte de dessous-de-plat et elle s'en sert tous les jours. J'aime bien créer des choses en bois. Parfois on utilise l'ordinateur pour les concevoir, c'est sympa aussi. J'aime bien venir dans ce cours. »

En regardant une des copines de Merliis utiliser la scie à bois, qui a l'air de passer tout près de ses petits doigts, le cœur de l'observateur s'emballe un peu mais tout le monde est si concentré qu'il n'y a jamais d'accident. Mart surveille et, justement, c'est un grand qui retient son attention. Il est venu après ses cours finaliser une boîte dont les côtés doivent parfaitement s'emboîter, sans clous ni vis. Il a fallu mesurer, tracer, faire des encoches, à l'aide d'un ciseau à bois et d'une scie, ajuster, emboîter et serrer pour que le résultat soit esthétique et résistant. Un dernier petit coup de papier de verre et le résultat est... encourageant. Mart le félicite. Le bruit d'une scie électrique maniée par un élève n'empêche pas Mart de répondre à nos questions : « Je travaille beaucoup avec eux, même hors des cours. Ils accourent tous ici, ce qui fait que je n'ai jamais de pause. Les enfants viennent ici pendant les récrés et demandent s'ils peuvent continuer leur projet ou démarrer autre chose. Il y en a même qui viennent alors qu'ils sont censés être en cours de maths ! »

La différence entre acheter une boîte toute faite et parfaite et en faire une soi-même est immense. C'est l'effort, l'attention, l'investissement et le plaisir de faire. Mais les jeunes élèves que nous voyons concentrés sur leurs morceaux de bois pourraient être la dernière génération à apprendre cette vertu si l'importance du travail manuel n'est pas suffisamment valorisée. Au-delà d'être un passe-temps, c'est un antidote au stress et à l'anxiété. Le yoga des mains.

Application métier et avenir : le club de drone

École de Pelgulinn, Tallinn, Estonie

L'école de Pelgulinn va du primaire à la fin du secondaire et fait partie des établissements en pointe sur le numérique[7]. Les élèves y apprennent les rudiments du codage et la programmation de robots dès le primaire. Chaque semaine, après les cours, sur le temps périscolaire, plusieurs classes d'âge s'engouffrent dans un long couloir éclairé pour rejoindre une grande salle transformée en laboratoire, où on lit la mention : « Ici on peut apprendre à programmer des drones. »

Maarja Tepponen, élève de troisième, a fait un croquis : « On démarre d'ici. Il faut traverser le tunnel puis se poser ici. On a mesuré le parcours pour le coder et entrer les bonnes coordonnées. Comme ça, le drone pourra suivre le parcours grâce au code qui est basé sur les informations qu'on a notées. » Mines concentrées de l'équipe des mini-ingénieurs, les calculs sont faits, les ordinateurs programmés, tout est parfait. L'engin décolle et se cogne au premier obstacle qu'il aurait dû traverser. Drone à terre et rires des élèves sous l'œil amusé du professeur d'informatique, Petri Asperk. On recommence. Karmo Lepp, élève de cinquième, est serein : « Heureusement, il y a un bouclier protecteur, donc c'est pas grave si on rentre dans le mur. En général, on se crashe cinq fois et ça passe à la sixième, à force de changer les paramètres. » Et effectivement, ça passe ! D'autant mieux que l'échec est vécu comme une valeur d'ajustement au succès à venir. Petri Asperk est aussi détendu que ses élèves : « Je n'interviens pas beaucoup. Ils apprennent par eux-mêmes. Je ne fais que donner les instructions. »

À chaque tentative réussie, c'est un peu de l'effervescence de la salle de contrôle de la NASA au décollage d'une fusée qui envahit le labo : l'équipe s'applaudit, d'aucuns bondissent.

Mettre en application trois matières réputées difficiles – le codage informatique, les mathématiques et la physique – et sauter de joie tous ensemble, première partie de mission réussie pour les élèves de Petri Asperk !

La semaine suivante, après la programmation, le pilotage. Le drone va partir en mission de recherche, tout le monde sort pour rejoindre le parc attenant à l'école et Petri Asperk donne ses instructions : « Vous avez entendu parler de recherche de personnes disparues. Aujourd'hui, c'est vous qu'on va rechercher. Deux d'entre vous vont piloter les drones, les autres vont se cacher et on lancera les recherches. » Le drone décolle. Le parc est immense, trouver les élèves cachés ne va pas être une mince affaire mais le professeur guide ses élèves tout en nous expliquant en quoi cet exercice est un jeu à prendre au sérieux : « Les drones sont largement utilisés partout ; à la télévision, il n'y a pas une émission sans plans de drones, donc il y a vraiment beaucoup de potentiel. Je pense que l'avenir nous dira en quoi tout cela est bénéfique et nous verrons quels genres de métiers les jeunes choisiront. »

En attendant, c'est sur les épaules du jeune Riho Põder que la pression repose : « C'est la première fois que je pilote en extérieur. Je me suis juste un peu entraîné à l'école. C'est super de voler et d'avoir cette vue. » Son professeur lui suggère de voler plus haut, de remonter encore. Le parc est grand, les endroits où se cacher nombreux. La mission de recherche se poursuit.

Dans ce club que les ados voient comme un loisir éducatif, l'enseignant ne se contente pas d'encadrer la partie technologique. Son rôle, très pragmatique, est aussi de leur faire découvrir les possibilités d'emplois qui pourront un jour s'offrir à eux : « Sans compter que pour préparer l'atelier, on est allés marcher et piloter les drones dans les tourbières. On est allés cartographier, on a filmé la nature, visité l'Académie estonienne d'aviation pour découvrir les métiers, on a été voir les drones de la police à l'Académie estonienne des sciences de sécurité où on a aussi vu des drones militaires. J'essaie de leur présenter les possibilités d'emplois futurs. »

Et quand un des élèves a enfin repéré quelqu'un qui se cachait derrière un arbre, c'est un nouveau cri de joie. Une mission menée à bien et peut-être une vocation, en tout cas l'assurance que toutes les énergies mobilisées pour programmer et faire voler le drone auront permis aux élèves de réviser, d'apprendre et de travailler en équipe, tout en s'entraidant et en s'amusant.

En Estonie, les professeurs sont encouragés à partager leurs passions personnelles avec leurs élèves, à créer des clubs-ateliers en plus des heures de cours, pour permettre aux adolescents de découvrir des applications concrètes et ludiques aux matières enseignées dans la journée.

Que ce soit dans le codage informatique, les travaux manuels ou le théâtre, ce type de projet « trans-matières » favorise le travail en équipe et permet également un changement de paradigme dans la relation élèves-professeurs.

De telles initiatives existent depuis longtemps en Estonie, en Norvège, au Québec et en Finlande, et depuis une quinzaine d'années en France, notamment grâce aux associations Entreprendre pour apprendre ou les Dreamakers[8]. De 8 à 18 ans, les jeunes deviennent acteurs du monde dans lequel ils rêvent de vivre et mènent des projets qui ont un impact dans la vie de leurs concitoyens et dans la leur.

Le monde du travail vient à l'école

Un projet collectif de mini-entreprise

Collège Jean Jaurès, Aire-sur-la-Lys, France

Un autre drone[9] survole un paysage semi-urbain des Hauts-de-France, dans le Pas-de-Calais, au collège Jean Jaurès, à Aire-sur-la-Lys. Rudy Alba, professeur de technologie, traverse une immense cour pour entrer dans un bâtiment où une vingtaine d'élèves de troisième suivent l'option mini-entreprise.

Début octobre 2020, alors que l'année scolaire est à peine entamée, six anciens mini-entrepreneurs de la promotion 2018-2019 viennent raconter aux petits nouveaux de troisième comment est née leur mini-entreprise, @ire Note, grâce à laquelle ils ont pu envoyer des fournitures scolaires dans différents pays (Maroc, Tchad, Pérou) et récolter de l'argent par la vente de blocs-notes siglés @ire Note, afin de construire des blocs sanitaires à Madagascar. Rudy Alba se souvient : « Une élève est arrivée un jour en me disant : "Il y a le rallye Dakar au mois de janvier. Si on envoyait des fournitures scolaires là-bas, au Pérou ?" Et moi qui suis adulte et enseignant, je me dis que c'est compliqué ; il faut trouver du matériel, un pilote du Dakar, une association… Je me dis qu'ils ne vont pas y arriver, mais je m'interdis de le leur dire. Au contraire, avec les collègues, on les encourage : "D'accord, comment on fait ? Comment fait-on pour être capables d'envoyer des fournitures scolaires au Pérou dans trois mois ?" » Trois ans plus tard, @ire Note, association loi 1901, continue à mener des actions humanitaires et sème de petites graines dans les esprits de ses successeurs.

Pour encadrer ce projet « trans-matières », Rudy Alba est entouré d'Anthony, le prof de maths, et de Camille, la prof d'anglais, avec le soutien – nécessaire – de l'équipe de direction du collège, parce qu'il faut débloquer des moyens et des créneaux dédiés.

LA MINI-ENTREPRISE

Les jeunes créent une entreprise réelle en début d'année, entreprise qui va affronter des problèmes réels et générer des profits réels. Ce faisant, ils se préparent aux réalités du monde professionnel, basé sur l'échange, l'utilisation des réseaux sociaux et la dynamique de groupe pour s'entraîner aux défis concrets que ce monde présente. Une fois les équipes constituées, les mini-entrepreneurs doivent décider du projet qu'ils vont mener à bien. Cela nécessite de longues heures de réflexion, en groupe. Mais ce sont eux les acteurs et la motivation s'en ressent. La finalité n'est pas de faire du business, mais d'acquérir l'esprit d'entreprendre, de faire preuve d'initiative, d'autonomie, d'apprendre le compromis, autant de compétences qui serviront aux élèves au-delà de leurs études.

Lucas Carlu, élève en troisième, raconte comment son groupe a eu l'idée de se spécialiser dans le tennis-fauteuil : « On voulait aider les personnes âgées ou handicapées. » Ils se sont alors rapprochés des clubs de tennis d'Aire-sur-la-Lys et d'Arques, commune voisine, afin de créer un partenariat pour financer l'achat d'un fauteuil. La nouvelle mini-entreprise était née : On dit CAP. Il fallait le trouver !

Une pluie fine tombe sur les vitres du collège. Dans la salle de technologie, l'atmosphère est celle d'une véritable pépinière d'entreprise. Regroupés autour d'ordinateurs, occupés à programmer l'imprimante 3D, les élèves travaillent dans une ambiance à la fois studieuse et vibrionnante. Comme dans une vraie entreprise, autant de groupes que de divisions : communication, événementiel, production, budget, étude de marché... Dans le groupe production, on travaille sur les pince-nez, les attache-masques et les badges personnalisés qui seront vendus pour financer l'achat du fauteuil roulant de tennis. Lucas Carlu est content : « Je trouve ça génial parce qu'on apprend à travailler en équipe, on crée un projet et, en plus, on peut aider des gens. » Logane Clipet renchérit : « Ça m'apporte beaucoup. Ça m'aide à bien parler avec les personnes, à avoir des responsabilités, et par rapport aux autres matières, c'est plus concret puisqu'on voit vraiment le métier. Comment gérer le budget, par exemple, c'est pas quelque chose qu'on fait à notre âge, normalement. »

La semaine suivante, retour au collège, où les équipes avancent. Les badges sortent de la machine, prêts à être vendus, mais combien ? Parce que, comme le dit si bien Lucas Carlu, « un fauteuil roulant, ça coûte 7 000 euros environ, donc il va falloir faire beaucoup de bénéfices ! ».

David et Ethan travaillent justement sur les prix de vente, en lien avec Axel et Adrien qui bossent sur les coûts de production, tandis qu'une autre équipe photoshope le fameux logo « On dit CAP » et que la team production peaufine les attache-masques qui ont tendance à se casser. Autour des trois professeurs, la pépinière s'est transformée en ruche.

Rudy Alba explique : « On est dans quelque chose qui est transdisciplinaire, transversal, c'est-à-dire que je vais mobiliser ce dont j'ai besoin dans toutes les disciplines pour mener à bien ce projet. Un exemple, si je dois contacter un fournisseur parce que je veux essayer de négocier un tarif sur un produit, sur une matière première pour fabriquer mes produits, si je veux lui envoyer un mail, il faut absolument que le mail soit sans fautes d'orthographe. Sinon, ça ne fait pas sérieux pour le fournisseur. Si je veux négocier un entretien avec un journaliste, il faut qu'au moment où je l'appelle j'aie construit et argumenté mon discours. Si je travaille sur le budget et qu'il faut que je calcule le prix de revient pour savoir à quel prix je peux vendre un produit, je vais mobiliser des outils mathématiques, notamment l'utilisation de logiciels spécifiques comme des tableurs. Les disciplines viennent à l'appui de ce projet. » Même si l'option facultative ne rapporte pas de points au brevet, les compétences acquises sont indéniables. Rudy Alba se rappelle qu'une élève, si timide qu'elle fondait en larmes dès qu'elle disait ne serait-ce que « bonjour », a réussi, en fin d'année, pour son oral de brevet, à tenir « un quart d'heure devant un jury, sans aucune larme qui coule ; au moins, elle a gagné ça dans son année de mini-entreprise ».

Le 15 juin 2021, dans la cour du collège, une foule d'élèves, d'enseignants et des joueurs de tennis-fauteuil sont réunis pour un tournoi d'exhibition. Le fauteuil a été financé, il est siglé « On dit CAP ». Quelle fierté ! Le collège est en liesse et chacun y va de son discours avant d'entonner en chœur « On dit CAP », comme on crierait : « Hourra ! » Jeu, set et match !

Construire une fusée avec un ingénieur, un moyen de stimuler les vocations scientifiques

École élémentaire de Rangsdorf, Allemagne

Partis de Berlin, nous arrivons en train dans une petite gare de banlieue, si l'on en croit le temps de trajet et le nombre de liaisons quotidiennes. Nous sommes à Rangsdorf, à une petite trentaine de kilomètres au sud de Berlin, dans le Länd du Brandebourg, et c'est déjà la campagne. Une belle campagne verte et grasse. À un petit kilomètre de la gare, l'école élémentaire de Rangsdorf semble à l'image de la ville qui l'abrite, cossue et tranquille. Des bâtiments modernes mais accueillants, une chouette cour de récréation, bref, du classique. Et pourtant.

Martina Bukowiecki est une maîtresse d'école pas tout à fait classique. Dans sa classe de cinquième année, l'équivalent de notre CM2 (à Berlin et dans le Brandebourg, l'école primaire dure six ans, soit deux années scolaires de plus que dans les autres Länder), elle a mis en place des ateliers aussi originaux que stimulants. Diplômée en mathématiques et en physique, elle a toujours été passionnée par la technologie. En 2013, elle fait la connaissance de Sven Schrape, ingénieur en développement chez Rolls-Royce Motor Cars depuis 2008. La prestigieuse marque a deux sites de production et de recherche à une dizaine de kilomètres de l'école. De leur rencontre naît un projet pour susciter l'intérêt des enfants pour la science dans l'école. Sven Schrape va s'impliquer personnellement, et sa firme le suit. Les enfants lui rendent visite sur son lieu de travail et sont reçus dans les différents départements en observateurs privilégiés. L'entreprise a d'ailleurs signé officiellement un accord de coopération avec l'école en juin 2016. Sven Schrape intervient six fois par an à l'école et, le moins que l'on puisse dire, c'est qu'il s'investit à fond dans sa mission.

Aujourd'hui, Martina Bukowiecki a divisé sa classe en deux. Une partie va travailler avec Sven, tandis que l'autre va la suivre dans une autre salle de techno. Décollage imminent de fusées avec Sven, atterrissage d'œufs frais en douceur avec Martina dans la partie suivante. Martina partie avec sa moitié de la classe, Sven explique tout d'abord à son groupe les mécanismes à l'œuvre dans le lancement d'une fusée maison.

Après la phase de conception, les élèves devront faire décoller ou atterrir leurs engins, il y aura beaucoup de plans à concevoir, de savants calculs à effectuer, du bricolage et des observations concrètes à noter pour comprendre et décrire les phénomènes physiques en jeu. Les ateliers ne sont pas notés, et pourtant les élèves sont archi-motivés.

La salle est équipée de longs plans de travail, de panneaux perforés pour les outils au mur, d'étaux d'établi en fonte, bref, c'est un atelier de pros. Chaque équipe, en binôme, prend deux bouteilles en plastique, un rouleau de gros ruban adhésif, du papier, des crayons et hop, lancement de l'atelier « Conception et lancer de fusée ». Compte à rebours commencé.

Sven nous explique que son entreprise a un certain intérêt à mettre en place ce genre de partenariat, pour « faire face à la future pénurie de personnel qualifié ». Realpolitik un peu glaçante, mais vite démentie par son enthousiasme, sa patience et la liberté qu'il laisse aux élèves de faire par eux-mêmes, quitte à ce qu'ils se trompent. L'erreur est source d'apprentissage : « Lorsque les enfants ont la possibilité de réfléchir à la manière de résoudre un problème, cela génère de la motivation et beaucoup de plaisir, et ils ne se rendent même pas compte qu'ils sont en train d'apprendre. »

Tout le matériel a été acheté dans des enseignes de bricolage, au supermarché du coin ou récupéré à la maison, le but étant de se débrouiller avec des fournitures simples et de tout faire soi-même. Seules les rampes de lancement ont été amenées par Sven pour l'occasion. De tous les ateliers de l'année, c'est le plus excitant, l'acmé.

Sven a découpé deux bouteilles et montre aux élèves comment les imbriquer pour faire le corps de la fusée. Mais ici, Sven est l'ingénieur conseil, pas le boss : « Plus les enfants sont libres d'agir, plus ils s'amusent. Je ne donne pas d'instructions strictes à respecter pour obtenir un bon résultat. » Il va falloir ensuite équilibrer l'engin avec des ailerons découpés dans du carton épais, fabriquer un parachute, calculer la pression nécessaire pour faire décoller et voler l'engin. En fonction de la force du vent et du poids de la fusée, le travail de préparation est long et méticuleux. Les élèves vont même devoir mesurer l'angle du décollage à l'aide d'un quadrant, qu'ils vont fabriquer aussi. Tout le monde s'attelle aux différentes tâches avec bonne humeur, Sven répond aux questions, illustre ses propos, guide et regarde. Une fois les fusées fabriquées, chacun inscrit son nom dessus, et voilà tous nos ingés en herbe en route pour le terrain de sport voisin. Sven fait une démonstration *in situ*.

Les rampes de lancement sont installées, les bonbonnes d'eau nécessaires sont prêtes (mettre de l'eau dans les bouteilles donne un effet encore plus impressionnant), les parachutes sont fixés, les équipes se constituent. Petit cours sur les points cardinaux. Certains vont mesurer les angles à l'aide des quadrants fabriqués avec une feuille de papier et une ficelle alourdie d'une rondelle et attachée à la ligne 0°. D'autres vont procéder aux lancements. Toutes les mesures seront scrupuleusement notées, c'est du sérieux. Tout le monde met son casque de vélo et des lunettes de protection ; le terrain de sport se transforme en base de lancement.

Compte à rebours pour le premier décollage. Et ça marche ! La fusée s'élève haut dans le ciel, les exclamations de joie et de surprise fusent : « Waouh ! » On est presque surpris que cela fonctionne aussi bien. Le parachute s'ouvre, la fusée retombe où elle était attendue. Sven est aussi heureux que ses élèves : « Lorsqu'il y a des surprises pendant les expériences, cela provoque un effet “waouh” chez les enfants, et cet effet “waouh”, c'est notre but, car c'est de là que vient la motivation. »

Les lancements s'enchaînent, certains sont moins spectaculaires que d'autres, mais c'est à chaque fois une profonde satisfaction pour les enfants d'avoir mené à bien une telle expérience. Les équipes de mesureurs font leur travail avec autant de joie que de concentration : « Certaines fusées peuvent voler à plus de 30 mètres de haut et les enfants ne s'y attendent pas. Quand je vois la surprise sur leurs visages, c'est ce qui me motive moi aussi. »

Une belle façon pour cet ingénieur en développement de se ressourcer à l'enthousiasme de ses élèves tout en stimulant leur appétence pour la science. Mission réussie.

Pendant ce temps-là, dans une autre salle de techno, Martina conduit une autre expérience, finalement pas si éloignée que ça de ce qui se déroule sur le pas de tir.

Créer des airbags pour protéger des œufs

École élémentaire de Rangsdorf, Allemagne

Avec l'autre moitié de la classe, Martina a investi une salle de techno en sous-sol, conçue sur le même modèle que celle où Sven anime son atelier. Quand les enfants s'assoient sur leurs tabourets face à leur maîtresse, ils ont la surprise de découvrir derrière elle une grande boîte à œufs, pleine… d'œufs. Les œufs sont frais et la mission du jour va consister à leur fabriquer des airbags pour qu'ils soient lancés d'une hauteur de 5 mètres et tombent par terre sans se casser : « Vous pouvez construire quelque chose autour de l'œuf. Réfléchissez aux matériaux que vous utiliserez. Vous êtes libres de choisir ce que vous voulez utiliser, mais essayez de prendre le moins de matériel possible ou du matériel léger. À vos marques, prêts, partez ! » Énoncée comme cela, la consigne paraît extravagante. D'ailleurs, un murmure parcourt la salle... Les visages sont tendus, l'heure est grave. Et pourtant, l'atelier animé par Martina n'est pas noté non plus. Cinq airbags sont attendus, un par groupe.

Pourquoi leur demander d'utiliser le moins de matériaux possible ? Martina nous apporte la réponse : « L'industrie s'efforce toujours d'économiser les matériaux. Ils ne doivent donc pas essayer de construire une grosse structure mais faire, au contraire, une structure légère pour protéger l'œuf. » Pragmatique. Le matériel mis à disposition est le suivant : papier bulle, ballons, Scotch, sacs en papier, maniques, tout un tas d'ustensiles du quotidien, de la ficelle, de la paille, de la ouate, des coussins, et quelques boîtes en carton de récupération. Dès que les enfants se lèvent pour prendre les fournitures, les sourires reviennent et la pression semble être déjà un peu retombée. On est dans l'action. Sur un plateau, on pose des sacs, une boîte à œufs vide, des élastiques... Les enfants attrapent tout ce qui se présente. Martina leur conseille de ne pas se précipiter : « Faites un plan d'abord ! »

Tout le monde retourne s'asseoir, les feuilles se noircissent de schémas étranges. Au bout d'un moment, Hannah nous montre son plan. Cela ressemble diablement à une fusée bizarre, mais c'est un airbag : « Si, si, c'est marqué dessus. » Avec une de ses camarades, elle a d'ailleurs commencé à faire un prototype. Bon, pour le moment c'est une boîte en carton sur laquelle on a collé une couche épaisse de papier bulle, mais finalement c'est logique. D'autant qu'elles rajoutent des ballons qu'elles gonflent avec application pour venir les accrocher au papier bulle. Malin. Hannah explique qu'elle compte réaliser « une double boîte pour avoir plus de place ». Elle nous remontre son proto, la petite boîte sera glissée dans la plus grande. Elle est confiante. Martina aussi : « Ils apprennent à travailler avec différents matériaux et à se concerter. Ils travaillent ensemble à la résolution d'un problème tout en s'amusant. Cela change de ce que nous faisons habituellement en classe. »

Ce travail permet d'abord d'enrichir la réflexion : les enfants se retrouvent face à un problème et doivent trouver une solution. Mais, aussi, cela permet de booster leur créativité, car c'est également un exercice de travaux manuels qui favorise le développement de leur autonomie et de leur capacité d'adaptation. Face à une question concrète, l'enfant doit réfléchir à une solution et démontrer son raisonnement. Martina souligne qu'« ils peuvent faire des erreurs, ils ne seront pas sanctionnés, et comme ils travaillent en équipe les responsabilités sont partagées. Dans la vie de tous les jours, les enfants ont peur de dire quelque chose de faux. Là, ils peuvent faire ce qu'ils veulent. Ils gèrent leur temps, apprennent à s'écouter et travaillent dans un but commun. Il arrive que des œufs soient cassés quand nous faisons cette expérience, mais quand les enfants comprennent pourquoi, ils ont juste envie de recommencer pour s'améliorer. C'est un moment très fort pour une enseignante ».

L'équipe de Sylvia avance bien. Il a été décidé d'entourer l'œuf de ouate et d'un film plastique. Dans l'équipe de Lena et d'Isabell, on réfléchit encore, mais l'idée du parachute a été abandonnée. Une autre équipe entoure l'œuf, enfermé dans une boîte, d'une épaisseur incroyable de gros papier bulle, lui-même retenu par une autre couche de papier bulle plus fin. On gonfle les ballons, mais pas trop, ils viendront en renfort sur les côtés. Crash-test à droite, amélioration des airbags à gauche, et selon un modèle bien précis pour l'équipe de Lena et Isabell : « Notre devise est qu'il n'y a jamais trop de ruban adhésif. » Martina les regarde avec le sourire. Il va bientôt être l'heure de procéder aux lâchers d'œufs, attention à l'omelette !

Martina emmène tout le monde sur la plateforme d'un escalier extérieur. Nous sommes bien à 5 mètres du sol. Chaque engin est couvé par son équipe. Martina surveille les opérations depuis la terre ferme. C'est elle qui égrène le compte à rebours. Trois, deux, un, c'est parti ! Une des ingénieures en herbe ferme les yeux au moment de lâcher, une autre crie, une troisième calcule l'angle optimal en le portant à bout de bras… on lâche. Un bruit mat sur le bitume de la cour suivi d'un « Yeah » général. Mais qu'en est-il de l'œuf ?

Les membres de l'équipe dévalent l'escalier pour récupérer l'engin. On commence à le déshabiller de ses multiples couches de protection, la tension est à son comble. Suspense… L'œuf est entier ! Bravo ! Tout le monde applaudit. Les lâchers se suivent et ne se ressemblent pas. Les équipes font la queue dans l'escalier. Certains airbags sont surprenants. L'œuf de l'équipe de Lena et Isabell arrive sain et sauf. Joie, bonheur et applaudissements. Un autre œuf arrive entier. *Give me five !* Encore une équipe, le même bruit sourd quand l'engin touche le sol, la même fièvre en enlevant les couches et sous-couches de protection. L'airbag a-t-il fonctionné ? « *Oh, nein...* » Prisonnier d'une petite coque en aluminium, l'œuf a explosé : un beau jaune d'œuf gît sur le bitume gris, *RIP*. Martina rassure l'équipe. Un autre jaune bientôt répandu sur le champ de bataille, et c'est la fin de l'atelier. Les enfants se mettent en place pour une photo-souvenir avec leurs œuvres tandis que nous nous demandons bien, pour notre part, comment nous nous y serions pris pour inventer un airbag pour œuf.

Concevoir des solutions par soi-même, voilà une belle recette pour apprendre.

4. APPRENDRE À L'ÈRE NUMÉRIQUE : ENTRE NOUVELLE FEUILLE BLANCHE ET INTELLIGENCE ARTIFICIELLE

Cela fait plus de vingt ans qu'un vif débat divise la communauté pédagogique sur la question du numérique. Faut-il enseigner avec les outils informatiques ? À partir de quel âge et comment ? La Covid a tranché : en un temps record, la pandémie a bousculé les habitudes, généralisant le travail sur ordinateur. Certains professeurs, précurseurs dans le domaine, sont devenus de véritables phénomènes sur la Toile, obtenant des audiences records. Mais de plus en plus de voix s'élèvent pour que le numérique à l'école soit régulé et encadré afin de rester un outil.

Tableau interactif et gymnase Lü : comment intégrer les outils numériques aux apprentissages

Le Paradis des Enfants, Etterbeek, commune de Bruxelles, Belgique

C'est un immense établissement, au cœur d'une des 19 communes bilingues de la région Bruxelles-Capitale. Il a plu, le temps est gris, mais l'ambiance est joyeuse dans la grande cour de l'école. Brouhaha, rires, conversations, descentes de toboggan sur l'aire de jeux, la matinée commence. En face de l'imposant bâtiment principal, sous le regard indulgent d'un magnifique saule pleureur, de petites maisons sont disséminées comme autant de salles de classe indépendantes qui adoucissent l'ensemble. En traversant la cour où les enfants s'égaillent avant de se mettre en rang à la sonnerie, c'est la nostalgie de notre propre enfance qui se reflète dans les flaques d'eau dans lesquelles nous marchons.

Mais la nostalgie ne va pas durer bien longtemps, parce qu'ici le XXIe siècle a fait table rase des tableaux noirs et des craies, parce qu'ici on révise ses cours de maths, d'histoire ou de géo dans le gymnase avec le prof de sport, ballon en main et en courant. À l'école primaire Le Paradis des Enfants, depuis 2016, le tableau interactif est devenu la norme.

Nous sommes en classe de sixième, dernière année de primaire. Les élèves, sagement assis à leurs bureaux, rien que de très classique jusque-là, sortent leurs feuilles avec les chiffres romains tandis que Catherine Austraet, leur institutrice, pointe de son stylet un X suivi d'un V sur le tableau interactif lumineux, plus classique du tout, en leur demandant ce que cela représente : « 10 + 5, ça fait… 15, parfait. » Cinq dés à jouer vierges sont affichés à l'écran, suivis d'une somme en chiffres romains. Catherine tend le stylet à une élève qui se lève et va répartir le nombre de points correspondants sur les cinq dés à jouer. À chaque point, un bip. Exit le crissement de la craie, vive le numérique ludique et motivant.

Il n'y a pas que les enfants qui aiment se servir du tableau interactif, Catherine elle-même reconnaît qu'on peut enseigner beaucoup plus de matières différentes rapidement. Avant, ça demandait pas mal d'efforts quand on voulait faire des mathématiques. Par exemple, pour les tracés au tableau noir, il fallait préparer le tableau avant, là on gagne un temps fou et on passe très vite d'une matière à une autre. « Nous pouvons aussi faire des recherches sur Internet avec l'ensemble de la classe, et surtout nous avons tous les manuels sur l'ordinateur, il suffit juste de brancher l'ordinateur au tableau interactif et ensuite de donner son cours. »

C'est au tour de David de prendre le stylet pour résoudre une opération à main levée sur le tableau. Il s'agit de faire une addition posée en chiffres romains. David transcrit les chiffres romains en chiffres arabes avant de les additionner et de tracer de sa plus belle écriture « 333 ».

Encore moins classique, le cours de gym qui suit. Dans le grand gymnase de l'école, les élèves sont accueillis par leur prof de sport, Diego Molina Fueyo, qui les fait asseoir en rond pour leur expliquer comment va se dérouler la séance. Diego est enseignant en éducation physique à l'école depuis 2014. Avec son collègue, Adrian Garcia Calvete, ils ont suivi une première formation au numérique pour apprendre à gérer l'administratif et se sont pris au jeu. Quand ils découvrent le système Lü[1] au Canada, les deux profs sont conquis mais c'est un gros investissement. Grâce à l'école, à la commune et à l'association des parents d'élèves, ils réussissent à rassembler les fonds et en décembre 2017 le double projecteur du luxueux système Lü est installé dans le gymnase, outil numérique spectaculaire. L'école a été parmi les 15 premiers établissements dans le monde à avoir pu réaliser cette installation. Les enfants ont tout de suite accroché, en dehors des applications qui leur permettent de réviser les notions apprises en cours.

Diego explique qu'« aujourd'hui les tablettes et les enfants sont indissociables, il faut voir la réalité en face. Le système

Lü fait rentrer l'enfant dans un système de jeux vidéo dans lequel il est physiquement impliqué et actif. Il va travailler des matières, qui parfois ne sont pas divertissantes pour lui, de façon ludique. Dès qu'on entre en activité physique, on produit l'hormone du plaisir donc, d'une certaine façon, on va essayer de donner du plaisir à entrer dans ces matières, parfois contraignantes, en travaillant le développement complet et global de l'enfant. Pour certains enfants qui sont plus intellectuels que physiques, cela leur permet de prendre plus de leadership en valorisant leurs connaissances et en les mettant au service des autres pour arriver tous ensemble au but auquel le jeu les amène. Pour certaines matières avec lesquelles nous sommes, nous enseignants, plus ou moins à l'aise, cela nous permet de les travailler alors que nous ne l'aurions pas fait autrement. Par exemple, je peux projeter un cours de danse ou d'expression corporelle sur le grand écran et mon rôle va être de corriger les enfants. Aujourd'hui, ils ont vu tout ce qui concernait les chiffres romains, maintenant on va pouvoir retravailler ça en bougeant, pour qu'ils prennent du plaisir à jouer avec leurs connaissances ».

Diego pianote sur la télécommande, le grand écran s'allume sur l'accueil du système. Il lance une application, le cours d'éducation mathématiquement physique va pouvoir commencer. Sur l'écran, un timing de vingt secondes s'affiche avec une première question pour deux joueurs : « Comment écrire 275 en chiffres romains ? » Lenny et David, ballon en main, réfléchissent à voix haute avant même qu'une première proposition ne s'affiche sur l'écran : « CC, L, XX, V, OK », la réponse s'affiche, c'est la bonne. Ils lancent chacun leur ballon sur la réponse qui s'affiche pour l'un en rouge, pour l'autre en jaune. On passe à la prochaine question. Ils auront mis deux secondes à répondre. Lenny nous explique : « Là, on fait les chiffres romains comme on les a appris en classe et c'est chouette parce qu'on révise et on s'amuse en même temps. » Même sensation pour David, qui relève tout de même que « le but pour certains exercices étant d'arriver à un certain nombre de points le plus vite possible, forcément ça peut créer des rivalités. Mais parfois nous sommes en équipe et là, c'est différent ». En tout cas, la gym interactive ne laisse personne indifférent, si l'on en croit l'atmosphère joyeuse qui règne dans le gymnase.

D'ailleurs, on ne va pas passer toute la séance sur les chiffres romains. Si on lançait l'appli géographie ? Sur l'écran, une question : « Lesquels de ces pays se trouvent en Amérique du Sud ? » L'écran est scindé en deux parties. On joue l'un contre l'autre, que le meilleur gagne. Des noms de pays s'inscrivent sur l'écran. Un premier ballon est lancé sur le « Brésil », + 5 points. Super !

Plusieurs applis pour tous les niveaux, géographie, sciences, mathématiques, sport et un « combiné » qui permet de travailler les différentes matières ensemble, mais toujours avec un ballon à lancer sur l'écran pour valider sa réponse. On révise en exerçant sa motricité. « 14 - 8, ça fait... 6. » Lancer d'Eliott : « En classe, je suis plus concentré pour savoir ma leçon, ici c'est plus pour s'amuser tout en s'exerçant. C'est vraiment cool. » Un immense « Bien joué ! » s'affiche sur l'écran, avec un petit jingle. Bravo, Eliott !

Comme toute la classe ne peut pas jouer au Lü en même temps, Diego varie les plaisirs. Il fixe une tablette sur un pied pour le cours de cheval-d'arçons. Il filme les élèves au fur et à mesure qu'ils pratiquent l'exercice et leur montre le résultat immédiatement. Ainsi, chaque enfant visualise ses qualités et ses défauts et Diego peut lui expliquer comment il va pouvoir s'améliorer.

Daphné Piette, la directrice de l'école, reconnaît les bienfaits du numérique, mais rappelle qu'il « faut arriver à trouver un juste milieu entre les apprentissages numériques et les apprentissages dans la classe avec le professeur et le groupe ». Chacun des professeurs rencontrés a d'ailleurs insisté sur les dangers du tout-numérique. Parce que le numérique doit servir sans asservir, la relation, l'échange, le retour à l'humain et à sa dimension charnelle, physique, intellectuelle et intime sont indispensables. Parce que le numérique n'est jamais qu'un véhicule de l'apprentissage dont il faut mesurer l'usage. Catherine Austraet, la professeure principale de la classe, est plutôt dubitative quand on creuse un peu : « Je ne sais pas si le numérique favorise l'apprentissage. Les élèves se reposent un petit peu sur leurs lauriers parce qu'il y a beaucoup moins d'écrit, beaucoup de choses au tableau et, parfois, pas de trace écrite, ils ne prennent pas de notes. » Sujet sensible manifestement : « Ils utilisent tout, que ce soit les applications sur les téléphones, les photos, les applications telles que Facebook, Snapchat, etc., ils emploient tout… alors qu'ils n'ont pas l'âge, et ça crée d'ailleurs souvent des problèmes en classe et à l'extérieur, qu'il faut gérer en plus, et ce n'est pas toujours évident. » La directrice Daphné Piette en a également gros sur le cœur quand elle rebondit sur l'impact négatif de certains jeux vidéo, qu'elle perçoit à l'école : « Le problème, ce sont les jeux en réseau auxquels ils jouent à la maison. Ce sont parfois des jeux violents, virtuels... Quand ils arrivent dans la cour de récré, ils continuent à y jouer, mais en vrai, et donc on entre en résonance. Ce n'est plus vraiment de la récréation. Parfois, tous ces jeux en ligne amènent la violence dans la cour de récréation, et même jusque dans les classes. Et ça, ce sont effectivement les problèmes auxquels on doit être attentif dans les écoles. » Situation assez inextricable en effet : « Le travail à faire au niveau de la prévention avec les enfants, c'est de leur apprendre à distinguer le virtuel et le réel. Ce qui se passe sur Internet ou dans les jeux en ligne ne peut pas se reproduire dans la cour de récréation. »

Et justement, cette semaine, une volontaire de l'association Child Focus vient faire une animation de prévention au cyberharcèlement dans les classes de sixième. Nawal, c'est à vous.

Prévenir les dangers des réseaux sociaux : lutter contre le harcèlement et la pédocriminalité

Le Paradis des Enfants, Etterbeek, commune de Bruxelles, Belgique

Mi-mars 2021, la pandémie de Covid rythme encore la vie des établissements scolaires. C'est donc sur un écran, dans une classe de sixième (équivalent du CM2 en France), que Nawal Zouaoui anime aujourd'hui le séminaire « Child

Focus[2] ». La fondation Child Focus est née en mars 1998 à l'initiative de Jean-Denis Lejeune, le père de Julie, une des jeunes victimes du prédateur belge Marc Dutroux. Plus de vingt-cinq ans après, Child Focus, reconnue d'utilité publique, a des missions aussi nombreuses que les dangers qui guettent les enfants : retrouver les enfants disparus, lutter contre l'exploitation sexuelle des mineurs, en ligne et hors ligne, et œuvrer pour un Internet plus sûr. L'association propose également des formations pour les parents et les professionnels en contact avec les mineurs[3].

L'objectif de l'intervention du jour ? Faire comprendre aux enfants les dangers bien réels des réseaux sociaux. Sensibilisation et prévention sont les premiers remparts contre les agressions.

Catherine Austraet fait entrer ses élèves dans la classe. Tout le monde s'installe face à l'écran, où une jeune femme souriante apparaît. Derrière elle, un logo coloré : « Internet – Save – Fun ». Nawal Zouaoui présente l'association et lance une première slide.

Les règles du jeu :

1. **Tu visionneras 4 situations en ligne.**
2. **Analyse les images attentivement et marque sur le dessin ce que tu trouves « OK » et « pas OK ».**
3. **Fais également attention à l'arrière-plan et aux commentaires dans le texte.**
4. **Formule 3 conseils pour les personnages dans chaque situation.**

En préambule, Nawal demande aux élèves s'ils connaissent les réseaux sociaux. Un grand « oui » pour réponse, et tous les réseaux sociaux sont cités, sans exception. C'est encore une très grande majorité des enfants qui lève la main quand Nawal leur demande qui utilise ces réseaux. À défaut d'être surpris, saluons leur honnêteté. Nawal leur rappelle qu'« en théorie » ils n'ont pas l'âge pour y accéder – les réseaux sociaux sont interdits aux moins de 13 ans en Belgique. Les enfants sourient. Si leur honnêteté nous a réjouis, leur candeur nous effraie.

Nawal anime ces sessions depuis son arrivée chez son employeur, Proximus, un grand groupe de téléphonie belge, en 2019. Son employeur soutient Child Focus et offre à ses salariés la possibilité de se former et d'intervenir bénévolement dans les écoles pour sensibiliser les élèves au bon usage d'Internet. Nawal a tout de suite saisi cette opportunité : « Je travaille dans les télécoms et dans l'IT. Les nouvelles technologies sont inévitables, mais avec leur lot de dangers. Je ne vais pas sauver le monde mais si je peux juste ajouter une petite pierre à mon modeste niveau, c'est déjà ça. »

Derrière son écran, la formatrice propose aux enfants des exercices pratiques pour éviter de se faire repérer ou piéger par des prédateurs sur les réseaux sociaux.

La classe est découpée en quatre groupes, tout le monde est prêt.

À travers l'exemple de TikTok, il s'agit d'aider les enfants à prendre conscience qu'il ne faut pas donner trop de détails privés. Apparaissent sur l'écran deux dessins de faux comptes TikTok. Celui de @Souf.iane1 et celui de @Claraaa123, avec leurs photos de profil et quelques autres en compagnie de copains, les infos classiques sur le nombre de followers et de followings et un certain nombre d'autres données : date de naissance, adresse e-mail, nom de leur école, hobbies ou plat préféré.

Chacun des groupes travaille à identifier ce qui va et ce qui ne va pas sur ces deux illustrations. Les enfants relèvent tous immédiatement le fait que certaines informations permettraient de retrouver très vite Clara et Soufiane dans la vraie vie et d'échanger en dehors du réseau social.

Première recommandation : mettre son compte en privé. Certains sont déjà bien au courant : « Quand t'as un compte privé, t'as un petit cadenas… » D'autres, les rares à ne pas être sur les réseaux sociaux, ne voient pas l'intérêt de suivre ou d'être suivis : « Franchement, je trouve qu'avoir 850 fans dont je ne connais rien du tout, et être abonné à 332 personnes… c'est pas intéressant. » Mais les réflexes des plus habitués illustrent bien la nécessité de la prévention : « Mais moi j'en ai 1 000, des abonnés ! Ce qu'il faut, c'est pas mettre son vrai prénom et pas donner trop d'infos. »

Une fois que tous les groupes ont pointé les erreurs à ne pas commettre, Nawal avance d'une slide.

L'ASTUCE DE LA COUR DE RÉCRÉ

Astuces et conseils :

- Prends le temps de réfléchir avant de poster
- N'agis jamais contre ton gré, simplement pour obtenir des likes
- Applique l'astuce de la cour de récré

Euh, c'est quoi l'astuce de la cour de récré ? Nawal nous donne la réponse : « Avant de poster quelque chose, que ce soit une vidéo ou une photo, il faut se demander par exemple : si j'avais mis cette photo en plein milieu de la cour de récréation, est-ce que je serais à l'aise avec ça ? Si déjà, là, on n'est pas très à l'aise avec cette idée, alors il faut bien réfléchir au fait que quand on met une photo sur Internet, il y a beaucoup plus d'impact, beaucoup plus de personnes qui peuvent la voir et plus de chances qu'il reste des traces... » Simple. Efficace. Placer la cour d'école au centre de la Toile et redécouvrir l'importance de la carte et du territoire propre à chacun.

Autre recommandation : ne pas poster de photos ou de vidéos avec d'autres personnes sans leur avoir demandé leur avis.

Nawal diffuse ensuite une petite vidéo qui résume les recommandations de base. Une jeune héroïne, Little Hope, se propose d'aider les enfants à protéger leur vie privée en leur donnant des *tips* qui vont s'afficher sur l'écran pendant qu'elle chante : « Tout le monde connaît mon prénom, ça me fait une drôle d'impression, comme si dans le miroir c'était pas vraiment moi, je ne me reconnais pas… » À la fin du clip, Nawal reprend la parole pour demander aux élèves si certains d'entre eux ont déjà regretté d'avoir posté certaines photos ou vidéos. Apparemment personne, tant mieux. Nawal avance d'une slide et c'est la silhouette d'un fantôme blanc sur fond jaune qui apparaît :

« Est-ce que vous connaissez ce logo ?
— Ouiiiiiiiiii.
— Est-ce que certains ont un compte Snapchat ? »

Pas mal de mains se lèvent. Tout le monde est d'accord pour faire le même exercice que sur TikTok. Mais quand les élèves voient deux dessins représentant une jeune fille et un jeune garçon s'afficher sur l'écran, ils échangent des regards gênés, des murmures choqués, les bouches se pincent. Nudité esquissée, les deux dessins sont réalistes mais sans détails d'anatomie marqués. La jeune fille et le jeune garçon sont tous les deux assis nus, sur leur lit, dans un décor de chambre d'adolescent. Sur les murs derrière eux, pas mal d'indices peuvent permettre à une personne mal intentionnée de les identifier : leurs prénoms en lettres cartonnées, des photos encadrées… Sur le bureau derrière eux, un écran d'ordinateur ouvert avec des photos… Les deux adolescents tiennent tous les deux leurs téléphones portables au niveau de leurs visages, ce qui implique qu'ils ne font, pour le moment, qu'un selfie innocent. Sous chaque dessin, un extrait de la conversation qu'ils ont en temps réel sur le réseau social et quelques lignes qui expliquent le contexte dans lequel la « photo » a été prise : « Après quelques échanges de SMS, cet amoureux envoie ceci : “Dommage que je ne puisse pas te voir ce soir. Est-ce que tu veux bien m’envoyer une photo sexy ?” » Fou rire nerveux dans un groupe. Nawal laisse interagir les élèves avant de conclure : « Donc, petites astuces et conseils. On peut mettre des photos, mais pas sous pression. Personne ne doit vous obliger à mettre une photo et surtout pas une photo de vous en petite tenue ou tout nu. » Autant l’expression « petite tenue » passe bien, autant le « tout nu » ne passe toujours pas. Certains se cachent même les yeux derrière leurs doigts en l’entendant prononcer par un adulte. Si prudes et si fragiles.

Notre cameraman en pose sa caméra. Difficile pour les adultes que nous sommes d’imaginer ces enfants confrontés à une violence qu’ils sont incapables de conceptualiser. Nawal insiste : « Avant de poster quoi que ce soit... il faut bien réfléchir. » On se prend à rêver qu’une fonction « mise en attente » verrouille tout envoi de photo pendant plusieurs longues minutes et nécessite ensuite une confirmation avec rappel des risques, le temps pour le cerveau de prendre un peu de recul... et de se demander si le jeu en vaut la chandelle.

Une vidéo fictionnelle reprend tous les éléments vus, sur un texte slamé par un jeune homme. À la fin, un carton reprend les coordonnées de « Non au harcèlement[4] ». Pendant que les enfants regardent la vidéo, en off, Nawal nous raconte une réaction qui l’a profondément bouleversée :

« Lors d'une intervention, quand j'ai distribué les feuilles avec les captures d'écran d'Instagram, j'ai vu très vite qu'une petite fille avait les larmes aux yeux. Je suis tout de suite allée la voir, convaincue que cela faisait remonter des souvenirs douloureux. En fait, elle avait honte de ne pas pouvoir faire l'exercice parce que ses parents lui interdisaient les réseaux sociaux. C'était terrible parce que ses parents avaient raison et, en même temps, elle ressentait ça comme une exclusion. »

Dernier sujet : les jeux en ligne. Le logo de Fortnite s'affiche sur fond violet. Apparemment le jeu est aujourd'hui un peu moins à la mode, talonné par d'autres que les enfants énumèrent comme la liste de cadeaux adressée au père Noël. Le principe de ces jeux reste le même : on est là pour jouer mais on discute aussi en ligne avec d'autres. Même principe : les enfants voient s'afficher un écran qui illustre une scène d'action de Fortnite, avec d'un côté une conversation privée et de l'autre une conversation publique. Les différents participants échangent innocemment jusqu'à ce que Fortune_king2017 demande à Matteo1030 de le capter dans le *chat* privé. Pourquoi ? Pour « affiner notre stratégie ». OK. Il s'avère qu'ils habitent tous les deux dans la même ville, Fortune_king2017 aimerait bien qu'ils se rencontrent ou au moins qu'ils puissent se parler sur Snap ou sur Insta... L'échange qui suit, entre Nawal, les enfants et Catherine, est assez riche. Catherine se fait expliquer le jeu, qu'elle ne connaît pas du tout, ce qui permet aux enfants de redéfinir les règles. Les astuces et conseils s'affichent ensuite.

Au terme de l'heure de sensibilisation, c'est la récré. Les conversations vont bon train, le sujet a de toute évidence intéressé la classe, les rares détracteurs des réseaux sociaux comme les habitués. Parler de ça, c'est parler de soi.

L'École e-estonienne relève le défi évolutif

L'Estonie est l'une des sociétés numériques les plus avancées dans le monde et les études de l'OCDE révèlent que le système éducatif estonien a réussi à maintenir et homogénéiser le niveau global de ses élèves. C'est le pays où l'impact socio-économique est le plus faible sur les performances des élèves, qui obtiennent par ailleurs les résultats parmi les meilleurs d'Europe au PISA (Programme international pour le suivi des acquis[5]), baromètre du niveau scolaire mondial qui teste les compétences des élèves de 15 ans en lecture, sciences et mathématiques.

La révolution numérique de Lennart Meri

L'Estonie réussit à se libérer du joug de l'URSS en 1991. Le nouveau président, Lennart Meri, décide de lancer son pays vers le futur en se concentrant notamment sur la modernisation de l'école.

Né à Tallinn en 1929, fils d'un homme de lettres devenu diplomate pendant l'entre-deux-guerres, Lennart Meri grandit à Berlin puis à Paris, où il fréquente le lycée Janson de Sailly pendant trois ans. Il baigne dans la culture européenne et parle six langues dont l'anglais, qu'il apprend en écoutant ses parents le parler entre eux pour qu'il ne les comprenne pas. Quand l'Estonie devient une république socialiste soviétique en 1940, son père est envoyé en camp de travail à Moscou tandis que le reste de la famille est déporté en Sibérie. À 12 ans, Lennart Meri est bûcheron. Durant toute l'époque soviétique, il n'a jamais cessé d'écouter la BBC, en ondes courtes, sur une radio bricolée par ses soins. Revenu à Tallinn en 1946, il se réinvente, devient historien puis écrivain, traducteur, cinéaste et ethnologue, spécialiste des peuples du Grand Nord, et entre tardivement en politique avec la volonté affirmée d'inscrire son pays dans l'avenir. Ses expériences de jeunesse lui ont appris que la créativité doit être au cœur de l'éducation. Visionnaire, farouchement européen, il n'a pas seulement voulu changer l'école mais la société tout entière, grâce au numérique. Il fallait faire entrer l'Estonie dans une nouvelle ère, affirmer son indépendance et être capable de se défendre face au voisin russe.

À 63 ans, il devient président de la toute nouvelle République estonienne pour la première fois en 1992, puis il est réélu en 1996. C'est le début du World Wide Web. AltaVista, le premier moteur de recherche, en est à ses balbutiements. Le premier *browser*, Netscape, démarre et Lennart Meri pressent que c'est dans l'écosystème numérique mondial naissant que la révolution doit se faire. En 1996, il lance l'ambitieux Tiger Leap National Program, le « Saut du Tigre », dont le but est de moderniser le système éducatif pour créer les conditions d'un environnement adapté à l'ère de l'information. L'État finance des formations pour les professeurs et, petit à petit, l'enseignement évolue au rythme des nouveaux outils numériques.

Le « Saut du Tigre » s'appuie sur les premiers clubs informatiques créés dans les écoles estoniennes par des professeurs et étudiants passionnés. Mart Laanpere est l'un d'entre eux. Il enseigne alors à l'école de Kolga, petit village perdu dans la forêt, doté d'un seul ordinateur en 1989. Le « Saut du Tigre » lui donne des ailes et les moyens de voler. Mart Laanpere se rappelle que « c'était une période très excitante, porteuse de grandes innovations ». Grâce à une entreprise de télécommunications estonienne, on trouve le moyen de faire passer l'Internet sans fil dans les écoles. Très vite, le Web se répand dans tout le pays. Le soir venu, les écoles deviennent des centres ouverts pour apprendre aux citoyens, qu'ils soient étudiants, agriculteurs ou jeunes entrepreneurs, à se servir de l'informatique afin d'améliorer leurs conditions de travail et de vie. Une caravane fait même le tour des marchés pour sensibiliser le plus de monde possible. Pour Mart, depuis fondateur et ancien directeur du Centre de technologie éducative de l'université de Tallinn, le numérique est aujourd'hui si consubstantiel à l'enseignement en Estonie que la création de supports d'apprentissage, la protection des données, la gestion de flux RSS[6] et l'utilisation de logiciels de visio sont devenues instinctives pour beaucoup d'enseignants estoniens. Reste à apprendre aux jeunes à se servir de leurs téléphones comme de vrais ordinateurs, non seulement pour jouer mais aussi pour travailler et maîtriser le monde qui les entoure.

Dans ce petit pays, traumatisé et écrasé pendant longtemps par le voisin russe, le numérique est devenu l'arme de l'indépendance et en a fait un laboratoire technologique à ciel ouvert et en perpétuelle évolution.

Des matières comme le codage informatique ou la robotique font partie des cours, et ce parfois dès la maternelle. Mais chaque école est autonome et choisit sa dominante pédagogique. Le directeur d'établissement reste le pont entre les politiques éducatives gouvernementales et leur implémentation sur le terrain. Résultat de cette politique résolument numérique ? Alors que la pandémie de Covid sème le chaos dans le monde en mars 2020 – un milliard et demi d'élèves touchés à l'échelle mondiale – et fait exploser les chiffres du décrochage scolaire, les jeunes Estoniens et leurs professeurs hyper connectés sont déjà familiers de l'enseignement à distance. Depuis plusieurs années, tous leurs livres et cahiers d'exercices sont disponibles en ligne et l'école communique depuis longtemps en temps réel via E-Kool, une plateforme qui permet à tous de suivre la vie scolaire au quotidien (emploi du temps, bulletins, devoirs...). Les parents utilisent aussi l'application pour se tenir au courant des progrès de leurs enfants, vérifier leurs absences et suivre les événements de la vie scolaire.

Une école ultra-connectée

École de Kolga, Estonie

Dans le petit bourg de Kolga, au cœur du parc national de Lahemaa, le minibus scolaire dépose les enfants devant l'établissement. L'atmosphère de ce petit village de 500 âmes, à 60 kilomètres de Tallinn, est paisible, la campagne douce et verdoyante, les oiseaux pépient, à moins que ce ne soient les téléphones portables. Chacun des élèves qui sortent du minibus et entrent dans l'école[7] a, en effet, les yeux rivés à son écran. Dans les couloirs et dans les salles de classe, c'est pareil. Même au pays du miracle numérique, l'usage abusif des smartphones est au cœur des préoccupations des enseignants et des réflexions des chercheurs en sciences de l'éducation.

Priit Tammets, chercheur à l'université de Tallinn, professeur et responsable de l'informatique au collège de Kolga, est un des enfants du « Saut du Tigre ». Il était élève dans ce collège quand Mart Laanpere en était le directeur. Aujourd'hui ils travaillent ensemble à l'université et dans différents centres de recherche sur les technologies numériques et les sciences de l'éducation. Revenir enseigner dans ce collège permet à Priit de transmettre ses connaissances, mais aussi de mettre en pratique les recherches qu'il mène pour rendre les processus d'apprentissage encore plus efficaces, transversaux et intéressants grâce à la technologie.

Priit Tammets nous explique qu'ils ont essayé « d'instaurer des zones où le téléphone est interdit, où l'on peut respirer le bon air frais sans Wi-Fi », mais les élèves captent la 4G partout et « ces zones n'ont donc aucune utilité ». Alors que de nombreux pays ont interdit les portables au collège, à Kolga ils sont omniprésents. D'ailleurs, en attendant le début du cours, les élèves jouent en réseau dans la salle de classe. Sofia, 14 ans, en quatrième, nous précise : « On joue au jeu Among Us. On est en mission dans un vaisseau spatial et il y a des imposteurs qui veulent assassiner les autres. » À l'autre bout de la classe, deux de ses camarades sont justement en train de réagir à une attaque tandis que Sofia continue à nous expliquer le jeu : « Si on se fait attraper par un imposteur et qu'on se fait tuer, on devient un fantôme et les autres membres de l'équipage doivent essayer de démasquer les imposteurs. » Quand on est comme nous, en dehors du jeu, la scène est stupéfiante. Ils sont tous assis derrière leurs bureaux, le nez sur leurs écrans, mais interagissent en direct et de vive voix face à ce qui arrive à leurs avatars en temps réel dans le jeu. Une sorte de double niveau de réalité. Juste avant que Priit entre dans la classe, une élève vient de « mourir ». Sofia est accusée d'être l'imposteur et de l'avoir tuée mais s'en défend en souriant.

Au moment où Priit apparaît, le silence se fait, tout le monde range son portable. Nous ne saurons pas si c'est vraiment Sofia qui a tué sa camarade, mais en tout cas tout le monde a l'air de s'être bien amusé. Priit promène un regard circonspect sur ses élèves, qui s'installent sagement derrière leur écran de travail. Il annonce : « Aujourd'hui on va parler du streaming et des technologies web automatisées. Allez, ouvrez Classroom, ne perdons pas de temps. »

Priit enseigne à ses élèves comment fonctionnent les coulisses du monde numérique, du distributeur de billets au streaming, en passant par les flux RSS, le bitcoin ou la blockchain[8]. Sur le tableau interactif, le schéma d'une blockchain, justement. Priit pointe de sa baguette les différents blocs qui contiennent l'historique des échanges effectués entre les utilisateurs. Sensation étrange d'être entre deux mondes : celui de l'école traditionnelle où le prof invite ses élèves à suivre une démonstration au tableau, et celui de l'école du futur où la technologie est à la fois le sujet et le support d'étude.

Se servir de l'addiction des élèves aux écrans pour les faire travailler, et mieux, pour les faire bouger dans la vraie vie, c'est ce à quoi s'emploie Priit. D'ailleurs, pour le cours de géographie, tout le monde se retrouve dehors avec Priit et la professeure de géo. Il fait beau, le soleil brille... ça tombe bien, le cours porte sur la météo. Les élèves vont devoir se promener et observer, avec leurs téléphones portables, la forêt toute proche. Priit leur a envoyé un lien vers Discovery Trail, une application basée sur un navigateur GPS qui permet aux enseignants de créer des sentiers extérieurs interactifs. Les élèves n'ont qu'à l'ouvrir et suivre les instructions. Ils suivent alors des pistes balisées et répondent à des questions ou font des exercices à des points géoclôturés mais peuvent également recevoir des informations sur des objets ou des lieux particuliers. Le circuit du jour a été configuré pour étudier les phénomènes météorologiques.

Sofia et ses copines ont l'air dubitatives. A priori, c'est moins fun qu'Among Us, « personne ne meurt... *pff !* ». Mais les voilà tous partis, par groupes de deux. L'objectif est de trouver les bonnes réponses en entrant les données collectées sur l'appli. Ainsi, les élèves auront également contribué à alimenter la base de données pour affiner les prévisions.

Apprendre en ayant l'impression de jouer et en utilisant son téléphone est un premier pas, mais Priit veut aller plus loin. La technologie est partout, il faut que les élèves comprennent comment elle impacte tous les domaines de leur vie. Et la technologie permet aussi d'assimiler des concepts plus difficiles à appréhender. Les Estoniens viennent du futur.

La cyber-réactivité

École de Pelgulinn, Tallinn, Estonie

Récemment, un nouveau projet national a permis de créer des « smart classes » dans de nombreux établissements estoniens, afin d'échanger sur les meilleures utilisations du numérique. Cette idée a été développée par Birgy Lorenz, chercheuse à l'université de Tallinn, membre du Conseil consultatif sur la formation des enseignants à l'informatique, directrice du développement des TIC (technologies de l'information et de la communication) et professeure de technologie à l'école de Pelgulinn. Dans cet immense établissement qui va du primaire au lycée, Birgy Lorenz donne aujourd'hui un cours de hacking à des élèves de troisième. En plus de toutes ses autres fonctions, elle est aussi experte en cybersécurité.

Quand nous pénétrons dans la salle de cours, une vingtaine d'adolescents travaillent déjà derrière leurs écrans, telle une armée d'opérateurs back-office dans une salle des marchés silencieuse. Birgy sourit en passant derrière les élèves et en jetant un coup d'œil à leurs écrans. Elle s'adresse à l'un des étudiants : « Tu récupères les codes inscrits sur les œuvres d'art, tu as compris ce qu'il faut faire ? » Sur l'écran, différentes réinterprétations de *La Joconde* et de *Dora Maar* : « La Joconde à New York », « La Joconde qui sourit », « Dora

Maar-Winehouse »... Au milieu des faux, parfois grossiers, parfois habiles, les vraies œuvres. Sous chacun des tableaux, un code. Comment reconnaître les tableaux originaux ? Ces œuvres sont hébergées sur le site de T@rgalt internetis, plateforme estonienne qui regroupe du matériel pédagogique d'éducation aux médias, à la rubrique « Contrefaçon d'art ». L'étudiant clique sur le code affiché sous la vraie *Joconde* pour recueillir les données et continuer à mener son enquête.

Aujourd'hui Birgy teste les élèves pour un concours du ministère de la Défense. Une façon de repérer les jeunes talents qui seront peut-être les experts en cybersécurité de demain. Sur les écrans, des lignes de code défilent ; sur les claviers, c'est un festival de clics. Birgy commente : « L'Estonie a besoin de hackers parce que l'on a développé de formidables outils pour le travail et l'école, et il y a des hackers étrangers qui essaient de pirater nos systèmes. Donc, pour nous défendre, on a besoin de hackers, surtout des jeunes, qui ne sont pas encore formatés. » En dehors du contexte du concours ministériel, ces cours permettent surtout de sensibiliser les adolescents aux enjeux du numérique, bien au-delà de leur utilisation personnelle ludique.

Birgy explique que de la cinquième à la terminale, « on incite les élèves à s'orienter vers des métiers liés à l'informatique. On ne leur apprend pas seulement à créer un document Word, à savoir être discrets sur Internet ou à gérer leurs empreintes sur les réseaux sociaux. Nous sommes déjà à un niveau où l'on parle de législation, de futures opportunités d'emplois, de la direction que prend le monde ». Si l'on en croit la page ouverte sur un des écrans, les sujets abordés sont d'importance, effectivement. Un jeune homme travaille, toujours sur la plateforme T@rgalt internetis, sur les numéros d'identification personnels, combinaison unique de numéros attribuée par l'État aux citoyens. En Estonie, la moitié de la population vote par Internet et l'essentiel de la vie des citoyens se règle sur l'Agoranet, c'est dire l'importance de savoir analyser, comprendre et protéger les données personnelles. Sur l'écran du jeune homme concentré, 11 codes d'identification personnels ; seuls quatre sont incorrects. Première astuce pour l'aider à les retrouver, la page Wikipédia qui renvoie aux codes personnels. Pour la seconde astuce, il s'agit d'un indice a priori sibyllin : la date peut être impossible. Après avoir parcouru la page Wikipédia et assimilé la procédure de formation et de délivrance du numéro d'identification personnel estonien, l'étudiant repère les mauvais codes : 46708079991, car la somme de contrôle est fausse ; 48315169994, car le quinzième mois n'existe pas ; 08211049991, car il commence par un zéro ; 49702299994, car 1997 n'est pas une année bissextile et donc la date 29/02/1997 n'existe pas. Apprendre la grammaire du piratage est un vrai sujet de société effectivement.

Les élèves sont incités à chercher bien au-delà de la première information délivrée. Autre exercice, découvrir dans le code la trace cachée laissée par un pirate informatique. Soyons francs, les lignes de code source qui s'inscrivent sur l'écran ont de quoi rebuter la plupart d'entre nous. Mais pas Birgy ni son élève, qui peine pourtant un peu : « OK, alors maintenant tu vois en quoi consiste ton image. Elle est toujours codée avec des chiffres et des lettres. Et regarde, h3lLØ WØrLD, ce ne serait pas la signature que tu cherches ? »

Hello World, joli pied de nez pour un hacker.

Apprendre la chimie en réalité virtuelle

École Kuristiku, Tallinn, Estonie

L'école Kuristiku est une école municipale fondée en 1984, sous l'ère soviétique, rénovée et partiellement reconstruite en 2012. Presque 1 000 élèves, du primaire au secondaire, s'y initient, au-delà des savoirs fondamentaux classiques, aussi bien aux danses folkloriques et au théâtre qu'aux sciences, à la robotique et à la technologie, avec un objectif : réduire le temps assis en créant un environnement et des opportunités pour que les élèves bougent pendant le temps scolaire. L'établissement est situé à Lasnamäe, l'arrondissement le plus dense de Tallinn, non loin de l'aéroport international Lennart-Meri. Les bâtiments sont immenses et l'ensemble pourrait paraître froid si la couleur n'avait été ajoutée par petites touches bienvenues lors de la dernière rénovation. Nous pénétrons donc dans un établissement scolaire à l'allure convenue, qui abrite pourtant aujourd'hui le laboratoire de chimie le plus high-tech et déroutant du monde.

Dans le grand auditorium au parquet ciré et aux tentures d'un beau bleu royal, une quinzaine d'élèves de quatrième entrent en cours de chimie. Une trousse de réalité virtuelle est posée sur chacune des chaises soigneusement alignées sur quatre rangées. Chaque élève rejoint une chaise, ouvre la trousse et découvre un casque de VR (*virtual reality*, « réalité virtuelle ») et deux manettes. Le cours de chimie peut commencer.

Les élèves sont guidés par Kristen Tamm, chercheur en informatique et cofondateur de FutuClass, un jeu de plateforme développé en cocréation avec l'université de Tallinn, des professeurs de sciences, des écoles et des concepteurs de jeux. Aujourd'hui, Kristen leur fait découvrir le module « Équilibrage de la réaction ». Margit Onga, leur professeure de chimie, les observe. C'est la première fois que ses élèves entendent parler de la notion d'équilibre des réactions chimiques. D'habitude les jeux permettent de consolider leurs connaissances, là il s'agit de les faire réagir sans prérequis pour tester l'appli et la faire évoluer au besoin.

Le temps de prendre ses marques et d'explorer son nouvel univers virtuel, chacun des élèves tourne la tête et manipule les deux manettes. Que voient-ils dans leurs casques ?

Bianca nous décrit être « devant un grand pupitre où il y a des petites molécules. De chaque côté, il y a une espèce de distributeur de bonbons. Quand j'appuie sur un bouton, il en sort une molécule, je la récupère et je dois en mettre la même quantité de chaque côté du pupitre pour équilibrer ». Le distributeur de bonbons fournit des réactifs, molécules de calcium et de dioxygène, qui vont réagir pour former des produits. Louise actionne la manette Contrôle quand elle estime que l'équation est équilibrée. Déplacer des atomes ou des molécules, voilà une opération impossible à réaliser dans le monde réel. La beauté de la réalité virtuelle, c'est qu'avec un simple ordinateur on peut créer un laboratoire imaginaire qui ne coûte quasi rien et qui permet aux élèves de visualiser et de manipuler des constructions abstraites. D'ailleurs, Märt joue avec une molécule qu'il lance par terre, après avoir essayé de la manger. Heureusement que c'est virtuel, sinon il aurait avalé un peu d'hydroxyde de calcium, alcali corrosif et agressif pour les muqueuses. Margit Onga s'en amuse : « Les jeunes d'aujourd'hui sont un peu... différents, ils ont besoin d'adrénaline et ils adorent les jeux vidéo. C'est cet environnement qui fait toute la différence. Personne ne les dérange, comme cela peut être le cas en classe. Pendant le jeu, ils doivent faire des calculs pour franchir les différents niveaux et cela leur donne un sentiment d'accomplissement. Et sans qu'ils s'en aperçoivent, cela leur donne le goût de l'effort dans le travail. »

Un des élèves, Parviz, réussit à atteindre le quatorzième niveau, le plus haut. Il est fier de lui mais surtout ravi d'avoir commencé à décoder l'abstraction des équations chimiques en s'amusant. Les élèves débriefent avec la prof de chimie et Kristen : c'est une réussite.

La transmission inversée ou les « élèves-enseignants » en informatique

Gustav Adolf Grammar School de Tallinn, Estonie

Fondée en 1631, la Gustav Adolf Grammar School, 1 400 élèves du primaire au lycée, est une des plus vieilles écoles communales d'Europe, sise pour partie dans des bâtiments du XIIe siècle, au cœur du centre historique de la ville.

Un autre bâtiment, tout en verre et d'une modernité aussi impressionnante que chaleureuse, a été rénové en 2017 à quelques centaines de mètres du centre historique pour accueillir les primaires ; c'est une ville dans la ville que cette école ! Il y a encore de la neige sur la route quand nous arrivons ce matin-là devant le bâtiment historique, mais les toits de la vénérable institution se découpant sur le ciel bleu azur pourraient faire un fond d'écran parfait.

Nous sommes accueillis par Henrik Salum, le jeune directeur de l'école, qui nous conduit dans une grande salle de cours où deux adolescents concentrés sont assis derrière le bureau du professeur. L'écran de l'ordinateur, qui s'affiche sur le grand tableau tactile, est bloqué sur un message d'erreur. Le professeur attend, les yeux rivés à l'écran, tandis que les deux élèves tentent de résoudre le problème avant que leurs camarades ne s'installent pour le cours. « *Fatal error during installation.* » Les deux adolescents tentent autre chose mais, pour l'instant, ça ne fonctionne pas, il va falloir redémarrer le système.

Il n'y a pas de « cours d'informatique » proprement dit dans l'établissement, mais des élèves passionnés ont créé, avec une des technologues pédagogiques[9], un groupe de responsables informatique et des clubs d'informatique. Quand la direction de l'établissement s'est aperçue qu'en matière d'informatique les enfants nés à l'ère du numérique étaient parfois plus compétents que la plupart de leurs professeurs, elle a décidé de mettre leurs talents à contribution, si bien que l'école compte maintenant plus de 100 élèves responsables informatique qui interviennent au quotidien, en plus de leurs cours, pour régler les problèmes techniques rencontrés par les professeurs.

Dans la salle de cours, l'atmosphère se détend, le système a redémarré, ouf. Les deux adolescents placent un livre d'exercices sous la caméra, les exercices apparaissent sur le tableau tactile et le professeur peut les surligner sans problème, parfait. Les élèves entrent dans la salle et vont s'asseoir, le cours va pouvoir commencer.

Dans les couloirs, nous faisons la connaissance d'Eero Ääremaa, l'ancien directeur informatique de l'école, qui, à 20 ans, vient rendre visite au nouveau titulaire du poste. Comment diable ce tout jeune homme peut-il avoir été directeur de l'informatique de l'établissement ? L'incrédulité mâtinée d'un scepticisme bien français doit se lire sur nos visages, le directeur de l'école répond à notre question avant même que nous la formulions : « Depuis quelques années, nos responsables informatique sont choisis parmi les lycéens. Le directeur de l'informatique est toujours un élève de terminale, et on lui adjoint un élève de première qui va apprendre toutes les ficelles du métier pendant un an, à ses côtés. Ils travaillent ensemble, en binôme, et ils sont même payés pour leur travail. » Joonas Meister, le nouveau directeur informatique, nous explique son planning : « Je suis en terminale et en général je commence les cours à 9 h 50. Donc, j'arrive à l'école avant 8 heures, je commence par regarder si j'ai des nouveaux mails et si des enseignants ont besoin d'aide. Une de mes autres missions, c'est de chercher comment développer l'école dans tous les domaines liés à l'informatique, donc je propose des projets et je coordonne toute leur mise en place. » Les directeurs sont choisis parmi les étudiants les plus compétents en informatique, mais ils doivent aussi être capables de résoudre les problèmes administratifs, car ils sont intégrés à l'équipe de direction de l'école et, à ce titre, exercent un pouvoir de décision. Henrik nous précise que « ça leur fait une super ligne sur leur CV ». Aujourd'hui Eero, l'ancien directeur, est ingénieur système pour une plateforme suédoise qui automatise et rationalise les paiements bancaires pour les entreprises. Si vous regardez son profil LinkedIn, vous verrez « responsable informatique de la Gustav Adolf Grammar School, juillet 2017-juin 2019 ». Pas mal pour commencer sa vie professionnelle quand on sort de l'école !

Dans chaque classe, au moins un élève est susceptible de venir en aide au professeur en cas de problème informatique. L'avantage est double : le professeur n'a plus à se soucier des contingences techniques et l'élève est fier d'avoir pu enseigner à l'enseignant. Les étudiants en informatique bénéficient d'un accès aux dernières technologies, notamment en termes de robots et de caméras. Ils deviennent ainsi des acteurs du système éducatif. Et des accélérateurs de parité et d'inclusion.

Roulement de tambour : les « Digi-girls » !

L'école des « Digi-girls » : stimuler l'envie d'informatique pour les filles et par les filles

Gustav Adolf Grammar School, Tallinn, Estonie

Une seule équipe pédagogique gère toute l'école, répartie sur cinq bâtiments. Une seule âme qui vibre en un parfait équilibre, entre respect des traditions et accès aux nouvelles technologies pour tous et toutes ! Illustration parfaite du système éducatif du pays et de son audace revigorante. Henrik Salum, le directeur, le clame : « Vous pouvez vous équiper des outils les plus modernes, des meilleurs ordinateurs, mais ce sont toujours des gens qui les utilisent. Les projets les plus importants, les plus réussis, sont liés à l'humain. » À « l'humaine », en l'occurrence, puisque aujourd'hui c'est un club d'informatique de filles de quatrième qui vient animer un atelier pour les primaires.

LES DIGI-GIRLS

Les Digi-girls est un club strictement féminin, créé pour familiariser les plus petites aux nouvelles technologies tout en s'amusant. Marie, Marta, Iris et Marii sont les quatre Fantastiques du club des Digi-girls en mission d'évangélisation numérique. Souriantes et pleines d'une énergie ultra-communicative, elles s'adressent à leurs jeunes camarades, de classes et d'âges différents, avec bonne humeur et conviction. Marie Aamisepp se fait leur porte-parole : « Les Digi-girls, c'est un club d'informatique pour filles. Nous avons beaucoup d'étudiants férus d'informatique à l'école, mais la majorité d'entre eux sont des garçons. Donc on essaie d'initier les filles dès la primaire. »

Les quatre Fantastiques sont venues avec différents petits robots rigolos qu'elles vont faire programmer par les plus petites, une initiation en douceur mais dans le concret. C'est une des deux technologues pédagogiques de l'école, Ingrid Maadvere, qui a leur a donné l'idée d'encourager davantage de filles à faire de l'informatique. Les filles s'amusent avec les robots, réfléchissent, découvrent et se passionnent pour une technologie devenue outil créatif, sous la houlette d'Ingrid, qui observe, conseille et regarde la future génération de « technogirls » avec satisfaction.

Pédagogie par le numérique (mais pas que) : l'école bis ou le prof à la maison avec Yvan Monka

Professeur agrégé de mathématiques,
enseignant en lycée dans l'académie de Strasbourg,
EduTubeur et blogueur en mathématiques[10], auteur,
France

Yvan Monka partage son amour pour les mathématiques avec passion ! Sa popularité a explosé lors des confinements liés à la Covid mais ne cesse de grandir depuis, via sa chaîne

YouTube, son site « maths et Tiques » et ses ouvrages. Plus de 1 800 vidéos disponibles en font *LE* prof de maths préféré des jeunes. Plus de deux millions d'abonnés, et il suffit de regarder pour comprendre son succès.

La vidéo s'ouvre sur un petit air de flûte et apparaît Yvan Monka, la cinquantaine sympathique, petites lunettes et cheveux courts, en plan serré devant un tableau blanc : « Bonjour. Dans cette vidéo je te propose de voir tout le cours sur le chapitre des factorisations… » Pas d'effets de manche, le prof est sérieux, clair, simple, précis et les élèves l'adorent (leurs parents aussi).

Les vidéos sont divisées en chapitres sur lesquels on peut revenir sans avoir à regarder l'entièreté, on fait ce qu'on veut, le prof est à disposition. Mais attention à bien respecter la recommandation d'Yvan de « toujours regarder la vidéo avec un stylo, une feuille et une gomme pour faire l'exercice ». Pouvoir faire répéter au prof autant de fois que l'on veut ce que l'on n'a pas compris, quand et où on veut, c'est chouette, mais ça ne dispense pas de faire les exercices, bien au contraire. Apprendre, c'est faire.

Mise en scène minimaliste mais efficace. Pour tourner, rien de plus simple : Yvan utilise son téléphone portable, un micro-cravate, un projecteur LED, et confesse avoir juste mis un peu de temps au début pour régler le délicat problème du reflet du projecteur sur le tableau et décaler l'objectif afin de ne pas cacher ce qu'il écrit sur le tableau, mais depuis ça roule. Il couvre tout le programme de maths de la sixième à la terminale, pour les filières classiques et technologiques. Il a créé son site il y a plus de vingt ans, c'était alors une plateforme de ressources connue surtout des enseignants. C'est en faisant partie d'un groupe de travail académique sur les maths que l'idée a germé de tester des capsules vidéo. Il découvre celles de Julioprofe[11], un prof de maths colombien, 700 000 abonnés en 2014, et se dit : « Pourquoi pas ? » Il décide alors d'« aller jouer dans la cour de récré des élèves, YouTube ». La pandémie booste sa notoriété, le prof numérique déjà très populaire devient une rock star, le nouveau meilleur ami de ses élèves virtuels, de leurs parents et de leurs profs, qui recommandent ses vidéos.

Yvan nous explique qu'il est devant sa caméra exactement comme il l'est devant ses élèves : « La seule différence c'est qu'il n'y a pas d'interactivité et pas de gestion de classe, mais comme ce sont des cours que je connais bien, j'anticipe les difficultés et les questions. » Si, pour lui, « l'enseignement doit rester sérieux », il s'amuse volontiers des petits formats originaux publiés sur des plateformes telles que TikTok ou Instagram par certains de ses collègues : A'Rieka[12] qui « rappe » les maths, ou Wonder Womath[13] qui ajoute une petite touche de glamour à l'équation. Formats plus courts, notions moins développées mais qui éveillent la curiosité, suscitent la réflexion et peuvent faire aimer la discipline.

Pour autant, selon Yvan, rien ne remplacera jamais un prof devant ses élèves. Ses vidéos ne peuvent venir qu'en appoint du cours traditionnel, où l'on peut poser des questions, où il y a échange. Échange avec le professeur et échange entre élèves : « Il ne faut pas que les élèves passent tout leur temps sur leurs écrans. En Alsace, tous les manuels sont numérisés depuis quelques années et ça me fait mal de les voir en permanence sur leurs ordinateurs ou leurs téléphones portables. C'est mauvais pour la santé, cela affecte leur posture, leur concentration, leur sommeil. Ils ont besoin de la relation avec leur prof et entre eux. Quand ils travaillent en groupe, ils essaient de montrer qu'ils comprennent, qu'ils savent par rapport au regard des autres, cela crée une émulation. » Les vidéos sont complémentaires mais l'écran ne peut pas et ne doit pas remplacer la relation humaine : « Le numérique, c'est génial, mais il faut le gérer, se gérer, ne pas en abuser. Les maths se font avant tout sans le numérique. Quand on a un problème de maths à résoudre, une feuille, un crayon, une gomme et éventuellement une calculatrice, et hop, il faut y aller. Il faut faire soi-même, s'exercer. » Et travailler ensemble.

L'école où l'on apprend à parler l'IA

Collège Stendhal, Nantes, France

Mi-novembre, dans le quartier Nantes Nord, les sommets des tours d'habitation jouent à cache-cache dans le ciel un peu gris. Bus C2, arrêt « Chêne des Anglais », direction le collège Stendhal pour un atelier un peu particulier destiné à une dizaine de collégiens de troisième dans le cadre de leur parcours numérique. Nous sommes dans un quartier défavorisé de la ville, en zone REP+. L'établissement, édifié en 2010, est moderne, accueillant, doté de vastes espaces collectifs, de grandes salles informatiques et d'élèves courtois, encadrés par une équipe pédagogique engagée. Une belle réussite de mixité sociale. D'autant qu'ici l'offre culturelle vise aussi bien à ouvrir l'école sur le monde qu'à le faire venir à elle : théâtre, chorale, sport, dispositifs citoyens, travail sur l'orientation, langues, parcours d'excellence.

Le consul Henri Beyle, dit Stendhal, séjourna dans la bonne ville de Nantes en 1837. Nous y venons aujourd'hui en touristes tout comme lui, mais pour y apprendre les rudiments d'une langue qu'il faut maîtriser pour parler le monde : l'intelligence artificielle. Dans le rôle du professeur bilingue, Bastien Masse, chef de projet à la chaire Unesco RELIA (Ressources éducatives libres et intelligence artificielle) de l'université de Nantes et délégué général de Class'Code[14], association qui regroupe une cinquantaine d'acteurs de l'éducation et du numérique, de laboratoires de recherche, d'universités et d'institutions, et qui produit des ressources libres sur la pensée informatique, le codage et la culture numérique à destination des enseignants, des animateurs, des médiateurs et des parents.

Première étape : comprendre le fonctionnement de l'IA grâce au jeu de l'Hexapion

Cela fait quatre ans que Bastien Masse intervient deux fois par an, bénévolement, au collège Stendhal, dans le cadre du parcours numérique animé par Asmae Barkia, professeure de mathématiques, diplômée en ingénierie informatique et passeuse passionnée. La mission de Bastien : faire découvrir les codes et usages de son pays numérique natal pour que tout le monde puisse y évoluer en citoyen éclairé.

Avec les récentes avancées de ChatGPT[15] et l'aura sulfureuse qui l'accompagne, l'emploi du temps de Bastien est encore plus chargé que d'habitude mais il prend encore le temps de venir animer quelques ateliers dans des établissements scolaires, entre deux conférences. Parce qu'il aime bien ça et que cela lui permet de tester des activités et de partager avec les enseignants. Asmae est ravie, les élèves aussi.

Douze élèves de plusieurs classes de troisième entrent dans la salle de maths d'Asmae. C'est elle qui les accompagne tout au long de l'année pour leur parcours numérique, soit 12 rendez-vous. « Bonjour, bonjour. » « Bonjour, Bastien. » Timidité un peu émoussée, c'est la seconde fois qu'ils le voient. Et ils commencent à mieux connaître Asmae, qu'ils n'ont pas comme professeure en dehors de ce parcours numérique conçu pour celles et ceux qui envisagent de s'orienter dans cet univers. L'atelier va durer deux heures.

Asmae et Bastien ont déjà préparé la salle. Sur deux tables réunies, Bastien a mis en place un drôle de jeu, constitué de boîtes d'allumettes et d'un petit échiquier, et formé trois îlots de tables pour que les élèves travaillent ensuite en groupes.

Bastien présente le programme de la séance : « On va commencer par le jeu dont je vous avais parlé la dernière fois, et ensuite on va faire un petit travail de groupe pour lequel je vais vous demander d'inventer une histoire. Vous aurez carte blanche, je vous donnerai seulement quelques repères pour vous aider. Une fois que les bases des histoires seront faites, nous descendrons dans la salle d'informatique pour les compléter en utilisant une intelligence artificielle qui génère du texte et, quand elles seront bien ficelées, nous générerons les visuels, soit les personnages, soit les paysages. Je vous montrerai deux ou trois IA génératives d'images avec lesquelles vous pourrez faire vos visuels. Et la partie que vous attendez tous (sourire malicieux de Bastien), je vous demanderai à la fin de raconter vos histoires et de présenter ce que vous aurez inventé. Donc, travaillez bien en pensant que tout le monde va voir ce que vous aurez créé. Ça marche ? »

Pour le moment, ça décolle mollement le talon, mais le plus dur, c'est le premier pas. Les élèves rejoignent les deux tables où sont disposés 24 boîtes d'allumettes et un mini-échiquier en carton de neuf cases avec trois pions rouges (élèves) et trois pions bleus (la machine) qui vont se déplacer de part et d'autre du terrain de jeu. Au centre, une rangée de trois cases vides. Ce drôle de jeu, c'est l'Hexapion.

L'HEXAPION

Créé par Martin Gardner en 1962, l'Hexapion permet de présenter l'un des mécanismes d'intelligence artificielle appelé « apprentissage par renforcement », en « débranché », c'est-à-dire sans ordinateur. L'apprentissage par renforcement permet à un algorithme de se renforcer par l'expérience et de progresser en adoptant un comportement décisionnel optimal. L'appréhender sans ordinateur permet de comprendre les concepts qui sont à la base de la pensée informatique et de réaliser que ce sont des idées et des outils à notre portée de petit humain.

Lors de la séance précédente, grâce au jeu de Nim, à force de parties et d'essais, les élèves avaient cherché l'algorithme qui permettait de gagner à tous les coups. Mais, cette fois, l'idée est de laisser la machine trouver toute seule les règles pour réussir à gagner. Et la machine en question, ce sont les boîtes d'allumettes et l'échiquier en carton. Contrairement aux échecs, l'Hexapion est un jeu résolu, c'est-à-dire qu'il existe une stratégie permettant de gagner à coup sûr. Sur chacune des 24 boîtes d'allumettes, un dessin illustre l'une des configurations pouvant se présenter dans le jeu. Les 24 boîtes d'allumettes sont ornées de ronds bleus et de flèches de couleurs différentes qui représentent tous les mouvements de pions, les « coups » que « l'ordinateur » peut jouer. Ainsi, toutes les positions possibles ont été prévues et dessinées, pour pouvoir répondre à n'importe quel coup joué par l'humain. Bastien finalise la préparation du jeu. Dans chaque boîte, il dispose des perles des trois différentes couleurs, une couleur pour chaque case de la grille que la machine pourra jouer. Il met dans la boîte autant de perles que de coups possibles. Les boîtes d'allumettes représentent l'arbre des possibles. En enlevant les perles qui ne font pas gagner, la machine va couper les mauvaises branches. Le jeu est prêt. Pour voir à quoi ça ressemble, n'hésitez pas à consulter la vidéo « Comment expliquer aux élèves le fonctionnement des algorithmes et de l'intelligence artificielle » sur notre plateforme[16].

Les règles sont simples. Les élèves jouent les pions rouges ; la machine, les bleus.

1. Les pions ne peuvent se déplacer que d'une case en ligne droite.

2. Les pions ne peuvent manger l'adversaire qu'en diagonale.

3. Trois manières de gagner : amener un de ses pions sur la ligne opposée dans le camp adverse, ou prendre tous les pions de l'adversaire, ou bien bloquer l'adversaire (qui ne peut plus prendre de pions ou avancer à son tour).

Bastien précise : « Pour le moment, la machine n'a rien appris, donc elle est super nulle. Plus la machine apprendra, moins vous aurez de chances de gagner. » Comme l'IA a besoin de données pour jouer, la partie est forcément entamée par un joueur humain. Ryan est partant. Premier déplacement. Bastien joue le rôle de la machine : « Je vais jouer mon coup contre toi, sans réfléchir, en fonction de ce que me dit la couleur de la perle dans la boîte d'allumettes. » La machine/Bastien prend la boîte d'allumettes dont le visuel correspond à la position du pion déplacé par Ryan sur l'échiquier. Rappelez-vous, les trois petites flèches qui sont dessinées sur cette boîte décrivent les trois coups possibles que la machine a en réponse. Trois perles, trois choix de coups possibles : avancer les deux autres pions ou manger le pion de Ryan qui vient d'avancer. La machine/Bastien secoue la boîte et tire (au hasard, c'est une machine) une perle de couleur. Elle joue le coup indiqué par la couleur et pose la perle sur la boîte, en attente. Pour le moment, la machine ne sait pas encore si le coup est « bon » ou « mauvais ». Ryan joue. Son coup lui permet de gagner, ce qui signifie que le coup précédemment joué par l'IA était mauvais. Bastien élimine la perle. Si le coup joué par Ryan n'avait rien produit, ou avait fait gagner l'IA, Bastien aurait remis la perle dans sa boîte. En multipliant ainsi les parties, la machine/Bastien retire de plus en plus de « mauvaises perles ». À chaque perle enlevée, le savoir de la machine grandit. L'IA apprend petit à petit les réponses les plus favorables contre les joueurs humains. Les parties s'enchaînent. Chacun des élèves essaie. Chaque fois que la partie est terminée, par victoire ou par nul, l'échiquier est remis en place pour la partie suivante dans la position initiale : les trois rouges en bas, les trois bleus en haut.

Enzo entre en piste. Il a envie d'en découdre mais la machine a beaucoup appris depuis le début de la partie. Enzo rivalise d'audace, c'est risqué. Banco. Une manche pour l'humain. La machine retire une perle. Zakaria relève la manche suivante. Il réfléchit et joue. La machine mange son pion. Zakaria ne se démonte pas. Il se donne quelques secondes et joue un nouveau coup. La machine a compris qu'elle avait un adversaire sérieux. Zakaria regarde la machine dans les yeux. La machine prend lentement la boîte dont le visuel correspond à la position des pions sur l'échiquier. Il reste deux perles dedans. La tension monte. La machine choisit la perle jaune, joue le coup correspondant et mange Zakaria. Bien tenté, jeune humain.

Au tour de Ben Marlon. Joueur serein, il commence la partie tranquillement. La machine joue le coup orange et pose la perle sur la boîte en attendant le verdict. Ben Marlon rejoue. Bastien est ravi : « Là, c'est un coup intéressant parce que, dans cette boîte, je n'ai qu'une perle, qu'un coup à jouer. » La machine joue, Ben Marlon est bloqué. Bastien lui explique : « Tu as perdu. Ce qui est intéressant ici, c'est que c'est ton coup d'avant qui était déterminant. Là, je ne peux pas retirer de perle, ce qui signifie qu'à partir de ce coup-là la machine sera toujours gagnante. » Ben Marlon veut retenter sa chance. OK. Premier coup, plus qu'une perle dans la boîte correspondante, pion mangé. Deuxième coup… second en l'occurrence. La machine/Bastien explique : « Même situation que tout à l'heure. Plus qu'une perle dans la boîte ; là, c'est orange. Alors j'avance puisque tout à l'heure la machine a appris que, sur cette position, quand c'était jaune, je perdais. Donc là, la machine prend la bonne décision et tu es encore bloqué. » La machine/Bastien sourit, Ben Marlon moins. Yulduz accepte de le remplacer. Elle est un peu réservée. La machine/Bastien la rassure : « Les boîtes où des perles sont sorties, c'est là que la machine a le plus appris. Techniquement, elle va prendre la bonne décision. Donc, tu peux jouer de façon plus créative si tu veux, en allant vers des positions qui n'ont pas encore été vues. » Les copains sont aussi concentrés que Yulduz. Tout le monde a bien compris que la machine était de plus en plus dure à battre. Yulduz joue et finit par gagner. Tout le monde applaudit.

Bastien développe : « Il faut que la machine perde à peu près 11 parties pour atteindre l'algorithme optimal, ce qu'on appelle, en mathématiques ou en informatique, la convergence. C'est un peu le paradoxe avec l'intelligence artificielle : pour apprendre, il faut qu'elle se trompe, qu'elle fasse des erreurs. »

Nouveau défi lancé par Bastien : comment faire apprendre la machine sans enlever de perles ? Autrement dit, sans punir. Une autre approche pédagogique.

« Quelqu'un a une idée ?

— En la récompensant chaque fois qu'elle prend une bonne décision.

— Bravo ! »

Même si cette méthode ne sera jamais optimale, cela permet de lui faire apprendre quand même : « Par exemple, pour les bons coups qu'elle a faits quand elle a réussi à vous battre, je rajoute une perle de la même couleur, parce que le dernier coup, celui qui l'a fait gagner, c'était un bon coup, une bonne décision, et je vais lui dire : "OK, ça, tu continues et tu vas essayer de le reproduire." Je vais rajouter une perle de la couleur, ou je pourrais même décider de faire une nouvelle règle et de rajouter 10 perles. Alors, forcément, quand je vais prendre ma boîte, il y aura une perle bleue, une perle orange et 10 perles jaunes. Donc j'ai beaucoup plus de chances de tomber sur la perle jaune qui fait le bon coup. Mais… j'aurai toujours une chance de me tromper, cela ne sera pas optimal, pas parfait, mais la machine sera quand même bien meilleure. Et en fait, l'IA, c'est que des statistiques comme ça. On n'a jamais quelque chose qui sera absolu parce que l'on n'est pas forcément capable de connaître tous les coups. Au jeu d'échecs, on n'a pas tous les coups et pourtant l'IA joue très bien aux échecs… » La comparaison fait mouche. Échecs et maths. Bastien précise qu'« il faut trouver le bon équilibre entre rajouter juste une perle en plus, en rajouter cent, en rajouter mille ou un million… L'apprentissage par renforcement est utilisé dans beaucoup d'architectures en IA ».

Bastien est heureux d'avoir pu montrer aux élèves une IA « réelle », en boîtes d'allumettes. À titre d'exemple, avant de passer à la suite, il leur suggère de faire la même chose avec le Tic-Tac-Toe, le Morpion, en précisant avec gourmandise qu'il leur faudra 275 boîtes d'allumettes pour réaliser l'exercice.

Bastien conclut cette première étape : « L'apprentissage par renforcement est un des concepts fondamentaux de l'intelligence artificielle, qui est utilisé dans des systèmes plus complexes, par exemple pour permettre à des robots de se repérer dans l'espace, d'éviter des obstacles ou d'optimiser leur vitesse. On demandera au robot de se repérer avec sa caméra, peut-être d'aller le plus vite ou le plus loin possible et, chaque fois qu'il rentrera dans un mur ou dans un obstacle, il se dira que ça c'était une mauvaise décision, qu'il ne doit plus refaire cette erreur et explorer d'autres possibilités. Faire ce genre d'expérience sans ordinateur et sans logiciel permet d'expérimenter et nous rapproche de la définition de l'intelligence artificielle, qui est un système, une théorie, un logiciel ou un algorithme qui simule l'intelligence humaine. Quand on joue contre une machine, on a l'impression qu'elle est intelligente parce qu'elle est imbattable. Voir les boîtes d'allumettes fait que l'artifice tombe rapidement, c'est la première porte qui ouvre la remise en cause de l'information. »

Deuxième étape : expérimenter l'intelligence artificielle générative

Asmae demande aux élèves de sortir feuilles et stylos et de se répartir en trois groupes. Tout le monde s'installe. Bastien leur rappelle la consigne : « Vous allez devoir inventer une histoire par groupe. On laissera ensuite l'IA explorer la suite ou vous donner des idées pour la développer. Créez les personnages que vous voulez, en n'oubliant pas que nous allons tous les voir à la fin. Il faut que vous pensiez au moins à deux personnages, réels, imaginaires, monstres... ce que vous voulez. Un lieu, un paysage, un endroit. Et une intrigue, il faut qu'il se passe quelque chose. Une scène entre vos deux personnages. Vous devez décrire ces personnages pour que l'IA visualise comment ils sont habillés, à quoi ils ressemblent, dans quelle époque on est, et pareil pour le lieu. OK ? »

Bastien explique que l'observation du mécanisme derrière les IA génératives, sur le modèle de ChatGPT par exemple, permet de se rendre compte qu'il y a une marge d'erreur, et donc d'exercer plus facilement son esprit critique : « Ce sont des systèmes qui paraissent plus intelligents, qui peuvent argumenter, donc on doit expliquer qu'il n'y a pas de raisonnement, que c'est de la distribution mathématique, statistique, des mots, et que ça fait illusion parce qu'en plus c'est du langage. Ils doivent développer cette capacité à avoir les connaissances qui leur permettent d'examiner la réponse et de faire preuve d'esprit critique pour la remettre en cause et l'évaluer. » Pour l'IA comme pour les élèves, arriver à de bonnes idées nécessite d'en produire aussi de mauvaises.

Dans le groupe d'Enzo, Ryan, Ben Marlon et Yulduz, on entend parler du Facteur Cheval, d'un ours qui danse et d'un bateau. Les idées fusent mais peinent à se fixer sur le papier. Il sera aussi question de montagnes jumelles qui se font attaquer par un dinosaure mécanique, d'une autruche et d'un panda roux. Enzo a envie de rendre fou le logiciel, va-t-il y arriver ?

Dans le groupe de Baghdadi, Firas, Aymen et Rayane, un homme habillé tout en noir fuit la guerre. Dans un port de la préhistoire, il rencontre un capitaine, très grand, avec une belle moustache.

Dans le groupe de Zakaria, il a été décidé de s'inspirer de personnages réels. Les mésaventures d'un de leurs profs avec le CPE. Bastien sourit mais leur explique que le logiciel, contrairement à eux, ne sait absolument pas qui est monsieur X, leur prof, et en quoi le fait d'être professeur de SVT nourrit l'intrigue. Il faut ensuite décrire le CPE et raconter la situation, la mésaventure dont ils s'inspirent, de telle façon que l'intelligence artificielle puisse la développer. OK, la scène va se passer sur le terrain de foot. Non, sur le toit du collège. À moins que cela ne soit plus rigolo à la piscine municipale ?

Dans le groupe de Baghdadi, le port est devenu une plage. Le capitaine regarde l'homme habillé tout en noir depuis son bateau, mais ne veut pas venir le sauver. Les aventures de monsieur X et du CPE ont du mal à décoller. Le réel est toujours plus dur à décrire. Mais il a été décidé que le prof serait habillé d'un manteau fuchsia, avec des nuances de gris et de vert. Un peu de bleu aussi. Zakaria voudrait peut-être devenir tatoueur, tout s'explique. Les aventures de l'homme tout de noir vêtu ne s'arrangent pas. Le capitaine lui avait promis de l'emmener en Espagne, loin de la guerre, mais il demande trop d'argent. Du côté du panda roux, en revanche, ça va mieux. Sa rencontre avec l'autruche promet d'être explosive. Il est d'ailleurs prévu dans le script initial que cela se passe sur des montagnes terroristes, pendant qu'ils jouent sur une PlayStation. *Glurp*. Bastien sourit en leur disant qu'ils vont certainement se voir censurer certains mots. Bastien précise : « Sur MidJourney, il y a à peu près 2 000 mots qui sont censurés. » Les discussions continuent encore quelques minutes, et quand les scripts sont à peu près ficelés, tout le monde descend dans la salle d'informatique.

Grande salle au rez-de-chaussée, équipée d'ordinateurs et d'écrans. Deux écrans par groupe. Sur l'un, travail sur les personnages ; sur l'autre, travail sur le lieu et la situation.

Bastien enjoint aux jeunes de se connecter à Vittascience, de cliquer sur « IA », puis « Da Vinci ». Ensuite il faut taper son histoire en commençant par « Raconte-moi l'histoire de… ». Et ceux qui travaillent sur les personnages peuvent demander à l'IA de faire une description « d'un panda roux et d'une autruche qui jouent à la PlayStation », par exemple.

Vittascience[17] est une plateforme éducative qui permet d'apprendre le codage à travers des expériences alliant numérique et concret. Les élèves rentrent leurs descriptions, leurs « prompts » – instructions données à l'IA, en fonction de ce sur quoi ils doivent travailler, l'intrigue, les descriptions des personnages ou du décor – pour générer ensuite des visuels. VittaBot, le petit chatbot pédagogique, se met aussitôt au travail.

Bastien et Asmae passent voir chacun des groupes. Bastien explique à Zakaria pourquoi certains mots ou groupes de lettres générés par l'IA sont en bleu ou en rose : « C'est un modèle de texte, c'est vraiment ChatGPT derrière, donc son rôle c'est de deviner des mots. Si tu demandes à quelqu'un de raconter une histoire et que son premier mot c'est "Il", tu vas avoir envie de continuer par "était une fois". En gros, ce modèle, c'est ce qu'il fait, il choisit les mots qui sont probables de façon statistique. Si tu cliques sur ce mot, tu vois qu'il avait d'autres choix mais qu'il a choisi celui-là, en fonction des statistiques. » Si certains mots ou sous-mots sont surlignés en bleu, c'est qu'ils représentent des séries de caractères auxquels le modèle a été exposé et ils sont donc plus susceptibles d'être compréhensibles par l'utilisateur. Les mots ou syllabes surlignés en rose représentent des éléments textuels inconnus au modèle et donc plus aléatoires. Bastien précise : « C'est ce qu'on appelle les *tokens*, des mots, des syllabes, des unités élémentaires de texte ou de code exploités par un modèle pour apprendre une tâche. » Le modèle de VittaBot est construit à partir de l'algorithme Deep-Q-Learning, qui combine des réseaux neuronaux (comme ceux qui sont à l'œuvre dans le cerveau humain quand il reçoit et traite l'information) avec des outils d'apprentissage par renforcement pour apprendre à prendre de meilleures décisions.

Quand Bastien part voir un autre groupe, Zakaria demande à VittaBot de lui expliquer précisément ce que sont les tokens, et voici sa réponse :

« Les tokens sont des éléments textuels uniques qui sont utilisés pour l'analyse et le traitement des données. Dans le cadre d'un modèle pour générer du texte, ils représentent des "mots" mais peuvent être divisés en sous-éléments, tels que des mots clés, des phrases ou même des groupes de mots pour fournir des informations plus précises aux algorithmes d'apprentissage automatique.

— Merci VittaBot.

— Je vous remercie ! Je suis à votre service pour toute autre question que vous pourriez avoir. »

VittaBot s'avère un assistant poli, rapide et compétent, mais sans grande originalité.

Dans le groupe d'Enzo, les descriptions du panda roux et de l'autruche proposées par l'IA sont amusantes mais bien loin de ce que les élèves avaient en tête. Bastien sourit : « Comme les intelligences génératives produisent à notre place des réponses intelligentes, de belles images, de belles vidéos – c'est en tout cas l'impression que l'on en a –, les élèves se disent qu'il n'y a plus de place pour eux en tant que créateurs et qu'ils ont le résultat final de ce qu'ils voudraient. Si on étend ça aux devoirs, à une rédaction, on va avoir cette impression. C'est faux. D'une part parce qu'il faut conserver cet esprit critique et se demander si c'était vraiment *ce* résultat qui était attendu et que même si cela semble satisfaisant, est-ce que je n'aurais pas voulu aller plus loin ? Ça, c'est plutôt le travail qu'on fait en amont : définir ses objectifs avant d'utiliser cet outil, ce que je cherche, pourquoi je le fais, et ce que j'ai envie d'atteindre. Ensuite on utilise un outil pour atteindre cet objectif, et si le résultat ne convient pas, on va travailler avec cet outil même si cela implique de rentrer dans de la logique conversationnelle. Et, paradoxalement, cela ne retire pas la créativité, ça met même une exigence supplémentaire pour la créativité. Ce que produisent ces systèmes-là, c'est quelque chose de globalement satisfaisant, mais c'est de l'intelligence moyenne, un peu molle, pas très créative, pas très drôle non plus, et on peut avoir envie de rajouter de l'individualité et de la créativité là-dedans. »

Petite astuce, en temps réel, pour rajouter de la fantaisie au texte : augmenter le pourcentage « aléatoire » (sur l'onglet à droite de l'écran), le modèle devient ainsi moins déterministe et répétitif. Effectivement, le panda roux s'éloigne un poil de sa description Wikipédia mais reste encore classique, presque décevant. On peut aussi changer de modèle : lui demander d'écrire dans une autre langue, de rédiger le texte sous forme de poème ou de haïku, en hiéroglyphes... bref, c'est rigolo mais cela ne fait guère avancer nos histoires pour le moment. Il faut fournir plus de données, plus de mots à VittaBot pour qu'il puisse générer des combinaisons un peu plus audacieuses. Bastien conseille : « En gros, c'est comme si vous deviez décrire quelque chose à une personne qui est dans une autre pièce et qui ne sait pas du tout de quoi vous lui parlez. »

Pour le moment, la plupart des prompts sont encore trop succincts et maladroits, le chatbot s'adapte. Enzo interpelle Bastien : « Monsieur, je lui ai écrit "des montagnes très méchantes qui explosent" et il me répond que "ce n'est pas recommandé" et que "ça peut être dangereux". Ça se fait pas. » Bastien et Asmae échangent un sourire. Bastien s'applique à réexpliquer la façon dont le modèle fonctionne : « Ce que fait un modèle de langage, c'est qu'il prend ta phrase de base et il se dit : quels sont les mots probables qui peuvent être mis après ça ? À chaque fois, il prend des micro-décisions, mais quand il génère une phrase comme ça, cela ne veut pas dire qu'il a "compris" ce que tu lui as demandé. Il essaie juste de placer statistiquement des choses qui vont bien les unes derrière les autres. » Le groupe d'Enzo s'efforce de rajouter des détails, de décrire de façon plus précise la scène et les personnages. VittaBot a enfin de la matière pour travailler. Dans chacun des groupes, les consignes sont intégrées, les intrigues et personnages commencent à s'étoffer. Un peu.

Une fois que tout le monde a suffisamment de matière pour générer des visuels, Bastien propose à la classe d'ouvrir un nouvel onglet sur Google : Zoo Replicate, outil en *open source* qui permet de générer des images à partir de textes descriptifs. Chacun entre ses descriptions et les premières images surgissent. C'est drôle. Le modèle permet de choisir son style : réaliste, manga, bande dessinée... Le capitaine au long manteau noir est assez réussi, le panda roux sur sa montagne qui explose, beaucoup moins. Le logiciel a intégré la couleur, mais c'est la montagne qui est rousse. Enzo fulmine. Dans le groupe de Zakaria, les images du prof de SVT qui se bat dans la piscine avec le CPE dans un décor médiéval arrivent enfin... Peut mieux faire. Le panda finit par être roux, le capitaine au long manteau noir regarde s'éloigner un bateau sans exprimer la moindre émotion. Il y a du potentiel mais beaucoup de marge de progression.

Parce que les algorithmes sont partout, notamment sur les réseaux sociaux, les élèves semblent attendre de la machine qu'elle propose, qu'elle les surprenne et crée à leur place, de façon spontanée. Ils sont déjà habitués à consommer sans s'interroger.

Or, quand on choisit un outil, comme le souligne Bastien, c'est « parce que l'on connaît ses capacités et ses limites » : « L'apprentissage, l'accompagnement sur les concepts fondamentaux, ça sert à ça. » Il illustre ce propos grâce à une image probante : « Si je laisse quelqu'un tout seul dans un grand magasin de bricolage pour qu'il construise une maison, il va être perdu. La plupart des gens vont être perdus. Pourtant ce sont des outils efficaces, mais il y en a trop, on ne sait pas à quoi ça sert, comment les utiliser. Et la première chose, c'est de choisir des architectures, des outils qui sont conçus pour mon usage. La difficulté avec l'IA, c'est que c'est une question de compromis. Il y a des architectures pour lesquelles je ne peux pas remonter tout le fil d'explication, en tout cas pas de manière satisfaisante pour l'intelligence humaine. Donc, parfois, on va avoir besoin d'efficacité et peut-être pas d'explicabilité, et parfois on va avoir besoin de justifier, de remonter, quitte à faire des compromis sur l'efficacité. Mais on doit faire un choix. Les intelligences génératives sont géniales mais la non-reproduction, la fonction aléatoire qu'il y a dedans, fait que c'est difficile. Si j'ai 30 élèves et que je leur donne une consigne, qu'ils font un prompt et que j'ai 30 réponses différentes, c'est un frein parce que l'on voit bien que je n'aurai jamais la possibilité d'expliquer pourquoi j'aurai eu cette réponse. »

C'est intéressant de décoder la façon dont l'intelligence de la machine fonctionne, pour se rendre compte que ce n'est pas de l'intelligence mais une puissance de calcul. Paradoxalement, explorer le fonctionnement de l'intelligence artificielle donne parfois la sensation étrange d'être en train de se regarder réfléchir pour comprendre ce que l'on fait et pourquoi. Troublant.

Alors, qu'est-ce que l'intelligence artificielle change et va changer dans le rapport à l'éducation ?

Intelligence artificielle et éducation

Bastien rappelle que l'IA date des années 1950 : « C'est une longue histoire avec des accélérations et des ralentissements, et on la retrouve déjà partout et de manière invisible. Il faut rendre ces éléments-là visibles, perceptibles et identifiables pour que l'on puisse se dire : "Ah, là, attention, l'information qu'on est en train de me donner, c'est peut-être une machine qui est en train de me la donner et elle n'est potentiellement pas fiable." » Première gageure pour l'éducation : réussir à garder son esprit critique.

Puis ces outils, en répondant aux tâches simples et intermédiaires, permettent de gagner du temps. Mais qu'est-ce que je fais de ce temps ? En éducation, pour les enseignants et pour les élèves, c'est aussi cette question-là qui se pose. Bastien argumente : « Je peux gagner du temps pour rédiger mes exercices, pour corriger mes devoirs, générer des contenus, individualiser mes cours, mais qu'est-ce que je dois faire de ce temps-là et sur quoi je le réinvestis ? Et c'est là qu'il faut comprendre quelles compétences ont vraiment ces systèmes-là. Ce que fait bien une machine, c'est l'automatisation, le traitement des données, le traitement algorithmique, mais les IA sont spécialisées, elles font très bien une seule chose. ChatGPT sait générer du texte, cohérent avec le prompt qu'on lui a donné, mais il ne sait rien faire d'autre. Il faut comprendre le fonctionnement de ces algorithmes pour les utiliser comme des outils et travailler les compétences qui sortent de ce champ-là. Les compétences dites du XXIe siècle :

la communication, la collaboration, l'esprit critique et la créativité, qui sont les compétences les plus fondamentales pour se distinguer de la logique machine. »

Bastien démythifie l'IA : elle « ne pose pas de nouvelles questions, c'est quelque chose d'émergent qui a un impact fort actuellement, mais la plus grande difficulté c'est qu'elle pose de vieilles questions que l'on n'a pas résolues, et elle les pose avec plus d'insistance ». Effectivement, si j'ai un outil qui me permet de répondre ou de produire en trois secondes ce qu'on me demande de faire à l'école, cela pose un problème. Mais ce problème récurrent était déjà celui qui s'est posé avec Internet ou les calculatrices. La difficulté à laquelle sont confrontés les enseignants et les élèves aujourd'hui, c'est de répondre à la question : « Pourquoi j'apprends ça ? », puisque la machine peut le faire à notre place. Mais, comme le dit Bastien, « apprendre, ce n'est pas juste acquérir un savoir, c'est aussi prendre plaisir à acquérir ce savoir, pouvoir être dans un espace où on peut expérimenter, discuter ».

Actuellement, une partie des élèves expérimentent l'IA de leur côté et une partie des enseignants du leur. Selon Bastien, « ce qu'il faudrait, c'est qu'ils puissent discuter, trouver des temps de formation, d'expérimentation parce qu'ils sont en train de vivre quelque chose qui impacte leur relation à l'apprentissage. Mais la question est complexe. À partir de quel âge devrait-on pouvoir utiliser ces outils-là ? Dans le supérieur, c'est peut-être une responsabilité des établissements parce que ce sont les outils d'aujourd'hui et de demain. Peut-être qu'au lycée on a suffisamment d'esprit critique pour pouvoir s'approprier un outil puissant pour réaliser son travail, au collège on va être sur une passerelle et peut-être qu'on peut commencer à aborder ces sujets, tester des outils, voir comment ils fonctionnent. C'est sans doute important de le faire à ce moment-là, mais il faut protéger aussi toute une partie de l'apprentissage et des élèves, parce qu'ils sont dans la construction de cette base de connaissances et de savoirs qui leur permettra d'exprimer leur esprit critique. C'est difficile d'échapper à ce moment où l'on fabrique des briques que l'on ne doit pas essayer de justifier. Je dois les apprendre parce que je dois construire ma mémoire, je dois construire ma réflexion, donc il existe sans doute des méthodes pédagogiques qui permettent de le faire en maintenant l'intérêt, la curiosité, mais il faut le faire. C'est indispensable pour que, lorsqu'on aura accès à ces outils puissants, on sache pourquoi on les utilise, prendre du recul, définir son objectif et voir s'il est atteint ou pas ».

La sonnerie retentit, tout le monde éteint les ordinateurs et se lève. Asmae rappelle qu'ils ont un atelier « Sécurité web » le mois prochain. « Au revoir, madame, au revoir, monsieur, et merci, c'était marrant ! »

Il va nous falloir partir nous aussi, reprendre le bus, ou le tramway… Qu'est-ce qui sera le plus rapide à cette heure-là pour ne pas louper le train ? Justement, parlons-en.

Bastien nous précise que « le GPS décrit mais ne sait pas s'adapter. Un des exemples qu'on utilise pour expliquer ce que c'est qu'un algorithme, c'est de décrire le chemin qu'on prend quand on va chez soi. On dit à la personne : "OK, tu sors de ta voiture, tu vois la grande place, tu fais le tour, tu prends à droite à l'église et tu passes devant l'école…" C'est de la projection, il faut visualiser, ce sont des compétences spatiales, de communication, et cela demande de se mettre à la place de l'autre. Donc, on est en train de décrire un algorithme qui est un ensemble de tâches, mais avoir les connaissances ou l'empathie suffisantes pour se mettre à la place de la personne à qui on doit donner les bonnes informations, ce sont davantage des compétences humaines, sociales. C'est la définition de l'empathie : je vais te donner les informations qui te sont nécessaires à toi, en fonction de tes connaissances, de ton niveau. Et ça, on le retrouve même sur une logique de chatbot quand on sait qu'on parle avec une machine. On peut lui donner des consignes, lui parler en code, organiser sa pensée de manière logique et lui demander de nous faire un retour, mais ça aussi, c'est une forme d'empathie en fait, c'est de la connaissance dont elle a besoin.

La machine ne va pas deviner mes pensées, elle répond à quelque chose qu'il faut savoir exprimer, elle a besoin d'instructions et c'est ça qui est intéressant dans un atelier comme celui d'aujourd'hui. Cela revient à savoir décrire et exprimer ses émotions, à savoir identifier ses attentes et détecter le sens de l'information chez soi et chez les autres, ces compétences de collaboration et de communication, d'évaluation, d'interaction ». En bref : apprendre à ne pas devenir esclave de sa machine.

Merci, Bastien. Asmae nous propose de nous raccompagner en voiture jusqu'à la gare, ça c'est de l'empathie. Merci, Asmae.

5. LES DISCIPLINES ARTISTIQUES POUR DÉVELOPPER LES SENS ET REDONNER DU SENS

L'orchestre au bahut : quand la musique classique s'invite dans la cité

Le Paris Mozart Orchestra au collège Marais de Villiers, Montreuil, France

Après le théâtre avec l'Institut Louis Germain[1], place à la musique ! Direction le collège Marais de Villiers, dans le « 9-3 », le haut Montreuil, à la frontière entre un quartier de petites maisons modestes devenues chics et des barres d'immeubles qui ne le seront jamais. Nous sommes dans une grande ville de proche banlieue parisienne où la gentrification n'est plus un concept depuis déjà bien longtemps. La façade en briques rouges avec son entrée Art déco témoigne de la naissance du collège à l'aube du XXe siècle, tandis que la rénovation et l'extension de l'intérieur, réalisées en 1995, révèlent de beaux volumes, des lignes modernistes arrondies et incurvées et une cour de récréation très urbaine. Heureux mélange des genres. Le collège est en zone REP (réseau d'éducation prioritaire), l'équipe pédagogique, dirigée par la cheffe d'établissement, Valérie Bedanian, est impliquée et l'ambiance y est d'autant plus chaleureuse qu'aujourd'hui il y a « Orchestre au bahut[2] ».

C'est la quatrième année que le PMO, Paris Mozart Orchestra, pose ses instruments et ses partitions dans le grand gymnase lumineux du collège, faisant entrer la musique classique dans la vie de jeunes gens qui, comme le dit Jairo Coronado Vargas, leur professeur de musique, « n'ont, pour la plupart, jamais assisté à un concert, encore moins à un concert de musique classique ou contemporaine ». Aujourd'hui, ils vont non seulement assister, mais également participer, à une œuvre musicale. Ils vont pouvoir discuter avec les artistes, découvrir leurs instruments et prendre part au concert avec des textes composés par leurs soins et interprétés en chant choral.

Décloisonner la musique classique et contemporaine en la partageant, renforcer l'estime de soi avec un projet artistique collectif, favoriser le travail coopératif, révéler des talents et susciter des vocations, tels sont les objectifs du PMO.

LE PARIS MOZART ORCHESTRA

Claire Gibault est la cheffe d'orchestre et directrice artistique et musicale du PMO, ensemble qu'elle a créé en 2011 pour diffuser la musique classique et contemporaine au-delà des salles de concert prestigieuses, dans les hôpitaux, les maisons d'arrêt, des centres de mise à l'abri, des cantines scolaires et les écoles, collèges et lycées de France. Elle est une pionnière : la première Française à diriger un grand orchestre. Son père, professeur de solfège et trompettiste, lui a insufflé une confiance en elle qui l'a aidée à dépasser le machisme à l'œuvre dans cet univers. Elle fait tout, en retour, pour transmettre la même énergie aux publics scolaires en zones prioritaires. L'art devient un moteur de citoyenneté à travers ces concerts pédagogiques participatifs, qui feront peut-être naître des talents… Spéciale dédicace à Gani, nous y reviendrons.

Ce matin de mars, ce sont les élèves d'une des classes de cinquième, la 5e Rachi, qui vont découvrir, dialoguer et chanter avec le PMO. Après une première répétition le matin avec l'orchestre, ils seront rejoints en tout début d'après-midi par d'autres classes qui viendront assister au concert. Le spectacle est un mélologue, genre musical qui mêle narration dramatique et épisodes instrumentaux.

Roulement de cymbales : la 5e Rachi et le PMO sont fiers de vous présenter la création musicale « Bleu », conçue à partir de l'ouvrage de Maud Fontenoy et Yann Arthus-Bertrand, *Bleu : un océan de solutions*[3], par le compositeur brestois Benoît Menut. Benoît Menut a imaginé une ode à l'océan, creuset de la vie sur Terre si fortement impacté par les modes de vie des hommes, et la 5e Rachi a enrichi cette œuvre de textes composés pour l'occasion.

Maestra ! Il est 9 heures, Claire Gibault arrive avec les musiciens et les instruments. Claire connaît bien les lieux. Elle pose son manteau sur une chaise et fait le tour du gymnase comme elle arpenterait le plateau d'une des prestigieuses salles de concert où elle a l'habitude de poser son pupitre. Les enfants de la 5e Rachi arrivent avec Jairo Coronado, leur « super prof de zique », dixit Nazim, tandis que les musiciens installent leurs instruments et commencent à s'accorder. Les tapis de gymnastique et les tables de ping-pong, tous bleus comme l'océan, ont été relevés et placés le long des murs pour offrir un maximum d'espace à la musique et aux spectateurs. L'ambiance est joyeuse. Les enfants s'installent sur les bancs, si proches des instruments qu'ils peuvent presque les toucher. Échange de bonjours. Les musiciens sont en place, Claire les présente. Anne-Lise au violon, Benjamin à l'alto. Claire demande aux enfants s'ils connaissent la différence entre le violon et l'alto tandis qu'Anne-Lise et Benjamin mettent leurs deux instruments côte à côte. « L'alto est plus grand. »

Claire acquiesce :

« Oui, et si l'alto est plus grand, ça joue plus...
— Fort ! »

Sourires des musiciens et de Claire :

« Non, pas plus fort, plus...
— Grave. »

Voilà. Damien joue du violoncelle, « c'est donc beaucoup plus... grave » ; Héloïse de la contrebasse, « encore plus... grave ». Au tour des cuivres avec Camille qui joue du cor – eh non, ce n'est pas du saxophone ! En voilà un drôle d'instrument, et avec un drôle de nom ! Julien est à la trompette, facile, et Jean-Charles au...

« Tuba ?
— Non.
— Trombone ! »

Bravo. Carjez lève son instrument. « Une clarinette ! » Oui. « Une clarinette basse ! » Encore mieux. Alexina joue de la flûte traversière et ça, c'est...

« La harpe !

— Oui, la harpe s'appelle Laure. »

Laure, cachée par son magnifique instrument, se lève. Il y a aussi Lisa, la comédienne récitante, et le « multifonctions au fond » c'est Matthieu, qui joue, à lui seul, tous les instruments à percussion, dont le gong, le bâton de pluie et le chime qui interpelleront beaucoup.

Les musiciens sont aussi souriants que les enfants et répondent volontiers à leurs questions. L'échange, orchestré comme il se doit par Claire, donne lieu à des questions parfois surprenantes – comment Alexina fait-elle pour jouer aussi longtemps sans respirer ?, combien ça coûte une corde de harpe ? – et à des démonstrations. Carjez va d'ailleurs illustrer le principe de la respiration continue sous les yeux épatés des enfants. Applaudissements. C'est au tour de Laure d'expliquer comment fonctionne la harpe. Quarante-sept cordes, de couleur rouge pour les *do*, de couleur noire pour les *fa*, les autres sont blanches. Benoît et Jairo discutent dans un coin. Laure continue son explication quand Jairo lève la main : « J'ai une question, est-ce que les cordes ont toutes la même couleur ? » Les enfants lui répondent en chœur : « Nooon ! » Laure sourit, Jairo aussi, tout en échangeant un regard penaud avec Benoît. La question était purement rhétorique, Jairo voulait juste attirer l'attention de ses élèves sur la complexité de la harpe de concert qui a une tessiture de six octaves, mais cela n'était pas nécessaire, ils écoutaient attentivement. « Fallait écouter, monsieur, elle vient de le dire. » Ils sont visiblement ravis de pouvoir prendre leur prof en défaut. Benoît l'excuse : « C'est parce que nous discutions, mais ce n'est pas bien. » Tout le monde rigole, la musique adoucit les mœurs. Benoît donne ensuite des clés d'écoute et de compréhension de l'œuvre : avec quels instruments imiter le chant de la baleine, comment jouer le chaos avec les *glissandi* de la harpe, les cuivres et les cymbales, pour mieux faire résonner ensuite l'harmonie avec le violoncelle en mesure 30. Damien se lève et joue la mesure 30. « C'est magnifique ! »

Benoît répond aux questions des élèves, leur montre le livret et les partitions et leur explique comment la musique s'écrit. Bref, ils entendent résonner la grande musique, en live, rien que pour eux, et en plus elle leur parle une langue dont ils commencent à percevoir la richesse. « La chance ! » Jairo nous glisse que « c'est la première fois qu'ils voient des instruments de tradition classique, une harpe, un violoncelle, un cor. Ce sont des instruments dont nous avons pu parler ici, en cours de musique, mais qu'ils n'ont jamais vus. Ça, c'est l'objectif principal, faire venir les acteurs culturels à l'intérieur des établissements, au plus près des élèves ». Des textes ont aussi été écrits pour être mis en musique, en style rap, autour du thème de la mer. Jairo renchérit : « Faire venir l'orchestre symphonique au collège, c'est aussi l'occasion de travailler durant toute une année sur une thématique, de créer des textes, en collaboration avec la professeure de français, de faire des recherches avec la professeure documentaliste pour trouver du vocabulaire, des mots autour de la mer que les élèves n'ont pas l'habitude d'utiliser. Avec l'objectif de mettre en musique ces poèmes en style rap, c'est très séduisant et motivant pour eux. »

En solo ou en duo, les collégiens vont lire ou chanter les refrains de leur « Rap bleu ». C'est parti pour une répétition. Nazim se lève pour venir se mettre à côté de Claire : « *J'étais en vacances, les orteils en éventail, plongé sous la surface, même pas besoin de maille, viens, j'vais t'apprendre l'histoire de l'océan...* » Gani, Bilel et Brian enchaînent. Au tour de Salim, qui fait reprendre en chœur ses fins de phrases à ses camarades. Lina et Inès mélangent leurs voix avec rythme et audace : « *Mais la sale pollution ne s'arrête pas à ton balcon... T'es sérieux de faire ça aux fonds marins ? L'humanité est en jeu, pas le moment de faire le malin.* » L'orchestre et les enfants s'applaudissent, Claire est ravie, Jairo et Benoît aussi. Le morceau de rap sera enregistré et, sincèrement, c'est pas mal du tout. Avis aux amateurs.

Temps fort de la répétition, la reprise de « La Mer » de Charles Trenet. La chorale se met en place, les musiciens seront dirigés par Jairo sous le regard bienveillant de Claire. Benoît va chanter aussi. C'est parti ! Les premiers refrains de « La Mer » montent et c'est au tour de Gani. Et là, entre slam et chant, improvisation et maîtrise du texte, tout en rythme et en contrepoint, un moment de grâce ! Benoît et Gani se font un check, la chorale continue. Les enfants vont dire des textes en musique entre deux parties récitatives, interprétées par Lisa, sur le premier mouvement de « Bleu ». Ils ne sont pas pressés que la cloche sonne, au contraire. Mais la répète est quand même terminée, et il est temps d'aller se restaurer. Ah non, pas pour tout le monde. Lisa propose aux enfants de travailler un peu leur diction avant. Proposition vite acceptée. Lisa leur fera sensiblement les mêmes commentaires : « Articulez, mettez en valeur les mots compliqués. Parlez à votre public et, surtout, surtout, amusez-vous, envoyez de l'énergie, tout le monde doit avoir envie de vous écouter. » L'exercice porte ses fruits, Lisa et ses jeunes élèves peuvent enfin aller déjeuner de concert. Claire et les musiciens sont déjà dans le réfectoire, au milieu des collégiens, ça papote et ça rigole, c'est joyeux : « Il paraît que la cheffe d'orchestre, là, elle est connue dans le monde entier ! Nan ! Si… *Do*, haha ! »

La sonnerie retentit, c'est le moment d'aller reprendre sa place dans le gymnase pour le concert tant attendu. Une grande partie du collège y assiste, avec les profs et la cheffe d'établissement. Tout le monde s'installe. La 5e Rachi prend place aux côtés des musiciens, c'est le chœur. Il y a bien quelques fous rires nerveux de-ci, de-là, mais Jairo veille au grain. Le public est prêt. Claire présente l'orchestre, Benoît et l'œuvre musicale qu'il a composée pour sensibiliser à la préservation de l'eau. Benoît, à son tour, explique la musique qu'ils vont entendre, parfois jolie, harmonieuse, et parfois dissonante quand elle évoque les ravages de la pollution : « Essayez de rentrer dans la poésie de ce qui va être lu par Lisa, dans le côté scientifique aussi, parce que vous allez apprendre plein de choses, et dans la musique qui par moments va être pleine de lumière et par moments plus triste, avec des nuages, ou surprenante, avec des orages, des tempêtes. Le premier morceau que vous allez entendre est le plus bizarre, c'est la création des océans… » Quand Benoît a dit « bizarre », un murmure de contentement s'est élevé du public. Parler de la musique avec des mots normaux. Benoît a réussi à capter l'attention des jeunes. Applaudissements.

Claire annonce ensuite que le morceau qu'a écrit Benoît est en neuf parties. « Je vous propose que nous jouions les deux premiers mouvements, le chœur chante un premier chant et récite deux ou trois textes et puis nous dialoguons ensemble. Vous nous posez des questions, nous vous présentons les instruments que vous avez envie de mieux connaître, ensuite nous jouerons les deux mouvements suivants, d'autres textes écrits par vos camarades, puis nous terminerons l'œuvre. À la fin, le professeur de musique dirigera une chanson… ça sera une surprise. »

Lisa se lève pour ouvrir le grand bal de la création sous la direction de Claire. Lisa, d'une voix profonde : « Bleu, un océan de solutions… » Entrent percussions, trombone, violons, cuivres puis tout l'orchestre : « … Il était une fois, une gigantesque collision de glace et de roches, c'était il y a 4,5 milliards d'années, absorbant les impacts de ces méga-glaçons venus de l'espace, assimilant toute cette eau jusqu'au plus profond des entrailles brûlantes… La Terre fut frappée de toutes parts par ces colossaux astéroïdes… » Cymbales. « … Ces milliers d'explosions volcaniques firent alors rejaillir des tonnes de vapeur dans l'atmosphère et plusieurs millions d'années plus tard la magie eut lieu, la vapeur accumulée devint pluie torrentielle et l'océan, berceau de la vie, se remplit. » Violoncelle.

Quand c'est au tour du chœur de se lever pour chanter, le public est encore plus attentif. C'est touchant de voir les spectateurs sourire en regardant leurs camarades. Tout le monde vibre aux mêmes sons, ou presque. Jairo reviendra sur ces émotions, mais après le concert : « Quand nous en discutons, cela me permet aussi de leur faire exprimer leurs ressentis, leur ennui parfois, mais aussi les moments qu'ils ont aimés, malgré le fait que cela soit un langage étrange, cette musique contemporaine. Ça aussi, c'est très important, et c'est quelque chose qui les lie, qui *nous* lie. »

Vient le temps du dialogue. Un élève demande : « Combien de temps vous avez mis pour écrire toute la musique ? » Benoît répond : « Le livre de Maud Fontenoy faisait 200 pages, j'en ai pris le meilleur pour en faire un livret de six pages, puis j'ai composé la musique pendant le mois de juillet dernier. Ensuite il a fallu faire imprimer la partition, l'imprimer, la corriger. » Puis c'est au tour de Claire de présenter la harpe à un enfant qui se demande de quel instrument il s'agit : « Laure, tu peux nous jouer quelque chose ? » Laure s'exécute bien volontiers. Waouh ! Matthieu répond à une jeune fille qui veut savoir comment s'appelle ce drôle d'instrument composé de tubes en laiton de longueurs différentes qui produit un son si mélodieux, là-bas. C'est le fameux chime présenté par Matthieu lors de la répète. Nulle gêne de la part du public, une vraie curiosité, et chaque fois qu'un des musiciens fait entendre le son de son instrument, un murmure de satisfaction s'élève.

Le concert touche à sa fin. Jairo vient présenter et diriger la surprise, la reprise de « La Mer ». Valérie Bedanian s'installe aux côtés du chœur pour chanter, et c'est parti. La mer monte. Solo de Gani, *le long des golfes clairs*.

C'est fini. Ovation et hourras, sifflets joyeux.

Après quelques derniers échanges, Claire et les musiciens quittent le collège. Ce fut une belle et longue journée, sans fausse note. Mission accomplie pour le PMO, la 5e Rachi, le collège et tous les élèves. Gani est redevenu timide, mais nul doute que sa nuit va être riche de rêves. Vive l'Orchestre au bahut ! Vive Claire Gibault ! Vive la musique !

À l'ère du tuto, apprendre à faire un film

Observez, à la sortie de n'importe quel établissement scolaire, les adolescents penchés sur leurs téléphones pour récupérer les précieux messages ratés pendant les heures de classe et scroller sur les réseaux sociaux, devenus omniprésents dans leurs vies. Face à l'avalanche de stimulations multimédias, une nouvelle problématique s'impose à l'école : comment apprendre aux enfants à analyser les images et les informations ? Quoi de mieux pour cela que de les amener à en créer eux-mêmes ? Comme l'écriture, les mathématiques et la prise de parole sont des apprentissages de base, la grammaire de l'image est une compétence indispensable pour appréhender le monde et la culture d'aujourd'hui.

Avec YouTube et ses millions de tutoriels, les jeunes ont déjà compris que l'Internet les forme à toutes sortes de techniques : que ce soit pour les jeux vidéo, pour les recettes de cuisine ou pour le bricolage, et hélas pour bien d'autres choses... Pour ne pas rester coincés dans les rôles de consommateurs devant leurs écrans, ils doivent apprendre comment devenir producteurs d'images, et a minima comprendre comment elles sont conçues. Ainsi, dès le plus jeune âge, ils pourront discerner les messages cachés derrière les fake news, les publicités mensongères, les deepfake et toutes les nouveautés induites par l'intelligence artificielle. Évidemment, chaque école ne peut pas s'offrir une équipe technique pour filmer ses élèves. Mais les adolescents, dans les pays occidentaux, ont quasi tous des smartphones avec lesquels ils font des selfies et des vidéos qu'ils postent sur les réseaux sociaux. Pourquoi ne pas les aider et les former à se servir de ces outils de façon utile ?

Écrire une histoire et réaliser un storyboard

Hub School 21, Vincennes, France

La première école à nous accueillir pour filmer les deux premiers tutoriels est la Hub School 21[4], une toute petite école privée, dans une jolie ville de banlieue parisienne aisée, qui accueille des enfants mal à l'aise dans les écoles traditionnelles. Effectif total : une quinzaine d'enfants, de 8 à 14 ans, dont quelques-uns à difficultés spécifiques et d'autres surdoués, qui ne tenaient pas en place dans le cursus classique. Enfants et ados se répartissent dans trois petites classes. Ils sont encadrés par cinq professeurs-animateurs qui les aident, individuellement, à développer chaque matière. Tous ces élèves possèdent un smartphone, censé servir uniquement à communiquer en cas de besoin avec leurs parents.

L'outil smartphone est suffisant pour faire des films de qualité. Certains modèles récents permettent même de tourner des films diffusables sur les grands écrans de cinéma. C'est pour cette raison que nous avons décidé de réaliser, pour notre plateforme, une série de tutoriels qui offrent aux jeunes la possibilité d'apprendre les bases de la création de films avec leurs téléphones intelligents. Plutôt que de faire un cours magistral comme la plupart des tutoriels, l'idée est de filmer les enfants pendant des ateliers de formation : de véritables exercices transversaux.

Qu'il s'agisse de fiction ou de documentaire, nous commençons par leur apprendre la base, résumée dans une citation du cinéaste Henri-Georges Clouzot : « Pour faire un film, [il faut,] premièrement, une bonne histoire, deuxièmement, une bonne histoire, troisièmement... une bonne histoire[5]. »

Donc la première chose à apprendre pour réaliser un film, c'est... d'écrire un synopsis ou un scénario : un exercice pas très éloigné des cours de littérature et des dissertations.

Pour filmer notre premier tutoriel, « Raconter une histoire », nous organisons vite quatre petits groupes de quatre enfants, chacun encadré par un adulte. Ils ont environ une heure pour trouver et mélanger leurs idées de base afin d'écrire un film de trois minutes. Les élèves ont la liberté de choix pour le sujet, qui devra être en lien avec une activité de l'école. Très vite, les groupes commencent leur brainstorming.

Dans le premier groupe, Marie-Lorraine Itel, maîtresse et directrice pédagogique de l'école, également sophrologue et enseignante spécialisée pour enfants à besoins particuliers, prend les choses en main : « Vous pouvez raconter des bricolages que vous aimez faire. » Un autre groupe de tout-petits s'attaque directement à la fiction. Dès le départ, ils semblent plus créatifs, sans aucune inhibition pour inventer leur histoire. Chacun travaille sa partie du script. Clément lance timidement : « Les personnages sont Marie-Lorraine et deux enfants pauvres qui vont devenir riches. Ils font face à une machine qui coupe tous les arbres de la forêt. » Pas mal. Quien Mo, petite fille d'origine chinoise de 8 ans, parle encore assez mal le français mais elle est extrêmement vive et investie. Elle rajoute un élément narratif d'importance, un enjeu fort : « Le méchant leur dit : "Si vous ne me donnez pas 35 millions d'euros, je continue à couper." » Clément renchérit : « Marie-Lorraine et les deux enfants veulent sauver la forêt et arrêter la personne. Ils appellent la police et envoient le méchant en prison. Ils demandent une rançon à la police et ils deviennent riches. » La rançon deviendra récompense et le méchant bourreau des arbres, après avoir fait acte de contrition, viendra à la Hub School apprendre, avec les enfants, à protéger la nature. Et hop, un mini-script ficelé.

Comme il s'agit de fiction, immédiatement, le petit groupe entame l'écriture des dialogues :

« Allô, la police, il y a un fou qui coupe les arbres de la forêt.
— Arrêtez, arrêtez de couper les arbres ! »

Rires.

Pour la suite de l'atelier, nous montrons à Quien Mo, Clément et leur groupe comment bien préparer le tournage de leur fiction. Il est utile de dessiner un storyboard pour séparer chaque plan en les dessinant, même simplement avec des bonshommes bâtons. Et hop, on sort les crayons ! Après une distribution de feuilles de storyboard vierges trouvées sur Internet, les petits comprennent immédiatement et commencent à remplir les cases de petits croquis rigolos. De la littérature, nous sommes passés au dessin.

LE STORYBOARD

Le storyboard se présente comme une bande dessinée et aide à planifier une histoire avant de la filmer ou de l'animer. En voici les étapes :

- 1. Diviser son histoire : découper son histoire en scènes importantes et dessiner autant de cases numérotées sur des feuilles blanches.
- 2. Illustrer chaque scène par un croquis simple (bonshommes bâtons...).
- 3. Résumer, sous chaque dessin, l'intention de la scène : ce qui se passe et pourquoi.
- 4. Reporter les dialogues.

- 5. Indiquer les mouvements avec des flèches pour montrer les directions des personnages.
- 6. Bien choisir les valeurs de plan (voir encadré suivant).
- 7. Relire et ajuster le storyboard : vérifier la continuité (chaque scène doit suivre logiquement la précédente).

Après ces étapes, vous tenez votre plan de tournage. Votre idée est prête à être réalisée !

Et comme une histoire ne peut être bonne que si elle est jugée comme telle par un public extérieur, nous finissons la matinée par une lecture à voix haute par un représentant de chacun des quatre groupes devant toute la classe. Voilà un excellent exercice de prise de parole en public, chaudement applaudi.

Filmer une bonne image

Hub School 21, Vincennes, France

Pour aider les élèves à réaliser leur film avec de bonnes prises de vues, nous devons maintenant leur apprendre les différentes valeurs de plan nécessaires pour faire avancer la narration, la rendre claire et surtout donner envie au public de suivre les héros et leur quête.

LES VALEURS DE PLAN

Les valeurs de plan sont les façons de cadrer une image avec une caméra ou un smartphone.

- 1. Plan d'ensemble : tout le décor, parfait pour montrer le lieu où se déroule l'action.
- 2. Plan moyen : les personnages en entier, de la tête aux pieds.
- 3. Plan américain : les personnages de la tête à mi-cuisse, souvent utilisé pour les actions.
- 4. Plan rapproché taille : les personnages de la tête à la taille, pour se concentrer sur leurs gestes.
- 5. Plan rapproché poitrine : de la tête à la poitrine, pour montrer les expressions faciales.
- 6. Gros plan : seulement le visage, idéal pour les émotions.
- 7. Très gros plan : zoom sur un détail, comme une partie du visage ou un objet.

Ce sera finalement le montage, le mélange de ces différentes prises de vues, qui permettra de faire partager l'émotion des personnages et de réaliser un véritable film.

Pour que les élèves puissent s'entraîner, toute la classe se retrouve d'abord dans les jardins suspendus de Vincennes, où ils cultivent plantes et légumes. Bel endroit pour faire des images colorées. Pas facile de gérer cette petite bande joyeuse d'enfants et d'adolescents, tous armés de tablettes ou de smartphones pour faire des images.

« Monsieur, il faut filmer en mode portrait ou en mode paysage ?

— Pour diffuser sur un écran, il vaut mieux être en mode paysage, donc filmer horizontalement.

— Comme ça ?

— Verticalement, c'est comme ça, et horizontalement, c'est comme ça », montre Hermione, 10 ans, aux plus petits.

Nous leur apprenons à se filmer pour faire un plan d'exposition, des plans larges, des plans serrés, des travellings, des panoramiques… et même des plans étranges et créatifs pour surprendre.

Quien Mo, 8 ans, et Izia, 9 ans, étonnent tout le monde par leur imagination débordante. Quien Mo interpelle sa copine :

« Tu me dis “Un, deux, trois… Go !” ?

— Un, deux, trois… Go ! », compte Izia avec autorité.

« Ça, c'est lavande », commence Quien Mo, qui se lance dans tout un exposé sur les oreillers, les parfums, les bougies et ce qu'on peut faire avec la lavande. Nous constatons que les plus petits sont de loin les plus créatifs. Les grands se retrouvent vite dans l'imitation de ce qu'ils ont vu à la télévision ou au cinéma. Et, surtout, ils se bloquent par inhibition personnelle par rapport à leur propre image. Plus petites, Izia et Quien Mo inventent sans arrêt, ce qui surprend même notre chef-opérateur. Comme quoi, en très peu de temps, l'image peut s'intégrer dès les petites classes.

Isaac, qui ne tient pas en place, a un peu de mal à comprendre le concept du plan fixe. Mais comme il est créatif, il trouve une idée amusante. Comment faire disparaître un personnage en le filmant sur une balustrade et en le faisant sauter en dessous du champ de la caméra. Petit effet magique, que les autres essaient d'imiter. Tristan fait semblant d'avaler une fourmi en plastique. L'effet surprise fonctionne.

En quelques heures, même avec très peu de pratique, les quatre principaux types de valeurs de plan ont été intégrés par les enfants. Le temps a vite passé. Il est convenu que nous nous reverrons au bois de Vincennes pour illustrer les scénarios qui ont été écrits le premier jour.

S'initier au stop motion en primaire

École Anatole France, Courbevoie, France

Apprendre la grammaire de l'image, ça peut démarrer très tôt, et même au CE1. C'est l'idée qu'a eue Béatrice Chennebault en lançant des ateliers de cinéma d'animation dans sa classe. Chaque année, elle apprend aux enfants comment on crée de l'image… et comment on la manipule, comme une autre matière !

D'abord, pour leur expliquer le concept du cinéma, elle leur montre un praxinoscope, un jouet inventé au XIXe siècle qui permet de créer une animation avec 12 dessins dans un cylindre qui tourne autour d'un axe. Puis, en s'appuyant sur un livre d'images, elle aide les petits qui ne savent pas encore écrire à imaginer ensemble une histoire. Cette idée de film d'animation devient un projet qui va passionner les enfants tout au long de l'année scolaire.

Ils construisent ensemble des décors et des figurines. Avec l'ordinateur de la maîtresse, relié par une mini-caméra, ils photographient image par image les personnages et finissent par réaliser un film en « stop motion », technique d'animation image par image rendue célèbre par *Wallace et Gromit*.

Béatrice Chennebault le vérifie chaque année : « Tant que les enfants n'ont pas mis la main à la pellicule, ils n'intègrent pas les principes de la décomposition du mouvement et du montage. Dès qu'ils découvrent que leurs travaux ont eu pour résultat de faire bouger l'image et leur permettent de raconter une histoire, c'est une révélation. La compréhension de la technique est la porte vers une attitude rationnelle face aux images. »

Réaliser une interview : un bon moyen d'entrer dans un sujet

Interviewer Jean-Charles de Castelbajac au Centre Pompidou

Hub School 21, Vincennes, France

Avec Fanny Peissik Riblier, la dynamique directrice de Hub School 21, nous décidons d'organiser un autre atelier audiovisuel pour ses élèves[6]. Et, justement, l'exposition immersive de Jean-Charles de Castelbajac au centre Pompidou, « Le peuple de demain », va bientôt fermer ses portes. L'artiste aux multiples talents (styliste, designer et costumier français) a investi la galerie des enfants pour proposer des ateliers ludiques afin d'imaginer des histoires, créer des drapeaux, jouer avec les sons, mélanger des formes… tout cela, au milieu de totems colorés. Une excellente opportunité pour apprendre à « faire une interview ». Les élèves vont pouvoir poser des questions, préparées en amont en classe, à un artiste de renommée internationale, qui a accepté de répondre avec enthousiasme au peuple de demain.

PRÉPARER UNE INTERVIEW

- 1. Faire des recherches : sur l'artiste, sa vie, son travail, ses œuvres les plus célèbres, ses centres d'intérêt.
- 2. Déterminer un thème : l'angle principal de l'interview (par exemple, l'inspiration de l'artiste ou ses techniques de création).

- 3. Préparer des questions ouvertes : celles qui appellent des réponses plus complètes que « oui » ou « non » (par exemple, « Qu'est-ce qui vous inspire dans votre travail ? » ou « Pouvez-vous nous parler de votre œuvre préférée ? »).
- 4. Classer les questions dans un ordre logique : des questions simples, pour mettre l'artiste à l'aise, à des questions plus détaillées.
- 5. S'entraîner à l'interview avec un ami ou un professeur. Cela aide à être plus à l'aise lors de la vraie interview.
- 6. Préparer le matériel : carnet pour prendre des notes, téléphone ou appareil photo pour enregistrer.
- 7. Être à l'heure : c'est respecter le temps de l'artiste !
- 8. Écouter très attentivement les réponses, laisser parler et rebondir avec des questions supplémentaires si quelque chose vous intrigue, vous étonne, vous amuse...
- 9. Remercier l'artiste pour son temps, ses réponses.

Clément, 9 ans, pose une première question à Jean-Charles, qui se prête à l'exercice avec une grande douceur :

« Depuis... heu... depuis quand faites-vous de l'art ?

— Je pense depuis ton âge, en fait. Dès le départ j'étais assez timide comme enfant et j'ai utilisé mon crayon, mes petits bricolages pour parler de choses secrètes, personnelles, et je raconte des histoires au travers de mon art. Et puis j'étais gaucher, c'était un handicap, je dessinais très mal, j'écrivais très mal, alors j'ai été à la conquête de ma main gauche et mon art a pu s'exprimer. »

Quien Mo et les autres enfants de la classe vont chacun à leur tour poser des questions jusqu'à ce qu'un grand de 14 ans ose demander ce qu'il a vraiment envie de savoir : « Pour quelles raisons avez-vous reçu vos médailles d'honneur ? » Jean-Charles s'amuse de cette question inhabituelle : « Ah ! C'est une question amusante. J'ai eu plusieurs médailles. J'ai eu une médaille de commandeur des arts et des lettres. Cela veut dire que j'ai été honoré par le ministre pour mon travail artistique durant ma vie – et c'était une grande émotion, parce que j'ai quitté l'école très tôt et je n'ai jamais eu de prix à l'école, alors recevoir vingt ans plus tard une récompense de la France en récompense de mon travail ! Et l'idée qu'à travers mon travail je peux transmettre quelque chose aux générations futures... » Poser de bonnes questions, c'est poser celles auxquelles on a vraiment envie d'avoir les réponses.

Le créateur accompagne ensuite les élèves de la Hub School 21 dans l'atelier « Drapeaux » installé dans l'exposition. Là, il leur explique, avec moult exemples, l'importance des symboles sur chaque drapeau et leur montre comment fabriquer leur propre oriflamme. Que ce soit un œil, une baleine, un soleil ou une main, les enfants choisissent eux-mêmes parmi les dizaines de symboles que Jean-Charles a dessinés pour créer leurs propres drapeaux. Une fois la timidité passée, les enfants ont vite compris qu'un adulte, même célèbre, était un être humain et, dans le cas de Jean-Charles, un adulte capable de redevenir un enfant.

Se familiariser avec une nouvelle de Maupassant grâce à l'interview

Collège Decroly, Saint-Mandé, France

Bien situé devant le bois de Vincennes et la porte du zoo, Decroly est un collège public de Saint-Mandé, fondé dans les années 1970 sur l'enseignement du pédagogue belge Ovide Decroly. L'acteur et réalisateur Mathieu Kassovitz, qui y a passé sa scolarité, vante encore souvent les mérites de l'éducation qu'il y a reçue et l'excellente influence qu'elle a eue sur son développement personnel.

En 2022, Laëtitia Escot, professeure de français, cherche à développer le goût de la lecture de ses élèves de quatrième. Constatant que la plupart possèdent des smartphones, elle leur a d'abord demandé de réaliser des bandes-annonces filmées sur une nouvelle de Guy de Maupassant, *Le Horla*. Très vite, elle se retrouve avec deux films : un court magnifique, en stop motion, réalisé par Eloïse, une élève inspirée qui a dessiné et animé chaque image sur une musique de Billie Eilish. Et un autre film, de très bonne facture, plus classique et théâtral, réalisé par une autre élève (un peu aidée par un membre de sa famille, mais bon…). Pour le reste de la classe, l'exercice se révélait inaccessible, notamment pour des questions techniques. Mais Laëtitia estime que l'expérience mérite d'être développée. C'est ce que nous lui proposons de venir faire dans sa classe : un atelier vidéo à l'heure du cours de français. L'idée est également de former ses élèves à l'exercice de l'interview. Ce tournage pourra en outre servir de tutoriel pour notre plateforme.

Par groupes de deux, les jeunes doivent s'interviewer en incarnant les rôles, l'un celui d'un journaliste, et l'autre celui d'un personnage de la nouvelle de Maupassant. L'élève qui pose les questions filme son camarade avec un smartphone. Il doit mettre sa caméra/son téléphone à la hauteur des yeux de son acteur et attirer son regard. En dehors de quelques timides, tous jouent le jeu très sérieusement. Est-ce que l'idée d'être filmés en public les motive ? En tout cas, la classe est attentive, parfois rigolarde, mais soutient ceux qui prennent le risque d'incarner très sérieusement les protagonistes du roman. Au fur et à mesure qu'ils entrent dans les rôles écrits par Maupassant, les prises de parole deviennent passionnées et même émouvantes. Laëtitia remarque qu'ils parlent vraiment à la place du personnage : « Il y a un processus d'identification, un intérêt plus grand pour la littérature qui se font parce qu'ils constatent, au final, que même si cette histoire a été écrite deux siècles auparavant, ça parle toujours de l'humanité de manière universelle. » Grâce à cette mise en scène, l'enseignante a pu constater que les élèves « se sont davantage intéressés à l'histoire ».

Résultat, un excellent cours transversal sur la prise de parole en public, sur l'image, et même sur le théâtre. Et un exercice communicatif, puisque ça nous a même donné l'envie de relire *Le Horla*.

Travailler sur le son avec un smartphone

Institut Baltic Film, Tallinn, Estonie

Depuis le début de notre projet lebonheuralecole.org, nous sommes en partenariat avec Riho Vastrik, réalisateur estonien de talent mais également professeur à l'Institut Baltic Film, Media and Arts School, pour les arts et la communication, de l'université de Tallinn. Et dans cette école de cinéma en plein centre de la capitale estonienne, l'Institut accueille les enfants de 8 à 18 ans qui souhaitent apprendre la grammaire de l'image. Quand nous lui avons proposé de participer à nos tutoriels, la direction a répondu avec enthousiasme. Il a été décidé de traduire nos tutoriels 1, 2, 3 et 4 en estonien et d'en produire d'autres[7], plus techniques et adaptés aux adolescents, notamment sur le son, complément indispensable à l'image quand on parle de vidéo !

À l'Institut Baltic Film, tout le matériel est flambant neuf, avec un studio-son dernier cri. Nous organisons un premier atelier de formation à l'enregistrement du son sur smartphone avec des enfants de 10 à 12 ans, afin de sonoriser correctement leurs films : l'utilisation et le positionnement du téléphone, du micro, faire attention au vent en extérieur, apprendre à utiliser les micros-cravates… Si les plus jeunes ont du mal à appréhender ces problèmes de son, les plus grands intègrent les concepts avec facilité. Au passage, nous remarquons qu'ils parlent un anglais courant, facile pour communiquer avec nous et avec les machines.

Munis de leurs smartphones, Markus et ses copains récitent plusieurs fois un poème estonien dans des conditions bien différentes : un escalier réverbérant, sous la pluie sur le balcon de l'école, dans un studio d'enregistrement… Ils comparent ainsi, *in situ*, la différence de qualité des sons. Pour les adolescents, Riho Vastrik organise également des séances pour apprendre le montage vidéo et l'étalonnage (le réglage des couleurs) à partir d'images réalisées par eux-mêmes. Certains ados se révèlent déjà de talentueux réalisateurs.

Dans notre société hyper connectée, l'éducation à la grammaire de l'image, qui comprend aussi l'étude du son, offre aux élèves les outils nécessaires pour naviguer dans le monde médiatique, tout en développant leur créativité et en aiguisant leur esprit critique. C'est également un grand atout dans leur futur monde professionnel : la maîtrise des outils visuels est devenue essentielle dans de nombreux métiers. Que ce soit en marketing, communication, design ou même dans les sciences, savoir créer et analyser des images sonorisées représente un atout précieux sur le CV.

L'école à la TV : téléréalité scientifique en prime time

Une des émissions les plus populaires de la télévision estonienne : « Rakett69 »

Un concours scientifique en prime time à Tallinn

Dans le quartier d'Ülemiste, dans l'arrondissement de Lasnamäe à Tallinn, une immense bâtisse très high-tech abrite des studios scientifiques : Rakett69-Teadusstuudiod. Ici, vous pouvez venir vivre des aventures scientifiques passionnantes pour fêter un anniversaire en famille, faire du team building avec vos collègues, entre amis, ou faire travailler vos élèves. Mais vous pouvez aussi participer au concours scientifique télévisé du même nom, retransmis sur la chaîne publique nationale Eesti Televisioon et classé parmi les programmes les plus populaires du pays depuis 2011[8].

La science fait son show !

Nous sommes en prime time. Un jury de trois, dont le physicien Aigar Vaigu, également présentateur, va évaluer trois équipes d'élèves de 15 à 21 ans. Dans chaque épisode – il y en a 13 au total –, les équipes se voient confier trois missions de difficulté variable, chacune avec sa propre limite de temps. Le jury attribue des points en fonction de la manière dont chaque équipe a géré les tâches. L'équipe avec le moins de points à la fin de l'épisode doit éliminer un de ses membres.

Quand il n'y a plus assez de concurrents pour trois équipes, on passe à deux équipes et ainsi de suite.

Un exemple de défi : construire une remorque pour un robot sphérique qui va devoir récupérer le plus possible de briques étalées sur une surface au sol. Comme dans les émissions culinaires télévisées, chaque équipe a son poste de travail et le même matériel à disposition. Seule différence notable, un grand tableau en Plexiglas translucide sur lequel les adolescents peuvent écrire, dessiner, travailler leurs recettes. Il faut travailler en équipe, être réactif, gérer le stress et faire preuve de rapidité.

L'objectif de ce concours de téléréalité est de vulgariser les sciences et la technologie. De la physique aux mathématiques en passant par la géographie, la musique, la linguistique et bien d'autres matières, chaque épreuve est une expérience qui demande des connaissances mais aussi de l'astuce, de la créativité et de la logique. Sur le principe des émissions de cuisine télévisées qui voient s'affronter différents candidats pour le titre de meilleur chef de l'année, d'abord en équipes, puis individuellement, les candidats s'affrontent et s'éliminent au fil des émissions. Le finaliste décrochera 10 000 euros et une place dans une des meilleures universités de Tallinn. L'Estonie n'a décidément pas fini de nous surprendre[9].

6. RÉFLÉCHIR ET SE RECENTRER : LES BIENFAITS DES TEMPS CALMES ET DU DIALOGUE

L'école de l'attention et de l'autonomie avec Maître Fafa

École Jacques Prévert, Le Vignau (dans les Landes), France

Le programme ATOLE pour maintenir l'attention de ses neurones-chefs

Nous sommes à 23 kilomètres au sud-est de Mont-de-Marsan, dans un village de 479 habitants. L'école est un peu en dehors du village. De l'extérieur, entourée de champs, elle ressemble à une petite école publique typique d'une zone rurale classique. Mais grâce à son jeune et créatif directeur, qui y est aussi enseignant d'une classe de double niveau CM1-CM2 de 28 élèves, elle est le théâtre vivant d'une pédagogie novatrice. Fabrice Réchède a créé son propre chemin en devenant « Maître Fafa » : un personnage respecté, sympathique, inventeur permanent, attentif et attentionné, ouvert à la parole des enfants. À la faveur des confinements, il est devenu une star d'Instagram, avec près de 40 000 followers. Son blog[1] a comptabilisé plus d'un million de visiteurs depuis sa création en 2019, et la télévision publique française lui a consacré plusieurs reportages durant l'année scolaire 2022-2023.

Ce qui frappe lorsque l'on rencontre Maître Fafa, né en 1987, c'est la fraîcheur de son enthousiasme. Dans son parcours, deux enseignants, plutôt rigides pourtant, ont su lui transmettre le goût d'apprendre, mais de façon passive. Aujourd'hui, les enfants sont actifs, acteurs, moteurs de l'éducation. Alors, quand il met au point un jeu pour travailler les mathématiques de façon ludique, ils sont encouragés à suggérer des modifications, des améliorations. Quand il a commencé dans le métier, son côté innovant était un peu perçu comme de la maladresse, mais, au fil des années, il continue à tenter, expérimenter. Les maîtres-mots de l'apprentissage selon lui : autonomie, collaboration, entraide, tutorat. Et quand sa conseillère pédagogique lui fait découvrir les ouvrages de Debbie Diller[2] sur la classe flexible, c'est une révélation[3].

En geek avisé, Maître Fafa sait mieux que personne à quel point l'économie de l'attention est une notion à prendre au sérieux. En bon pédagogue, il sait se servir des avancées scientifiques pour aider ses élèves à prendre garde à leur attention et à se recentrer.

À côté du tableau blanc interactif, l'emploi du temps du jour énumère, par ordre d'apparition, les différents ateliers et activités. Juste après les ateliers « Étude de la langue » (EDL), et juste avant la récréation du matin, une étiquette jaune annonce : « Programme ATOLE ».

Les tables sont disposées en U devant le VPI, vidéoprojecteur interactif, et les élèves s'installent après avoir pris leurs trousses et leurs livrets ATOLE dans les modules de rangement à leurs noms. C'est quoi, un livret ATOLE ?

LE PROGRAMME ATOLE

ATOLE, c'est un programme de découverte et d'apprentissage de l'attention pour développer l'**AT**tention à l'éc**OLE**, créé et développé par Jean-Philippe Lachaux, directeur de recherche en neurosciences cognitives (Inserm-CRNL), spécialiste de l'attention. L'objectif du programme ATOLE est d'aider l'élève à mieux comprendre son cerveau et les forces qui bousculent son attention au quotidien, apprendre à mieux y réagir grâce à des activités et des illustrations ludiques, simples et amusantes. Et le livret ATOLE, c'est le cahier d'exercices en lien avec des vidéos d'illustration du programme qui s'affichent sur le TBI, tableau blanc interactif[4].

Maître Fafa demande aux élèves d'ouvrir leurs livrets et à Julianne de bien vouloir lire les consignes de l'exercice du jour, qui s'affichent aussi sur le TBI. Sous la consigne écrite en rouge figurent trois illustrations. Sur la première, on voit un gardien de but, devant sa cage, sur un terrain de football, qui a une intention claire : stopper le ballon. Sur la deuxième, le neurone-chef du gardien est distrait par un papillon qui vient se poser sur une de ses mains. Sur la troisième, l'intention de départ est oubliée, le gardien regarde le papillon, le ballon entre dans la cage. *Ouin !* Sous les illustrations, une phrase à compléter sur ce qui vient d'arriver au gardien de but : « Il a...... son in...... de départ ». Et une astuce : « *Ouin* est le code que tu peux utiliser quand tu te rends compte que cela t'arrive. » Julianne lit la consigne : « Je dois garder mes neurones-chefs bien réveillés pour ne pas oublier mon intention de départ. »

Maître Fafa propose aux élèves de reformuler tout ça : « Qu'est-ce que c'est, une intention de départ, quand on a une activité à faire ? » Lilou répond : « Quand on nous demande quelque chose, il ne faut pas oublier ce qu'on nous a demandé. » Le maître acquiesce et précise : « Par exemple, quand je vais vous demander de faire votre cartable avant de partir ce soir, votre intention sera de faire votre cartable, et pour cela vous aurez les neurones-chefs qui devront faire des actions et ne penser qu'à ça. Si vous pensez en même temps au match de foot du soir alors que vous êtes en train de faire votre cartable, vos neurones-chefs vont être... ?

— Endormis », répond la classe.

Et Maître Fafa de poursuivre : « Si vos neurones-chefs sont bien réveillés, ils vont se dire : "OK, je prends mon agenda et je vois que lundi j'ai le mémo d'orthographe, OK, je prends la pochette ; je vois que j'ai sciences, je prends la pochette qui correspond, etc." Cela évite que le week-end je reçoive des messages de vos parents qui me demandent si je peux leur envoyer la leçon à apprendre. Vous savez ce que je réponds, maintenant ? » Un grand « Non ! » unanime de toute la classe. Maître Fafa précise tout de même que ce n'est pas pour les mettre en difficulté, au contraire : « [C'est] pour vous faire grandir et que vous fassiez attention au moment de faire votre cartable. »

C'est la première année que Maître Fafa utilise le programme ATOLE. Aider les élèves à être attentifs et concentrés en classe, c'est aussi les préparer à l'entrée au collège. Expériences, ressources vidéo, textes, livret à compléter au fur et à mesure des avancées, le programme permet de donner des outils, des trucs, pour arriver à se concentrer dans sa bulle, à hiérarchiser les tâches et à se mettre au travail plus rapidement, sans que l'esprit soit brouillé par autre chose. « Pour qu'ils arrivent à se recentrer tout seuls, ajoute Maître Fafa, et je commence déjà à voir quelques effets sur la mise au travail et sur le fait que si les élèves ressentent que le bruit autour d'eux les gêne, ils vont aller s'isoler d'eux-mêmes. Avant, ils ressentaient qu'ils n'étaient pas concentrés mais ils ne parvenaient pas à identifier ce qui les dérangeait. »

On passe maintenant à la deuxième fiche : « Comment maintenir mes neurones-chefs bien réveillés ? » La réponse est d'agir en ayant en tête une seule intention courte, claire et concrète. Les élèves sont invités à reformuler et le maître donne des exemples avant de préciser : « Quand je vous donne des consignes, j'essaie d'être clair et je n'en donne pas plusieurs en même temps. C'est pareil quand vous partez travailler en autonomie, il faut que vous ayez une intention claire sur l'activité que vous devez faire et que vous ne vous laissiez pas distraire par une sollicitation ou une envie. » C'est au tour de Leïla de lire à voix haute : « Si j'essaie de me concentrer sur deux choses à la fois, mes neurones-chefs se disputent et mon cerveau ne sait plus comment faire. »

Illustration en vidéo. Un dessin animé commence, mettant en scène le jeune Lulu, qui veut faire un gâteau au yaourt pour ses copains. Pour s'aider à atteindre son objectif et à rester concentré, Lulu va alterner deux rôles, Maximoi et Minimoi. Quand il est Maximoi, il découpe les différentes grandes étapes de réalisation de la recette en mini-missions. Une fois listées et hiérarchisées, il les confie une par une à Minimoi. Maximoi assigne donc à Minimoi des tâches courtes, simples et précises. Quand il comprend ce qu'il doit faire, Minimoi le voit dans sa tête comme si c'était déjà fait et peut exécuter chaque mini-mission facilement. Dès qu'il en a terminé une, Maximoi vérifie d'un coup d'œil que tout s'est passé comme prévu, laisse Minimoi faire une courte pause avant d'enchaîner sur la mini-mission suivante, toujours courte et précise, pour qu'elle soit vite réussie et surtout pour que Minimoi n'oublie pas ce qu'il doit faire.

Les enfants sont concentrés sur les deux petits personnages qui évoluent à l'écran. Le dessin est simple, l'animation aussi, et ça marche. À la fin, une petite phrase résume, comme un refrain, ce qu'il faut retenir du dessin animé : « Maintenant que Lulu sait jouer à Maximoi et Minimoi, il peut utiliser cette technique pour toutes les actions qui lui demandent de la concentration : préparer son sac, faire ses devoirs, bricoler ou faire un spectacle. »

Donner des clés pour apprendre à se connaître, c'est donner des clés pour apprendre. Maître Fafa explique que les enfants apprennent à identifier ce qui les perturbe et à le formuler. Mais ce qu'ils identifient pour le moment, c'est que c'est l'heure de la récré ! Tout le monde range son livret ATOLE et sort aérer ses neurones-chefs.

Méditer pour se concentrer : séance de yoga en primaire

Sur l'emploi du temps du jour, l'activité qui suit la pause méridienne attire notre attention : « YOGA ». Chaque activité est programmée en fonction du rythme des enfants et de leurs phases de vigilance. Les moments de faible vigilance, en tout début de matinée et après le déjeuner, sont dédiés à des opérations cognitives qui demandent moins d'efforts intellectuels ou physiques et permettent à l'élève de se recentrer. Et Maître Fafa a justement choisi de réserver une dizaine de minutes chaque jour, au retour du déjeuner, à des activités de yoga et de relaxation, qui ne sont pas sans rapport avec la notion d'attention. Jean-Philippe Lachaux le confirme : « La méditation à l'école, c'est un équilibre attentionnel développé à partir de la respiration, rien de sectaire là-dedans, c'est juste une technique. Dans une société où tout le monde saurait se servir de son attention, les gens auraient plus de satisfaction à faire ce qu'ils font, seraient moins en recherche de gratifications immédiates. Et l'attention, c'est aussi ce qui fait le lien entre les gens, cela donne un climat apaisé[5]. »

Illustration par l'exemple.

À la fin des ateliers « Remédiation et travail personnel », l'équipe des Déménageurs pousse les tables et prépare la salle pour que l'atelier « Yoga » puisse commencer dès le retour de la cantine. Après la pause déjeuner, les enfants enlèvent de nouveau leurs chaussures et, chaussons aux pieds, s'installent par terre. Maître Fafa allume le VPI (vidéoprojecteur interactif), et son avatar, assis au creux d'une fleur de lotus, petites lunettes sur yeux clos et paumes posées sur les genoux, apparaît sur le TBI (le tableau blanc interactif). Le vrai maître est en chaussettes, assis en tailleur, mais les yeux ouverts, devant ses élèves. Il a posé devant lui un petit tongue drum bleu et deux maillets. Le tongue drum, c'est cet instrument étrange, percussion de la famille des idiophones, dont le son est produit par le matériau de l'instrument lui-même. Mini-soucoupe volante, il permet de jouer des rythmes ou mélodies vibratoires grâce à ses langues (*tongue*) numérotées.

Maître Fafa lance la séance : « Nous allons faire un massage par deux. Ce que je demande, c'est que celui ou celle qui est massé garde les yeux fermés et profite du moment. Ensuite, on échangera. » Certains ont déjà les yeux clos. Le maître fait résonner l'instrument et les sonorités relaxantes envahissent la salle de classe. Moment de détente qui permet aux enfants d'être plus calmes et donc plus concentrés et réceptifs à l'activité, activité qui est d'ailleurs aussi propice à la concentration. Le maître guide les enfants : « Vous allez imiter la pluie avec le bout de vos doigts. Toutes les gouttes de pluie tombent sur le dos de votre camarade. » Et les petites mains des masseurs tapotent légèrement les dos des massés. Maître Fafa a pu observer les années précédentes que les enfants revenaient de la pause méridienne avec une certaine excitation. Or, depuis qu'il a mis en place « des moments calmes, des moments de massage, d'automassage, de massage par deux, de respiration », les élèves sont davantage « apaisés » et « les apprentissages démarrent plus sereinement ». Les massés remercient les masseurs et les rôles s'inversent. L'atmosphère est douce, pas de bavardages ou très peu, les enfants sont concentrés sur leurs sensations.

Vécue de façon ludique par les élèves, la relaxation est un entraînement attentionnel qui leur permet de se recentrer et d'être à l'écoute de l'autre. Donner du sens à l'école, c'est mettre l'apprenant au centre de ses apprentissages, scolaires et humains. Éduquer à l'attention, c'est donner les clés du monde.

Au même titre qu'il y a des cours de sport, un jour, il y aura des cours d'attention, Jean-Philippe Lachaux en est convaincu : « Quand les enseignants essaient de garder leur classe concentrée, ils tentent avec leur seul cerveau d'en contrôler 25 ou 30 autres, or cela n'est pas possible et c'est épuisant. Il faut qu'une partie du travail vienne des élèves, donc avoir un cours dédié à l'attention permettrait de gagner du temps sur le programme, car, sans attention, pas d'apprentissage possible. En les approchant par la méthode, il devient plus facile de déculpabiliser celui qui n'y arrive pas tout seul et de le responsabiliser pour qu'il y arrive grâce à un entraînement. » Et d'ajouter : « Il y a deux crises majeures, la crise écologique et la crise de l'attention, de la surcharge informationnelle, et ces crises sont d'ailleurs liées, parce que lorsque l'on est dans la gratification immédiate tout le temps[6]... ». Une phrase inachevée qui invite à la réflexion.

D'ailleurs, Jean-Philippe Lachaux développe l'équivalent d'ATOLE pour les ados, ADOLE. Avec les ados, l'approche et les contraintes sont différentes : si ça ne m'intéresse pas, quel est l'intérêt de me concentrer ? « Avec les plus grands, il faut jouer sur la dimension philosophique. Finalement, est-ce que la vraie liberté n'est pas d'être capable de se concentrer même sur quelque chose que l'on n'aime pas, a priori ? Parce que, sinon, quand ton comportement est entièrement prévisible en fonction de tes goûts immédiats, quelle est la part de liberté[7] ? » Vous avez quatre heures. ☺

Autonomie et responsabilité : la classe flexible

LA CLASSE FLEXIBLE

Une classe flexible, c'est une salle de classe où l'enseignant peut choisir le meilleur aménagement pour ses élèves en fonction des différentes activités de la journée, des envies ou besoins des uns et des autres. L'espace d'apprentissage est aménagé de telle sorte que les apprenants puissent trouver la position qui leur procure le plus de confort et de concentration lors de l'activité qu'ils doivent réaliser. La classe flexible se déroule en deux temps : des séances guidées par l'enseignant et des moments d'ateliers autonomes, le but étant de réaliser les séances guidées avec des petits groupes d'élèves et non plus avec la classe entière. Cela implique donc plus de fractionnement, mais les élèves s'habituent vite aux consignes.

La classe flexible demande de l'inventivité et du matériel. L'inventivité étant une question d'énergie et de temps ; le matériel, de créativité et d'argent. Et elle ne pourrait pas être possible sans le numérique qui fait de la diversité des supports, vidéoprojecteur interactif, tablette, ordi, téléphone portable, un vrai relais pour l'enseignant, relais de consignes pour les exercices et les activités.

Cela fait déjà cinq ans que Maître Fafa travaille en classe flexible. Dans la salle peinte d'un joli bleu joyeux, on entre en chaussons (parmi les fournitures stipulées sur la liste de matériel scolaire envoyée aux parents pour préparer la rentrée). Les élèves n'ont pas de place attitrée. Des tabourets oscillants, des chaises classiques, une disposition des tables qui évolue en fonction de la matière travaillée et du format : en classe entière, ou en demi-classe pendant que l'autre moitié travaille en centre d'autonomie.

Pour franchir la porte le matin, les élèves doivent faire un rapide calcul mental, c'est la « portacode ». Le code change chaque jour, évidemment. Quand on se trompe, Maître Fafa décompose l'opération et on recommence.

Partout où nos yeux se posent, punaisés sur des tableaux, accrochés aux murs, émaillés de couleurs primaires, des fiches plastifiées, des dessins illustrant le thème de l'année – la mythologie –, des organigrammes, des listes, des tiroirs de rangement personnalisés... La vie de la classe est inscrite sur les murs, sur les étagères et sur les meubles. Et c'est gai.

Il y a des « coins » partout. Le coin Lecture, le coin Rangement, le coin Ateliers, le coin Centre d'écoute... ce sont les centres d'autonomie. Affichée sur un mur, la charte des centres d'autonomie signée par le maître et par tous les élèves. Y sont inscrits les « droits et devoirs ».

La salle de classe bleue donne sur une grande pièce lumineuse et orange qui relie la classe de Maître Fafa à celle de Maîtresse Julie (CE2-CM1) et dont les portes ne sont jamais fermées. Dans cette pièce, appelée « la Verrière », un cabinet de lecture, petit salon avec des coussins par terre pour lire tranquille, des tables disposées pour travailler les projets en groupes, un vélo pour lire en mouvement, un coin Dessin, des bureaux pour travailler seul(e) avec un casque antibruit... On se croirait dans un incubateur de start-up. Les élèves des deux enseignants s'y installent pour travailler ou pour lire quand ils ont fini leurs activités obligatoires, l'atmosphère y est paisible et studieuse.

Maître Fafa est aussi papa et cela affleure à la façon qu'il a d'accompagner ses élèves sur le chemin de l'autonomie. Il les écoute, les regarde et s'adapte à chacun pour qu'ils apprennent à se connaître. Dans sa classe, on apprend à identifier les matières sur lesquelles on a besoin de progresser et à prendre ses responsabilités. D'ailleurs, un grand tableau, le tableau des responsabilités, récapitule les rôles de chacun pour la semaine. Un ou deux responsables pour chaque poste : Distributeurs/Ramasseurs – Faune et flore – Planning – Messager – Rituels – Anglais – Portail – Ateliers – EPS – Remplaçants – Tuteurs – Médiateur – Reporters – Lumières – Gardien du temps – Numérique – Déménageurs. Toutes les semaines, deux Reporters font un article qui est publié sur Educartable[8].

Pour l'heure, tout le monde s'installe sur les tables disposées en U devant le VPI, vidéoprojecteur interactif, qui récapitule le programme du jour, avec le matériel nécessaire, les supports et les responsabilités de chacun. Le Gardien du temps lance le minuteur sur le VPI et une petite musique retentit, qui rythmera les différentes séquences de la journée. Certaines matières seront travaillées de façon classique, mais pour le moment la classe est séparée en quatre groupes.

Un petit groupe de six se réunit autour du maître, c'est l'atelier « Maths » : « 1 steak haché coûte 2 euros ; 5 steaks coûtent 10 euros. Est-ce une SP ou une SNP – situation proportionnelle ou situation non proportionnelle ? On multiplie par 5 à la fois les quantités et les prix, donc c'est... une SP. C'est clair pour tout le monde ? » Les enfants ont l'air d'avoir compris, il est donc temps de mettre tout ça en application en faisant des exercices. Mais L. bavarde, distrait ses camarades et n'écoute pas les consignes. Il se fait réprimander une première fois par le maître. On passe aux exercices.

Maître Fafa a décidé de développer l'autonomie, parce que « c'est quelque chose de primordial quand on arrive au collège ». Des fiches de suivi différentes sont adaptées aux trois niveaux d'autonomie. Quand c'est Maître Fafa qui choisit les activités à faire, niveau 1. Quand Maître Fafa en choisit quelques-unes et que l'élève choisit les autres, c'est le niveau 2. Et enfin, le niveau 3 signifie que l'élève choisit entièrement les activités qu'il veut faire et peut aider ses camarades. En début d'année, tous les élèves ont la même fiche qui s'appelle alors une « fiche de suivi du travail autonome », et ensuite ça évolue et certains passent au niveau 2 ou au niveau 3, qui deviennent alors des « contrats de travail autonome ». Maître Fafa fait tout pour qu'ils apprennent à déterminer ce sur quoi ils ont besoin de travailler. C'est aussi comme ça que l'on apprend. En réalisant quels sont nos points forts et ceux sur lesquels il faut insister, faire et refaire.

Sur les 28 élèves, 8 sont en CM1 et 20 en CM2 ; 13 élèves sont en niveau 3 et 15 en niveaux 1 et 2. Mais le niveau d'autonomie n'est pas forcément une question d'âge, certains CM2 peuvent être en niveau 1 ou 2 et des CM1 en niveau 3.

Dans un coin, Roméo et Victor, tous deux en CM2, sont justement installés, en autonomie, autour du jeu Orthoreflex[9], créé par Maître Fafa. Quand il a introduit les jeux dans la classe, c'étaient des jeux qu'il achetait dans le commerce et il n'y en avait pas beaucoup. Alors il a commencé à en créer. Sur le plateau d'Orthoreflex, le dé est lancé et la grenouille en plastique verte de Victor rejoint le renard rigolard de Roméo sur la case 6. Victor tire une carte jaune qui correspond à la couleur et au degré de difficulté de la case : « Choisis la forme qui convient et indique les mots qui t'ont permis de décider : "Le soleil et les paysages ÉTONNE/ÉTONNENT le jeune homme." » Réflexion à voix haute de Victor : « Qu'est-ce qui étonne ? C'est le soleil et les paysages, du coup c'est *ENT* ! » La voix se veut sûre, mais quand Victor retourne la carte et constate qu'il a vu juste, le « Ouais ! *Let's go* » qui suit nous laisse à penser qu'il y avait quand même un petit doute et l'enfant le sent. L'autonomie, c'est ça aussi, percevoir le doute et consolider l'apprentissage en lançant de nouveau le dé. La grenouille repart, bientôt suivie du renard. Maître Fafa précise que « les élèves qui sont en niveau 3, à peu près la moitié de la classe, ce sont des élèves qui sont capables d'être autonomes, qui ont le goût de l'effort, donc ce sont eux qui choisissent leur activité autonome, mais ils ont aussi un projet qu'ils choisissent, qu'ils me présentent et qu'ils présentent ensuite à la classe. Ils ont sept semaines pour réaliser ce projet ».

Et nous allons justement retrouver un autre petit groupe qui travaille sur l'ordinateur à un projet de jeu de plateau pour réviser l'anglais. Ils font des cartes sur les mots de la mode. Sur l'écran de l'ordinateur, Méloë nous montre une des cartes « *CLOTHES* » qu'ils sont en train de composer : « Cherche le mot "cravate" dans la liste : *Tie / Pants / Sock / Dress / Shirt* ». Les cartes vérifiées et approuvées seront ensuite plastifiées et pourront servir de support pour les niveaux 2 ou 3. C'est astucieusement pensé et cela n'est pas un hasard si Maître Fafa est aussi créateur de jeux, il a l'art et la manière de mélanger plaisir et apprentissage. Sans compter qu'il faut vraiment fabriquer les cartes après les avoir modélisées sur l'ordinateur.

En termes de transmission, Maître Fafa va plus loin encore : « Les élèves en niveau 3 peuvent être tuteurs et aller aider leurs camarades en difficulté. On a expliqué le rôle du Tuteur en début d'année ; ce n'est évidemment pas de donner la réponse, mais d'aider à trouver des stratégies ou des outils pour y arriver. » Deux Tuteurs sont nommés chaque semaine. Cette semaine, les Tuteurs sont Victor et Enola, c'est marqué sur le tableau de responsabilités. Juste à côté, une feuille tout en couleurs sur le tutorat : Bienveillance – Respect – Aide. Avec deux colonnes en dessous. D'un côté, les devoirs du tutoré, qui doit d'abord essayer tout seul, regarder si le Tuteur est disponible, écouter, y mettre du sien et remercier celui ou celle qui l'a aidé. Et, de l'autre côté, les missions du Tuteur : terminer son travail d'abord, répondre à une demande précise, ne pas donner la réponse, s'exprimer calmement, encourager son camarade et chuchoter.

Victor, en CM2, notre grenouille d'Orthoreflex, arborant fièrement son badge de Tuteur, se place aux côtés d'une de ses camarades en difficulté en maths. Il réexplique l'énoncé, écoute et donne des conseils. Au-delà du fait qu'aider est valorisant, c'est aussi une jolie façon de consolider ses acquis en mettant au point des stratégies pour les faire comprendre à d'autres.

Mais l'autonomie passe aussi par le couloir. Depuis quelques semaines, Maître Fafa a en effet mis en place un couloir actif, accessible à ses élèves et à ceux de Maîtresse Julie. En silence. Certains enfants demandent à y aller d'eux-mêmes, d'autres y sont parfois envoyés pour aller se calmer, en suivant un parcours fait de consignes et d'autocollants placés au sol et sur les murs. D'ailleurs, notre ami L., au terme de la troisième réprimande pendant l'atelier « Maths », vient justement d'y être envoyé par le maître. Dans le couloir, plusieurs parcours permettent de réviser de façon ludique les lettres de l'alphabet, la comptine numérique, le vocabulaire spatial, les suites logiques, les formes ou même le calcul mental, tout en prenant du plaisir à bouger et à se défouler, sans parler. Quand il revient s'asseoir au milieu de ses camarades, L. semble plus calme mais cela ne va pas durer, nous y reviendrons pendant le conseil de classe.

Juste après la récré, deux ateliers : « Travail personnel » et « Remédiation ». Ce dernier permet de revenir sur des notions déjà abordées mais qui ne sont pas encore acquises par certains. Un petit groupe s'installe donc en autonomie dans un coin, pour revenir sur l'atelier « Maths » : « Rendre la monnaie ». Julia et Victor, Tuteurs, vont les aider. Maître Fafa a créé, composé et plastifié des faux tickets de caisse d'un supermarché fictif pour leur faire travailler le calcul d'une façon concrète. Les tickets de caisse plastifiés, très réalistes, sont assez grands – 15 centimètres de haut sur 5 de large – et les élèves remplissent les cases vides avec des feutres qui s'effacent ensuite. Il y a plusieurs niveaux de difficulté. Julia distribue les tickets de caisse et demande à ses camarades de décomposer les opérations sur leur ardoise avant de les reporter sur le ticket lui-même. Cela donne par exemple : 3 x conserve de haricots à 0,99 euro l'unité – Prix total ? + 2 x rôti de bœuf à 11,29 euros l'unité – Prix total ? + 2 x 1 kilo de ventrèche à 11,35 euros l'unité – Prix total ? + 1 lot de 2 steaks hachés à 3,29 euros l'unité – Prix total ? J'ai donné 60 euros, combien doit-on me rendre ?

La journée s'écoule ainsi et nous sommes presque à l'heure du conseil de classe du vendredi. Les consignes, devoirs à la maison ou papiers à faire signer, sont affichées sur le VPI, chaque élève les recopie sur son cahier. Maître Fafa en profite pour corriger les exercices de maths et d'orthographe du matin. Il appelle les élèves quand il y a des erreurs et refait le calcul avec eux, en direct. Et parfois, le simple fait de dire : « Ce n'est pas ça, tu aurais dû... » permet à l'enfant de trouver la solution. L'équipe des Déménageurs, aidée par quelques camarades, remet les tables en C pour le conseil de classe. Dans quelques dizaines de minutes, tout le monde sera en week-end mais la déconcentration n'est pas de mise, au contraire. Le maître s'installe, avec sa pile de cahiers que les élèves récupéreront pour les faire signer à leurs parents. Les élèves se répartissent de chaque côté du maître, certains s'assoient en face de lui. L'ambiance est à la fois celle d'un conseil municipal et d'une réunion de stratégie dans une start-up. L'élève en charge du numérique pour la semaine lance le VPI, sur lequel s'affichent les objectifs du conseil de classe. Maître Fafa relit chaque point : « Donner votre avis sur une activité, remercier ou féliciter quelqu'un, demander quelque chose pour la classe ou autre. » Les élèves sont censés avoir préparé leur intervention en amont. Chaque élève va prendre la parole, certains savent très précisément ce qu'ils veulent dire, d'autres pas. Certaines activités de la semaine ont été particulièrement appréciées, d'autres moins. Évidemment, il faut argumenter. C'est Roméo, assis à la droite de Maître Fafa, qui va distribuer les temps de parole.

Au fil du tour de table, tout est passé au crible : les différents ateliers, la façon dont les jeux sont rangés, l'avancée du projet Théâtre pour la représentation de fin d'année, mais aussi le comportement de certains qui troublent la classe. Et le prénom d'un des élèves revient souvent. Ne serait-ce pas celui que Maître Fafa a envoyé dans le couloir actif ce matin ? Quand ses camarades disent son prénom, c'est avec la candeur des enfants et avec leur brutale franchise à la fois. L'élève en question baisse la tête. Maître Fafa laisse le tour de table continuer. Chacun parle tour à tour, on ne se coupe pas la parole et on s'écoute. Un élève aborde la gestion des tables : « Moi, je propose qu'on insiste pour que les Déménageurs organisent la classe avant qu'on aille manger, parce que sinon ils oublient souvent et on perd du temps après. » Personne ne rit ni ne sourit, chaque point abordé l'est avec le même sérieux. Un élève propose deux nouveaux Tuteurs, particulièrement coopératifs cette semaine. À la fin du tour de table, Maître Fafa fait le bilan, rappelle des points du règlement, et on passe au vote pour que les Déménageurs poussent les tables et préparent la salle avant le déjeuner. Voté à l'unanimité. L., dont le comportement a été pointé par ses camarades, demande à prendre la parole. Accordé. Il a l'air sincèrement troublé d'avoir été cité plusieurs fois par ses camarades, mais ne trouve pas d'argument pour se justifier. Le maître va reformuler les propos de ses camarades pour en faire ressortir une marge de progression et de compréhension. On range ses affaires sur les étagères et dans les meubles prévus à cet effet. Il va falloir quitter ses chaussons.

À terme, Fabrice Réchède voudrait devenir PEMF, professeur des écoles maître formateur. Pour le moment il est MAT, maître auxiliaire temporaire. Mais peut-être sera-t-il concepteur de jeux aussi[1C]. Quoi qu'il arrive, il veut garder ses classes, enseigner. C'est le cœur de sa passion.

L'école du temps calme déconnecté : méditer pour se recentrer

Collège d'Alcanena, Portugal

Nous ne sommes pas dans une région touristique du Portugal, et si l'établissement n'abritait pas en son centre quelques magnifiques palmiers gorgés de soleil, nous pourrions être partout, ici comme ailleurs. Dans le district de Santarém, un des 18 que compte le Portugal, la ville d'Alcanena peut pourtant se targuer d'avoir une spécialité régionale *muito original* au sein de son groupement d'écoles publiques : un collège où la méditation est enseignée, au même titre que les savoirs fondamentaux classiques, par deux professeures. L'une, Fernanda Marques, est professeure de portugais, et l'autre, Anabela Ruivo, professeure de méditation.

Il fait déjà chaud en ce beau matin de mai. Les élèves pénètrent dans l'établissement de la même manière que dans tous les établissements du monde (ou presque), scotchés aux écrans de leurs téléphones. Mais quand ils s'installent dans la classe d'Anabela Ruivo, c'est un tout autre moyen de communication qu'ils utilisent. Sur le bureau de la prof, six bols tibétains, du plus petit au plus grand, et des maillets à petites têtes en feutre gris. Nous sommes pourtant dans une salle classique, tableau noir, pupitres et chaises.

Une fois tout le monde installé, une élève fait résonner un bol tibétain et retourne s'asseoir. Anabela enchaîne, d'une voix posée, dans les vibrations finissantes : « Inspirez… relâchez. » Les élèves ferment les yeux et respirent. Anabela poursuit : « C'est bien. Maintenant, relâchez vos yeux… comme s'ils étaient très lourds… Inspirez, expirez… On va se concentrer sur le rythme cardiaque. » Nouveau léger coup de maillet pour faire chanter le bol, mais cette fois c'est Anabela qui officie : « Pensez à la semaine qui commence, aux bonnes notes que vous aurez, ou pas, peu importe… » Anabela se rapproche d'une élève et fait doucement chanter le bol tout près d'elle : « Inspire, expire. » Les mains nouées, la jeune fille a du mal à se détendre. Un de leurs camarades a trouvé la mort dans un accident de moto la veille, tout le monde est encore sous le choc. Anabela continue : « Nous allons imaginer qu'il est possible de retirer ce poids de notre corps et de notre esprit… Inspirez, expirez… Relâchez, concentrez-vous sur le centre de la vibration. » Anabela fait ensuite résonner dans les rangs de la classe deux carillons cylindriques en bambou qui libèrent des accords pentatoniques apaisants.

Dans notre monde hyper connecté où tout s'accélère, les adolescents sont sollicités en permanence et de nombreux professeurs se plaignent d'un déficit d'attention. Pour les aider à se recentrer sur eux-mêmes, dans le collège d'Alcanena s'est ainsi imposée l'idée de pratiquer la méditation en « pleine conscience », loin de toute connotation religieuse[11]. Cela passe par des cours dédiés de méditation et par un « programme Temps calme » dont le principe est simple : accompagner les enseignants et les élèves dans la mise en place de séances quotidiennes de méditation de 15 minutes. Un temps finalement court, mais qui a des effets très bénéfiques sur le stress des jeunes. Catarina, 17 ans, en première, l'atteste : « Quand je fais mes devoirs, j'ai tendance à me déconcentrer à cause de mon portable, je regarde si j'ai des messages, des notifications. Mais depuis que j'ai commencé la méditation en début d'année, c'est marrant, j'arrive mieux à lâcher mon téléphone et à me concentrer même plusieurs heures d'affilée. »

Pendant quatre mois, les équipes dirigeantes du regroupement scolaire ont comparé les résultats de deux échantillons d'élèves, l'un suivant ce programme et l'autre non. La conclusion est sans appel : en découvrant comment se reconnecter à eux-mêmes, les collégiens gèrent mieux leurs émotions et réduisent leur anxiété. Ils sont plus détendus, les incivilités en classe diminuent, ils étudient mieux, développent leur confiance en eux et deviennent plus créatifs. Ces effets bénéfiques se retrouvent dans leurs résultats. Le programme est adopté.

Anabela est professeure internationale de bols tibétains et de gongs depuis trente-deux ans. Mais quand en 2018 elle propose, avec Fernanda, à la direction de l'école d'instituer un cours « Bols et gongs » dans le programme, c'est la première fois qu'elle tente l'expérience : « Aucune autre école ne propose cela, nous sommes des pionniers. Et comme il n'y a qu'un seul atelier qui fabrique des gongs au Portugal et que j'en fais partie, nous utilisons des instruments qui ont été spécialement fabriqués pour moi. C'est un travail que je fais avec des élèves du CM2 au secondaire et j'ai remarqué que, quel que soit leur âge, plus la pratique est assidue, plus ils gagnent en concentration. Cela améliore la qualité de leur travail, réduit leur problème d'hyperactivité ou de phobie scolaire. Certains viennent "même si c'est juste pour dormir", comme ils disent, mais c'est plus que ça, ils ressentent des vibrations qui les tranquillisent et leur donnent envie de venir à l'école. D'ailleurs, ils ne ratent jamais mes cours. » Sourire d'Anabela.

C'est dans le gymnase que nous retrouvons Anabela, un peu plus tard, avec une autre classe. Mais, cette fois, ce sont deux énormes gongs en bronze enchâssés dans un portique qui attendent ses élèves. Certains s'allongent sur des tapis de sol, d'autres s'assoient. Anabela fait résonner un gong puis l'autre avec deux gros maillets. Les vibrations sont profondes, puissantes et résonnent longtemps, comme des milliers de ronds dans l'eau. Difficile de ne pas s'abandonner au bain de gong. Pas un mouvement dans l'immense gymnase, Anabela semble dotée d'un superpouvoir, celui de figer le temps et l'espace dans un univers en expansion. Anabela a une explication : « Comme je le dis souvent à mes élèves, notre corps est constitué à 75 ou 80 % d'eau, et quand nous le faisons vibrer, notre niveau d'anxiété change, notre bien-être augmente, nous retrouvons le sourire, la santé, et nous nous sentons plus heureux. »

Fernanda Marques est professeure de portugais dans cet établissement depuis trente-quatre ans. C'est en 2008 qu'elle commence à s'intéresser à la méditation. Atteinte d'un cancer, elle cherche des solutions alternatives pour calmer son anxiété et la douleur. Quelques années plus tard, elle a désormais un créneau dédié à la méditation avec ses classes mais intervient aussi dans les autres classes, à la demande ponctuelle des profs : « C'est d'autant plus important qu'avec le numérique les enfants sont habitués à l'immédiateté, tout est accéléré, tout est stressant, ils sont connectés en permanence. Or ils ont... nous avons tous vraiment besoin d'apprendre à nous arrêter, à casser ce rythme, car nous n'arrivons plus à être attentifs. Méditer aide les élèves à se poser pour réfléchir, s'interroger et penser par eux-mêmes. Il ne s'agit pas de se refermer sur soi, mais au contraire de pouvoir se donner aux autres de façon plus consciente. »

Et aujourd'hui, avant de commencer le cours de portugais, pour soulager ses élèves de la perte de leur camarade, Fernanda va les faire travailler pendant quinze minutes sur un mandala, le leur.

Elle les guide pour les aider à s'observer intérieurement, sentir les images, les formes, les couleurs qui les traversent. Ils reproduisent ensuite sur le papier ce qu'ils ont ressenti, dessinant ainsi une sorte d'autoportrait, un selfie intérieur. Au-delà de ses vertus relaxantes, cet exercice sert parfois de déclic et souvent de passerelle pour comprendre et exprimer ses émotions.

Léandro, en classe de troisième, était plutôt sceptique au début sur les bienfaits de la méditation : « Je trouvais que ça ne servait à rien. Et puis, je crois que c'était pour un contrôle de portugais justement, j'ai fait de la méditation chez moi avant de partir. Quand je suis arrivé, j'étais détendu. C'était comme si c'était un jour normal, pas un jour de contrôle. Et c'est à partir de là que j'ai commencé à y croire. » Tiago, 16 ans, confirme : « Moi, la méditation me sert aussi avant les matchs de foot. Par exemple, pour faire abstraction des joueurs du club adverse, pour ne pas y penser, pour me sentir plus calme et jouer comme il faut. »

Quel plus beau compliment dans la bouche d'un adolescent ?

La reconnexion à soi grâce au brain ball

L'Année lumière, Lyon, France

En France et dans beaucoup d'autres pays européens, à la fin du secondaire, au moment de s'engager dans des études supérieures ou après, de plus en plus de jeunes décrochent. L'Année lumière[12] suit pendant une année des décrocheurs avec l'objectif de leur redonner confiance en eux, d'enrichir leur potentiel, afin qu'ils puissent se frotter aux réalités du monde du travail. Mais ils ne le feront que mieux en apprenant à se connecter vraiment à eux-mêmes. Quand Claire Bleton-Martin a créé cette association sur le modèle des Højskole danoises, elle s'est entourée de coachs en orientation scolaire, dont Cécile Thiry[13] fait partie.

Bienvenue à l'atelier « *Brain ball* : la gym du cerveau ». Une fois par semaine, par petits groupes, les Lumineux se livrent à un drôle de jonglage en rythme, avec Cécile Thiry. Pour le moment, ils sont assis en cercle et font passer de petits sacs de grains d'une de leurs mains à l'autre avant de le transmettre à leur voisin de droite, tout en recueillant celui de leur voisin de gauche. Au son du métronome et des consignes énoncées par la coach : « Un, deux, on passe, on pose, et un, deux, on passe, on pose... », les gestes suivent la cadence. Ce qui, a priori, a l'air d'une activité bien innocente, exerce la vision, aiguise la concentration, la confiance en ses capacités et en son corps, la coordination, l'anticipation et la coopération. « Et, un, deux, on passe, on pose », le corps expérimente les trois dimensions.

Lya, 22 ans, est dithyrambique : « Ça permet de mobiliser en même temps les deux parties du corps, comme lorsqu'on est enfant et qu'on grimpe dans un arbre ou qu'on marche à quatre pattes, on utilise vraiment cette bilatéralité. Ça permet de travailler le cortex droit et le cortex gauche du cerveau, de pratiquer une certaine mobilité et de travailler en groupe. Certains exercices se font seul mais d'autres à deux, voire à plusieurs, et ça demande une certaine concentration et un vrai esprit d'équipe. »

Debout maintenant, en rond toujours, mouvements croisés avec balles de rebond, aïe ! ça se complique. Cécile explique à Marine : « Regarde. Il va lancer la balle entre son pied gauche et ton pied droit, tu récupères avec ta main gauche et tu croises le mouvement, comme ça. » Ah oui, facile... Eh bien, pas du tout. Sofiane, 20 ans, nous rassure : « Quand on commence un nouvel exercice, parfois on ne va pas du tout le maîtriser, on va avoir du mal à saisir les balles, à maîtriser le mouvement et en fait, la semaine d'après, alors qu'on n'aura pas du tout pratiqué de la semaine, le cerveau aura été capable d'assimiler tous les mouvements et on va super bien s'en sortir. » Sa copine Lya renchérit : « Quand on fait du *brain ball* et qu'après on a philo ou qu'il faut bosser sur notre projet, on est beaucoup plus détendus, plus concentrés, plus réceptifs. »

Muscler son cerveau, c'est se donner le goût de l'effort, de la persévérance et la possibilité de rester concentré sur ses sensations et ses émotions. C'est aussi apprendre à se connaître. Dans un monde où la technologie rend passif, c'est reprendre le pouvoir d'être soi. Considérées par certains comme des neuromythes, ces techniques – méditation, temps calme, *brain ball* – permettent en tout cas de placer l'élève au centre de l'apprentissage et de la relation à autrui ; elles lui donnent une place, sa place.

La pleine conscience du body shaming : déconstruire les préjugés et lutter contre le harcèlement

Riverside School, Ahmedabad, Inde

L'adolescence… l'âge des préjugés et des complexes refoulés. À la Riverside School[14], une fois par semaine, tous les élèves ont un cours de « pleine conscience » ou *mindfulness*, de la quatrième à la terminale.

Aujourd'hui, c'est une classe de terminale qui va échanger pendant une heure avec Srimonti Guha, leur professeure de psychologie, autour du *body shaming*, traduisez : la « honte du corps ». Anglicisme qui n'a presque plus besoin d'être traduit tant il recouvre une réalité vécue partout, par toutes et par tous. On n'est pas sérieux quand on a 17 ans ?

Les rideaux bleus ont été tirés pour que la chaleur ne rentre pas, l'atmosphère est intimiste. Les élèves entrent et s'assoient, qui par terre, qui sur le canapé du fond ou sur une chaise. Debout, devant le tableau blanc, la prof les accueille avec un grand sourire. Elle est jeune et leur ressemble un peu, avec son blouson en jean et sa queue-de-cheval. Tout le monde est installé dans des postures qui lui conviennent, à la fois décontractées et concentrées. Pour que les corps puissent parler, il faut leur laisser un peu de liberté, de sa liberté.

La prof marque « *body shaming* » au tableau. L'expression est encadrée pour servir de point de départ à l'enquête. Srimonti parle simplement et clairement, et, surtout, elle connaît bien ses élèves. À la Riverside School, on se parle beaucoup, entre élèves, entre élèves et professeurs, entre professeurs. Elle leur demande s'ils comprennent ce que l'expression signifie. Une jeune fille répond : « C'est le fait d'appeler quelqu'un qui est gros "l'éléphant" par exemple, ou quelqu'un qui est trop maigre "le mal nourri". » Srimonti part de l'encadré, « *body shaming* », trace une première flèche et note un premier thème : « Mettre des étiquettes sur les gens ». Une autre jeune fille lève la main : « Se moquer de quelqu'un. » La prof trace une seconde flèche et inscrit un autre thème : « Se moquer ». Au fur et à mesure des exemples donnés par les élèves, les flèches se multiplient : Opinions et conseils superficiels / Répéter des ragots / Mettre quelqu'un mal à l'aise / Poster des commentaires inappropriés sur les réseaux / Mettre la pression... Une élève souligne le fait que tout le monde peut en être victime, filles et garçons. Srimonti note donc « Égalité des genres » juste au-dessus de l'encadré. Le tableau est bientôt rempli de flèches et de notes. Nous avons donc une victime, le corps ; et des coupables, les mots.

Srimonti explique que la visée de ce cours de pleine conscience, « c'est que les jeunes aient une compréhension de leur esprit, de leur corps et de leur propre personne. Qu'ils sachent se concentrer sur eux-mêmes en tant qu'individus et rien d'autre ».

La discussion continue sur les origines du *body shaming*. Reeva a un avis bien tranché sur la question. Elle dit sans hésitation et sans avoir peur de la réaction de ses camarades : « À longueur de temps, dans les médias, on ne voit que des types de corps très spécifiques et on est conditionnés à penser que c'est à ça que devrait ressembler un corps. Et tout ce qui s'écarte un peu trop de cet idéal est considéré comme excessif et sujet à moquerie. » Srimonti acquiesce et note « médias » sur le tableau. Un jeune homme lève la main : « Je pense aussi qu'il y a des personnes très influencées par ces médias qui créent une pression sur les gens et leur font sentir qu'ils ne sont pas assez bien pour faire partie de leur groupe. C'est l'un des principaux problèmes auxquels les gens sont confrontés. » Srimonti opine du chef et va le noter sur le tableau, mais en renversant un peu la proposition : « Donc, se sentir accepté ». D'ailleurs, elle ne le note pas par une flèche qu'elle fait partir de l'encadré, mais sur le côté du tableau, comme le début d'une liste de solutions. Tout le monde va ensuite lister les endroits où la honte du corps prend racine : les films, la pression sociale, les héros, sa famille, son propre regard sur soi... Srimonti propose ensuite un petit exercice simple à faire en cinq minutes.

LES CERCLES CONCENTRIQUES

Sur une feuille de papier, les élèves vont dessiner un petit rond plein, un point donc. Autour de ce rond, ils devront en dessiner un autre, le plus près possible du premier mais sans le toucher. Et ainsi de suite, autant de cercles concentriques dessinés les uns autour des autres, qui vont se contenir sans se toucher, se ressembler sans être jamais les mêmes. La prof leur distribue des feuilles, un quart de feuille A4 chacun.
Bizarre ? Surprenant, en tout cas. D'ailleurs, c'est tout juste si certains n'essaient pas de copier sur leurs camarades tellement la consigne leur paraît déroutante. Srimonti lance une musique de relaxation et l'exercice commence. Concentration concentrique !

D'aucuns ont des stratégies surprenantes pour que leurs ronds respectent la consigne, d'autres y vont plus franchement. L'essentiel est ailleurs. Pendant ces cinq minutes, ils sont tous concentrés sur leur dessin. C'est d'ailleurs assez hypnotisant pour nous de les regarder tracer ces cercles. On se croirait perdus dans les yeux de Triste Sire, Sir Hiss en version originale, le sinistre serpent qui siffle ses pernicieux conseils dans le *Robin des Bois* de Walt Disney. Et c'est bien là l'effet recherché. Les placer durant quelques minutes dans un autre état de conscience, le leur.

Quand les cinq minutes sont écoulées, vient le temps de l'échange. Les élèves expliquent ce qu'ils ont ressenti pendant qu'ils dessinaient. Continuer à reproduire le même cercle n'est pas facile, la forme change. Ne pas toucher le cercle précédent s'avère très compliqué également. La prof leur demande à présent de ramener cet exercice à leur vie de tous les jours : « Pourquoi vous ai-je demandé de faire ces cercles, à votre avis ? »

Reeva ose une interprétation : « Nous pourrions être les lignes. Et c'est de notre devoir de ne pas envahir les cercles des autres, leurs espaces. » Soham enchaîne : « Chaque cercle est une étape pour atteindre notre but, et il faut l'atteindre de la façon la plus efficace, mais il est impossible que les cercles soient absolument parfaits, parfois la forme évolue. Mais si on accepte ça, on avance. » Touani y va aussi de son explication : « Le centre, c'est nous, et chaque expérience, chaque cercle, c'est nous qui grandissons, et... comme le cercle n'a pas de côté, toutes nos expériences nous ramènent à nous. »

Srimonti leur demande ensuite en quoi cet exercice a un rapport avec le sujet du jour. Chaque cercle est une personne. Tous les cercles ne peuvent être parfaits mais ils sont tous des cercles. La discussion se poursuit, animée, joyeuse, tout le monde partage son sentiment sur les cercles, du plus petit au plus grand, de soi aux autres. Quand Srimonti résume tout ce qui s'est dit, c'est assez clair : « Vous êtes le point central de tous vos cercles et chacun des gens avec qui vous entrez en relation est aussi un nouveau cercle. Comme vous vous êtes concentrés pendant que vous dessiniez pour ne pas toucher le cercle précédent, vous devez faire de même dans la vraie vie et ne pas intervenir dans le cercle de l'autre. Nous ne sommes pas parfaits. Personne n'a un corps parfait. La définition d'un corps parfait ne sera pas la même selon que vous la demanderez à un mannequin de magazine ou à un médecin. »

La discussion continue, à bâtons rompus mais à fleurets délibérément mouchetés. Tout le monde a compris que les réflexions des uns enrichiront la sienne. Srimonti note toutes les recommandations et tous les conseils au tableau, au marqueur vert. « Ne touchez pas les cercles des autres. » « Ce que vous dites est comme une pierre que l'on jette dans l'eau et qui produit une suite de ricochets »... La liste s'allonge. On en vient à évoquer la façon dont on peut, par exemple, lutter contre les préjugés en matière de sexualité... Grâce aux petites conversations quotidiennes. Super. En arrêtant de mettre la honte à ceux qu'on ne comprend pas. Parfait. En comprenant que ça commence par le regard que je porte. Très bien.

Srimonti va plus loin : « Et si, vous, vous vous sentez victime de cette honte ? » En allant en parler à la personne qui a fait une réflexion, pour qu'elle change d'attitude. C'est noté. Parce que parfois on peut blesser quelqu'un sans le vouloir.

Parfois aussi, on dit à quelqu'un qu'il devrait faire un régime en pensant l'aider mais, si ça se trouve, il était bien comme il était avant qu'on le lui dise.

Au fil de la conversation et des notes qui noircissent le tableau, les élèves réalisent ce qu'ils savent confusément. Quand on se moque de quelqu'un, c'est souvent parce que l'on souffre soi-même d'un complexe. Mais il y a aussi des situations compliquées, même entre amis. Quand les gens font une blague sur leur propre corps, on peut rire mais la ligne est fragile, ils peuvent être offensés quand même. Évidemment.

Srimonti arrête de noter et les regarde : « Que ce soit pour la sexualité, le rapport à l'autre, la honte du corps, ce qui est important aussi c'est que vous compreniez que si vous dites du mal de quelqu'un, si vous vous en moquez, les autres vont se permettre de se moquer de vous. » *Karma Sutra*.

Srimonti leur donne ensuite deux minutes pour écrire une stratégie afin d'arrêter net le *body shaming* dans n'importe quelle conversation. En leur précisant que la question n'est pas si facile que ça. Comment distinguer le *body shaming* du feedback ?

Les réponses fusent très vite : ce qui fait la différence, c'est la nature de la relation entre la personne qui parle et moi. Si c'est quelqu'un que je connais bien, c'est du feed-back. Oui, mais même, cela peut t'affecter… Ah, oui. Si cela m'affecte, je ne réponds pas. Mais ça peut t'impacter quand même et en plus ça peut avoir un effet négatif sur la personne qui le dit : elle peut ensuite avoir peur de t'avoir blessé si tu n'as pas réagi. Oh là là. En plus, ça peut rester dans ton subconscient, il faut dire à la personne que ça t'a blessé, pour que ça s'efface de ta mémoire… de ton corps. Soham tente une conclusion : « Il faut rester ouvert d'esprit envers tout le monde et ne pas dire certaines choses qu'on pense avant de savoir pourquoi on a envie de les dire. » Tuani fait plus court : « Il faut fixer des limites. » Reeva a le dernier mot : « Dire non. »

Au-delà du rapport au corps, à la sexualité, il y a aussi en sous-texte toute une réflexion sur les discriminations religieuses et le racisme. Dans la région du Gujarat, la situation politique et religieuse est très tendue, souvent violente. Parler de pleine conscience, c'est s'interroger sur son rapport à l'autre, en partant de soi.

Le cours est fini, tout le monde se lève. Certaines choses se sont dites, d'autres se sont glissées l'air de rien dans les plis du présent.

Srimonti est psychologue clinicienne, c'est à ce titre qu'elle est professeure ici. Quand on lui fait remarquer que, depuis trois jours que nous sommes dans l'école, nous n'avons pas assisté – à notre grande surprise de tempéraments latins – à un seul échange violent, fût-il verbal, pas la moindre trace de harcèlement, rien, elle sourit : « Un des grands principes de l'école c'est de construire des relations, les congloms[15], les feedback après les congloms, les échanges permanents entre les élèves et les profs sur l'humain. Les élèves peuvent poser des questions tout le temps, tout événement peut être discuté. La communication, c'est ce qu'il y a de plus important ici. Du coup, ça impacte la façon dont ils se parlent entre eux, ils se connaissent tous très bien. » Srimonti place les cours de pleine conscience dans cette même dynamique : « On veut qu'ils comprennent ce qu'il y a dans leur esprit et dans leur corps. Qu'ils se concentrent sur eux en tant qu'individus, qu'ils apprennent à se connaître, à se découvrir pour pouvoir intégrer ça dans tous les aspects de leur vie quotidienne. Parce que dans le quotidien on a tendance à se concentrer sur ce que veulent les autres, sur ce dont ils ont besoin... Là, c'est le contraire. Ce genre d'exercice facilite la concentration, l'attention. Quand on a conscience de ça, ça aide à bien comprendre ce que l'on veut dans la vie. Et comment agir *pour* soi, pas *contre* les autres. »

Conclusion

Quand nous avons choisi le titre *Le Bonheur à l'école*, c'est en pensant à l'étymologie du mot « bonheur » que cite Michel Hervé, homme politique et entrepreneur français : « Dans "bonheur", il y a "heur", mot de vieux français issu du latin *augeo*, qui signifie "faire croître", "augmenter". Être heureux, c'est cela : se tourner positivement vers l'avenir[1]. »

Pour Henrik Salum, le directeur de la Gustav Adolf Grammar School de Tallinn, en Estonie : « Il y a autre chose qu'on oublie souvent quand on parle de bonheur à l'école, c'est le plaisir de progresser. Quand on travaille dur, on fait un effort et on obtient un résultat qui nous rend heureux. Il faut insister sur cet aspect. Parce qu'on ne peut pas faire uniquement des choses qui nous amusent et nous intéressent. Le vrai bonheur vient d'ailleurs. »

Nous avons visité des écoles de toutes sortes, publiques, privées et alternatives, qui réussissent à faire progresser leurs élèves en leur faisant confiance, en les poussant à « faire », à s'investir dans le monde qui les entoure, à interagir avec leurs pairs et à expérimenter. Toutes sont habitées par le même élan : donner du sens à l'école à l'heure où le savoir est partout grâce au numérique.

« On va vers une crise de motivation et d'intérêt par rapport à ce qu'on apprend à l'école. Pourquoi apprendre alors qu'on peut le faire faire par l'IA ? Quelle est la valeur ajoutée de ce qu'on apprend et, au-delà, quelle est la valeur ajoutée d'un être humain ? Quand on observe la cérémonie du thé ou l'art du tir à l'arc au Japon, ce qui compte c'est l'état d'esprit dans lequel on fait les choses. C'est pas le fait de faire du thé, c'est pas le fait d'envoyer une flèche dans la cible, c'est l'état d'esprit qui est valorisé ; ce qui donne de la valeur à ce qu'on fait c'est l'état d'esprit et d'attention dans lequel on l'a fait, ce qui donne une valeur unique et pas reproduisible par une machine. Il faut recentrer l'école sur l'état d'esprit dans lequel on fait les choses, pour contrecarrer la crise du sens[2] », rappelle Jean-Philippe Lachaux, directeur de recherche en neurosciences cognitives (Inserm-CRNL), spécialiste de l'attention.

Et même ChatGPT le dit ! Quand on lui demande : « Qu'est-ce que l'intelligence artificielle va changer dans l'éducation des élèves ? », l'IA répond : « Il est important de noter que l'IA ne remplacera pas les enseignants, mais elle peut compléter leur rôle en leur fournissant des outils et des informations pour améliorer l'enseignement et l'apprentissage. L'interaction humaine reste cruciale pour l'éducation des enfants, et les enseignants joueront un rôle essentiel dans l'utilisation efficace de l'IA dans les salles de classe[3]. »

Damian Gsponer, fondateur de la gd-Schule de Bratsch, en Suisse, illustre cette idée autrement : « C'est très important de transmettre aux enfants des compétences, mais aussi des valeurs. C'est comme ça qu'on pourra réussir cette transformation numérique, car, là aussi, il y a des valeurs à respecter. Surtout dans ce domaine. Le potentiel de faire le bien y est décuplé, mais le potentiel de faire le mal aussi. Et pour aborder ces changements, on a besoin de compétences et de valeurs. »

Et si l'école du XXIe siècle avait comme principale mission d'apprendre aux enfants à devenir des créateurs, des citoyens actifs *versus* des consommateurs passifs des GAFAM ?

Motivation, respect des professeurs, temps long, autonomie, entraide, mentorat, camaraderie, travail en équipe, autant de compétences et de valeurs qui portent en elles les enjeux éthiques de l'éducation.

Comme le souligne François Taddei, polytechnicien, biologiste, chercheur à l'Inserm et directeur du Learning Planet Institute, « on peut s'interroger sur ce besoin d'éthique, à savoir que les connaissances des ingénieurs, des médecins progressent régulièrement mais que leur capacité à penser l'éthique a tendance à décroître au fil de leurs années d'études, ce qui est plutôt inquiétant. Je pense qu'il faut s'interroger sur ces thématiques, si on veut penser le monde de demain, et ce que les technologies et la science peuvent apporter dans ce monde. Si on oublie l'éthique, je pense qu'on risque d'avoir des problèmes assez sérieux[4] ».

Kiran Bir Sethi, fondatrice de la Riverside School, va plus loin : « Un programme éducatif dépourvu d'empathie ne fait qu'engendrer davantage de crises dans le monde. » Mais si l'empathie est la fin, le langage en est le moyen. L'intelligence artificielle est un outil qu'on ne peut pas exploiter si l'on ne maîtrise pas le langage. Dans un article du *Point* en date du 14 septembre 2023, Michel Desmurget, directeur de recherche en neurosciences cognitives à l'Inserm et auteur de *Faites-les lire ! Pour en finir avec le crétin digital*[5], déclarait : « Dès lors, ce qu'il faut offrir à nos enfants, c'est une “intelligence” capable non seulement de s'adapter aux incertitudes du monde qui vient, mais aussi (et surtout) de penser les évolutions de ce monde. À cette aune, l'IA ne change pas grand-chose à l'importance fondamentale de la lecture et à ce que devraient être nos objectifs pédagogiques cardinaux. Elle ne fait que rendre encore plus crucial l'apprentissage de ces compétences qui (supposément) ne servent à rien (ou pas grand-chose), mais permettent tout : langage, culture générale, concentration, régulation émotionnelle, intelligence sociale, etc.[6] »

Ce qui est nécessaire dans les pays où l'éducation est accessible à tous n'est pas forcément transposable partout de la même façon. Toutes les expériences relatées dans ce livre ont été développées et enrichies à partir des vidéos présentes sur notre plateforme en ligne[7] et tournées par notre équipe. La plupart sont extraites de la série et du film[8], mais beaucoup ont été tournées depuis. Une seule des vidéos présentes dans le film et sur la plateforme n'a pas été tournée par nos équipes : « La Coconut School[9] », reportage réalisé par le journaliste William Irigoyen pour Arte en 2019, dans une école du nord du Cambodge.

En regardant ce reportage, il nous a paru impensable de ne pas l'inclure dans notre tour du monde des initiatives pour redonner du sens à l'école.

Son fondateur, Ouk Vanday, a construit lui-même la Coconut School à partir de déchets recyclés. Dans cette région un peu abandonnée par le gouvernement central, l'établissement accueille les enfants qui auparavant étaient encouragés à mendier pour mériter leur place à la table familiale. Une des spécificités de cette école est que les élèves doivent participer un jour par semaine à la collecte des déchets abandonnés par les touristes dans le parc naturel. Les enfants sont nourris grâce aux donations, reçues souvent via les réseaux sociaux, et ils reçoivent une scolarité normale grâce à des professeurs bénévoles. La lumière dans leurs yeux montre bien qu'ils ont compris l'intérêt d'apprendre pour sortir de la condition misérable de leurs familles. Ils participent eux-mêmes à l'agrandissement de leur école et ils sont fiers d'en faire partie. Nun a 13 ans. Avant d'être élève à la Coconut School, il mendiait : « Si un jour, oncle Vanday décide de partir, j'enseignerai à mon tour à ceux qui sont dans le besoin. Ensuite, si quelqu'un d'autre peut me remplacer, alors je laisserai ma place et je chercherai un autre travail. »

Tout au long des visites que nous avons faites dans ces écoles dans des contextes très divers, il apparaît que lorsque les enfants sont confrontés très tôt au monde réel et à la société qui les entoure, ils sont mieux préparés à se lancer dans la vie.

Cette enquête n'est pas exhaustive, des centaines d'autres écoles, des millions de professeurs innovent partout dans le monde. Et surtout elle est loin d'être terminée. Il nous reste encore des classes, partout dans le monde, où poser nos caméras pour filmer le bonheur à l'école. Plus qu'une enquête, c'est une quête à laquelle vous pouvez aussi participer, en filmant vos propres expériences – que nous partagerons sur notre plateforme. Le bonheur à l'école, c'est maintenant.

Remerciements

Merci aux élèves, aux enseignants, aux personnels, aux écoles et aux institutions qui nous ont accueillis :

Conrad Schule à Berlin, Allemagne
École Pappelhof à Berlin, Allemagne
École élémentaire de Rangsdorf, Allemagne

Le Grand Vivier à Chièvres, Belgique
Le Paradis des Enfants à Etterbeek, commune de Bruxelles, Belgique

Baltic Film, Media and Arts School (BFM) à Tallinn University, Estonie
Gustav Adolf Grammar School à Tallinn, Estonie
École de Kolga, Estonie
École Kuristiku à Tallinn, Estonie
École de Pelgulinn à Tallinn, Estonie

Atelier des enfants du Centre Pompidou à Paris, France
L'Année lumière à Lyon, France

Les Bâtisseurs de Possibles, France
Collège Decroly à Saint-Mandé, France
Collège Jean Jaurès et association Dreamakers à Aire-sur-la-Lys, France
Collège Thomas Mann à Paris, France
École Jacques Prévert au Vignau, dans les Landes, France
Collège Jacques Prévert, à Marseille (XIIIe arrondissement), France
Collège Stendhal à Nantes, France
Collège Marais de Villiers à Montreuil, France
École nouvelle Émilie Brandt à Levallois-Perret, France
École Pierre de Coubertin à Villeneuve-la-Garenne, France
École élémentaire Jules Ferry à Nanterre, France
École Anatole France à Courbevoie, France
École Victor Hugo à Colombes, France
Hub School 21 à Vincennes, France

Riverside School à Ahmedabad, Inde

Collège d'Alcanena, Portugal

La gd-Schule à Bratsch, dans le Haut-Valais, Suisse

Plus spécifiquement, merci à celles et ceux qui nous ont ouvert leurs portes :

Rudy Alba, @ire Note, Catherine Austraet, Asmae Barkia, Kiran Bir Sethi, Mathilde Blanchardon, Claire Bleton-Martin, Martina Bukowiecki, Jean-Charles et Pauline de Castelbajac,

Béatrice Chennebault, Katrin Sigijane, Ana Claudia Cohen, Ramona Coupel Dulgheru, Philippa Jane-Blein, Laurence Cussac, Rodrigue Coutouly, Laëtitia Escot, Kamel Essaied, Isabelle Frantz-Marty, Damian Gsponer, Jacqueline Köster, Birgy Lorenz, Hans-Gerritt Plessen, Claire Gibault et le Paris Mozart Orchestra, William Irigoyen, Ali Keita, Philippe Korda, Jean-Philippe Lachaux, Mart Laanpere, Bastien Masse, Diego Molina Fueyo, Fanny Peissik Riblier, Daphné Piette, Yannick Pirali, Julien Puel, Fabrice Réchède, Arnaud Risselin, Henrik Salum, Bruno Sbille, Virginie Schaefer, Sven Schrape, Jonathan Sueur, Kristen Tamm, Kairit Tammets, Priit Tammets, Nawal Zouaoui.

Merci à celles et ceux sans qui rien n'aurait été possible :

Michèle Reiser, Dorothée Hontebeyrie, Olivier Braut et la Fondation Bettencourt-Schueller, Françoise Bettencourt Meyers, CANAL+, Jean-Marc Juramie, Christine Cauquelin, Myriam Zedira, Olivier Agogué, Audrey Brugère, Carole Malvoisin, Michel Hervé et Hervé Thermique, Laurence Vanhee, Jean-Marie Decarpentries et la Fondation Philippe Descarpentries, Soraya Rebbouh, Pascal Letellier de l'association Le Bonheur à l'École, Erasmus +,

Nos partenaires européens :
Riho Vastrik, Vesilind OÜ
Sophokles Tasioulis, Sophisticated Films
Manuel Poutte et Lux Fugit Films
Thomas Tomschak et Bunker Palace

Production et tournage

L'équipe française :

Laurence Uebersfeld, Matthias Weber, Katell Paillard, Carla Salvain, Christophe Petit, Sabine Glon, Anaë Bourdin, Josephine Terra, Marguerite Corlay, Kim Yen Nguyen, Vic Krass, Oceane Lescop, Eline Sorba, Jerôme Lefdup, Cannelle Guhur, Jean-Paul Bonpapa, Frédérique Destribats.

L'équipe estonienne :

Kadriann Kibus, Nele Aunap, Aivo Rannik, Helen Västrik.

L'équipe indienne :

Prashanth Karanth et P. D. Valson.

L'équipe allemande :

Friederike Frier, Aldo Gulgolz, Alexander Heinze.

L'équipe portugaise :

Michelle Mendonça, Moritz Kerschbaumer.

Merci à celles et ceux qui nous ont soutenus :

Olivier Domerc, Amelle Adam, Solange Aincy, Amina Annabi, Anne-Catherine Baseilhac, Jackie Bastide, Caroline Blaes, Thomas Blettery Ashoka, La BOM de Montreuil, Christèle Begg, François Belorgey, Yorrick Benoist, Pierre Berger, Christian de Boisredon, Aurore Bonato, Gilles Bovon, Cécole Boulay, Sophie Bramly, Claire Blondel, Ludi Boeken, Véronique Briant Karakos, Christophe Bys, Jean-Charles de Castelbajac,

Thomas Ceugnard, Pascal Charvet, Daniel Chernet, Hélène Claeys, Thomas Cocirta, Annie Cognier, Philippe Cohen, Florence Curet, Julie Debord, Nicolas Degennes, Marie-Valérie Dietlin, Faraz Doan, Laure Duhard, Véronique Dupard, la famille Erguner, Jean-Baptiste Erreca, Pascale Faure, Sébastien Folin, Frédéric Fontaine, Maria Silvia Gatta, Lina Geissmann, Alexandre Gérard, Jean-Michel Gode, Virginie de la Grange, Jean-Edouard Gresy, Sophie Guichard, Marie Guillemain, Virginie Guilminot, Valérie Hernandez, Barbara Hurel, Béatrice Imhaus, Dominique Jean Pierre, Annie Kahn, KissKissBankBank, Jean-François Lacoux, Clémence Lacroix, George Lafitte, Laurence Laffiteau, Béatrice Lagarde, Dominique Laville, Ombiline Le Lasseur, Pascal Letellier, Ruth Marshall, Fabienne Malka, Corinne Mancel, Jean-Jacques Mandel, Claire Bleton-Martin, Ana Matoso, Antoine Meissonnier, Just Meissonnier, Anne-Marie Meissonnier, Céline Meissonnier, Just-Aurèle Meissonnier, Luc Meissonnier, Olympe Meissonnier, Solène Meissonnier, Angelina Mike, Romain Mondon, Emma Nahon, Sylvain Mustaki, Katell Paillard, Isabelle Pailleau, Nancy Patel, Alan Pazlar, Eric Peters, Olivier Pullinckx, Soraya Rebbouh, Isabelle Robin, Maelle Rochut, Bernard Rohmer, Isis de Romefort, Jennifer Rouxel, Michel Royer, Emmanuelle Schlesser, Thierry et Régine Secrétan, Marie Sellier, Pascal Signolet, Ruthie Sobel Luttenberg, Jérôme Sordoillet, Béatrice Soulé, Ngoc Suong Gras, Marie Tanguy, Thomas Tomshak, Martine Uebersfeld, Marc Vannesson, Florence Vichi, Claire Wakely, Jérôme Walrafen, Tracy Whipple.

Brigitte Macron, la Fédération Wallonie-Bruxelles, Frédéric Delcor, Nathalie Bolland, Julie Calleuw, Éric Bultel, Guillaume

Raboutot de l'Institut français de Tallinn, Adeline Deniau – WISE Fundation, Marie-Anne Denis, Florence Guemy, Damien Giard chez Milan Bayard Presse, Nikita Desai – Design for Change, Marie Christine Pinault Desmoulins – Unesco, Guillaume Prévost – Vers le Haut, Julien Peron, Jean-David Bol d'Innovation en Éducation, Racines de Demain et Chloé Lefebvre, Elizabeth Sauser Monnig, Stephen Cudby, Céline Vouhé et l'équipe d'eTwinning France, Andreas Schleicher, Kelly Makowiecki OECD Future of Education & Skills 2030, Pascal Signolet – Festival Atmosphères, François Taddei, Olivier Bréchard et le Learning Planet Institute, Najat Vallaud-Belkacem, Angélique Figari – La Maison de l'Apprendre, Séverine Jacquet.

Benoît Rouillard, qui a eu l'idée de ce livre et nous a accompagnés durant sa conception.

Sofia Bengana, Frédérique Polet et Marthe Léman des Presses de la Cité.

50 initiatives

Les outils pédagogiques

Notes

Préface

1. https://t4.education/blog/the-winners-of-the-worlds-best-school-prizes-2023-revealed/
2. https://www.education.gouv.fr/EuropeEducation2022
3. https://www.ifrap.org/education-et-culture/evolution-de-la-france-dans-le-classement-pisa-depuis-2000

1. Interaction et coopération : l'école de l'empathie

1. L'école du « *I can*, je peux » a essaimé dans le monde entier et donné naissance au mouvement Design for Change, au Riverside Learning Center, centre de formation des enseignants extérieurs à l'établissement qui veulent se former aux méthodologies, et à l'ONG Approach, structure indépendante mais partenaire de Riverside, qui mène des actions citoyennes. Voir Kiran Bir Sethi, Mohan Gudipati et Apoorva Bhandari, *Every Child Can : Riverside School's Design-Led Approach to Empower Children*, 2023.
2. En France, l'association « Bâtisseurs de Possibles » (voir sous-chapitre suivant) s'inscrit dans cette démarche du *design thinking*, boîte à outils à destination des enseignants (disponible sur le Net) pour repenser la configuration de leurs classes afin qu'elle réponde aux besoins de leurs élèves. Site internet du Riverside Learning Center : https://riversidelearningcenter.in/

3. https://dfcworld.org/
4. https://reseau.batisseursdepossibles.org/accompagnement/la-demarche-batisseurs-de-possibles/
5. Le salon Educatec-Educatice, devenu Educatech Expo, s'est imposé comme une référence majeure dans le domaine de l'éducation et des nouvelles technologies.
6. https://www.learningplanetinstitute.org/
7. Voir « Des rituels humanistes pour souder les groupes et développer la compassion », p. 25.
8. La pédagogie du colibri est popularisée par Pierre Rabhi (voir https://www.lesamanins.com/ecole-du-colibri/).
9. https://www.mediacteurs.com
10. Voir « Des rituels humanistes pour souder les groupes et développer la compassion », p. 25.

2. Une école motivante : prévenir ou lutter contre le décrochage scolaire

1. Le Sens de l'École est une association fondée en janvier 2020 par Virginie Schaefer, avec pour missions d'agir positivement sur le sens de l'école, de favoriser un climat de classe serein, de développer la persévérance et le goût d'apprendre, de renforcer la motivation et l'accrochage scolaire, ainsi que de donner l'envie de contribuer à la société. Il y a trois parcours d'ateliers en cycle 3 (un en CM1, un en CM2 et un en sixième). L'approche est systémique, le but étant que les enseignants réinvestissent chaque atelier à leur façon et en fonction de leur classe. Avec plus de 75 établissements déjà visités dans 7 départements en Île-de-France, l'association, qui a obtenu un agrément de l'académie de Paris, connaît un développement rapide et organique.
2. https://www.oecd.org/pisa/PISA2015-le-bien-etre-des-eleves-France.pdf
3. Traduit littéralement par « mentalité de croissance », cette expression signifie que l'on peut sans cesse progresser, acquérir de nouvelles compétences en investissant le temps et les efforts nécessaires.

Voir Carol Dweck, *Mindset : The New Psychology of Success*, Random House, 2006.

4. Hélène Korda et Philippe Korda, *Déclic*, Les Presses de la Cité, 2023.
5. Albert Camus, « *Cher Monsieur Germain,…* », *Lettres et extraits*, Gallimard, 2023.
6. https://www.institutlouisgermain.org/
7. Voir « Acte II : engagement et théâtre », p. 99.
8. Molière, *Le Bourgeois gentilhomme*, 1670, acte II, scène IV.
9. Molière, *Le Bourgeois gentilhomme*, 1670, acte III, scène VIII.
10. Shakespeare, *Hamlet*, 1603, traduction Yves Bonnefoy, acte III, scène II.
11. Gilles Deleuze, *Abécédaire*, « E comme Enfance », dans *Entretiens avec Claire Parnet*, Paris, Éditions Montparnasse, 1997.
12. https://www.oecd.org/france/PISA-2012-results-france.pdf
13. https://www.oecd.org/pisa/publications/PISA2018_CN_FRA_FRE.pdf
14. https://www.vie-publique.fr/eclairage/19539-resultats-des-eleves-la-france-et-le-classement-pisa-2022
15. https ://www.annee-lumiere.org
16. L'Année lumière propose deux formules : un programme court de 6 mois et un long de 9 mois.
17. Fédération de 15 associations loi 1901, agréée par le ministère de l'Éducation nationale, de la Jeunesse et des Sports.
18. www.awayke.org
19. https://fr.linkedin.com/in/mathildeblanchardon

3. L'école dans le concret : faire et apprendre par le réel

1. Voir Damian Gsponer, *Survival in der Schule : Schritt für Schritt aus der Mobbingfalle*, Nowum Pro, 2014, ou *Das Schulexperiment : Vom Abstellgleis auf die Überholspur*, Nowum Pro, 2014.
2. L'étude de l'université de La Trobe, à Melbourne – dirigée par Mme Deanna Tepper et publiée dans le « Australian Occupationnal Therapy » –, a révélé que les tâches domestiques étaient associées à de meilleures fonctions exécutives – planification, autorégulation, basculement entre les tâches et la mémorisation des instructions. Étude reprise en France dans des articles parus dans *Le Figaro* et

Le Point : https://etudiant.lefigaro.fr/article/les-enfants-qui-font-la-cuisine-ou-le-menage-ont-de-meilleures-notes-a-l-ecole_ad5f00a8-f20f-11ec-aecb-a5c44b571225/ ; et https://www.lepoint.fr/education/les-enfants-participant-aux-taches-domestiques-seraient-meilleurs-a-l-ecole-24-06-2022-2480882_3584.php

3. Virginie Hanna, *Renato aide le Père Noël*, Auzou, 2012.
4. Voir « L'école dans le concret : faire et apprendre par le réel », p. 129.
5. Voir « "À la soupe !" en maternelle pour travailler l'esprit d'équipe et l'autonomie », p. 148.
6. Voir « L'École e-estonienne relève le défi évolutif », p. 189.
7. Voir *ibid*.
8. Dans les Hauts-de-France, l'association Entreprendre pour apprendre – Hauts-de-France, qui a organisé notre rencontre à Aire-sur-la-Lys (cf. chapitre suivant) s'est séparée du réseau en 2021 pour devenir Dreamakers. https://dreamakers-hdf.fr/
9. Voir « Application métier et avenir : le club de drone », p. 156.

4. Apprendre à l'ère du numérique : entre nouvelle feuille blanche et intelligence artificielle

1. https://play-lu.com/fr/
2. https://www.childfocus.be/
3. L'équivalent en France : https://e-enfance.org
4. « Non au harcèlement » est une plateforme de ressources et de sensibilisation du Ministère de l'Éducation nationale français. On y trouve des publications comme *Comprendre pour agir : « Les injures »*, *Apparence physique et cyberviolence*, ou le *Guide de prévention de cyberviolence entre élèves*.
5. https://www2.compareyourcountry.org/pisa
6. Acronyme de « *Really Simple Syndication* », RSS est un format de données standardisé qui favorise la diffusion et l'échange de contenus fréquemment mis à jour sur le Web.
7. En Estonie, les établissements scolaires du primaire au secondaire sont tous désignés par le terme d'« école ».

8. La blockchain est une technologie de stockage et de transmission d'informations transparente, sécurisée, et fonctionnant sans organe de contrôle central.
9. Personnel formé pour accompagner l'intégration du numérique à l'école.
10. https://www.youtube.com/channel/UCaDqmzanCq4ZYhdEm0Df9Qg et https://www.maths-et-tiques.fr
11. https://julioprofe.net/
12. https://www.arieka.fr/
13. https://www.instagram.com/wonderwomath1/?hl=fr
14. https://www.class-code.fr/
15. ChatGPT, développé par OpenAI, est une intelligence artificielle capable de générer du contenu écrit.
16. Voir la vidéo : https://lebonheuralecole.org/fr/e/episode/comment-expliquer-aux-eleves-le-fonctionnement-des-algorithmes-et-de-lintelligence-artificielle
17. https://fr.vittascience.com/

5. Les disciplines artistiques pour développer les sens et redonner du sens

1. Voir « Le droit à l'excellence avec l'Institut Louis Germain, Acte II : engagement et théâtre » p. 99.
2. « Orchestre au Bahut » est un dispositif créé en partenariat avec les académies de Versailles et de Créteil.
3. « Bleu », 2022, mélologue pour narratrice et orchestre, composé par Benoît Menut, écrit par Maud Fontenoy, dirigé par Claire Gibault, interprété par le Paris Mozart Orchestra, avec la voix de Lisa Toromanian.
4. La Hub School 21, n'étant pas conventionnée, a dû fermer ses portes en 2023, faute de moyens.
5. Citation communément attribuée à Henri-Georges Clouzot, voir https://www.gaumont.com/fr/actualites/henri-georges-clouzot-un-maitre-cinema
6. Voir « Écrire une histoire et réaliser un storyboard », p. 246 et « Filmer une bonne image », p. 250.
7. Voir www.defi-lebonheuralecole.com

8. Financée par le Conseil estonien de la recherche, « Rakett69 » a été élue meilleure émission de télévision éducative en Europe en 2012 et a remporté le prix de la communication scientifique la même année. Le programme a d'ailleurs été adapté au Luxembourg sous le titre « Take Off », diffusé à partir de janvier 2024 sur RTL Télé et la chaîne YouTube de science.lu
9. Voir « L'École e-estonienne relève le défi évolutif », p. 189.

6. Réfléchir et se recentrer : les bienfaits des temps calmes et du dialogue

1. http://maitrefafa.eklablog.com/
2. Voir Debbie Diller, *Aménager sa classe pour favoriser l'apprentissage*, « L'enseignement par petits groupes : favoriser l'apprentissage de tous les élèves en littératie », « Les centres de littératie : susciter l'engagement des élèves en lecture, en écriture et en communication orale », Chenelière Éducation, 2015.
3. Voir « Autonomie et responsabilité : la classe flexible », p. 276.
4. https://www.inserm.fr/actualite/mooc-attention-ca-apprend/
5. Interview de J.-P. Lachaux, réalisée le 5 juin 2023, par Martin Meissonnier et Sandra Bérézaie.
6. Interview de J.-P. Lachaux, *op. cit.*
7. Interview de J.-P. Lachaux, *ibid.*
8. Educartable est une plateforme de la société Edumoov, à destination des enseignants du primaire. Ce service permet de simplifier la communication avec les parents d'élèves, grâce à trois outils : un cahier de textes (pour transmettre les devoirs), un carnet de liaison (pour les échanges avec les parents), un cahier de vie (espace de partage des activités menées en classe).
9. http://maitrefafa.eklablog.com/l-enseignement-de-l-orthographe-a213949435
10. Fabrice Réchède, *Livret d'entraînement à l'orthographe fluide*, Hatier, 2024, accompagné du « Guide et matériel pour l'enseignant » (qui comprend le jeu de plateau) : https://www.editions-hatier.fr/livre/pour-une-orthographe-fluide-cm-ed-2024-guide-et-materiel-enseignant-9782401109544

11. En France, la Fondation SEVE pratique également ces techniques. https://seve.org/
12. Voir « Une année pour s'orienter : construire son projet d'avenir » à l'Année lumière, p. 113 ; https://www.annee-lumiere.org/
13. https://cap360-coaching.fr/coach-orientation-scolaire/
14. Voir « Des rituels humanistes pour souder les groupes et développer la compassion », p. 25.
15. Voir « Le rituel du "conglom" pour souder le groupe », p. 30.

Conclusion

1. Michel Hervé, *Une nouvelle ère*, François Bourin, 2015.
2. Interview de J.-P. Lachaux, *op. cit.*
3. ChatGPT, extrait de la conclusion, à partir du prompt : « Qu'est-ce que l'intelligence artificielle va changer dans l'éducation des élèves ? », juin 2023.
4. Interview de François Taddei par Martin Meissonnier, 2019.
5. Michel Desmurget, *Faites-les lire ! Pour en finir avec le crétin digital*, Seuil, 2023.
6. « Michel Desmurget : L'intelligence artificielle ne doit point penser à notre place », propos recueillis par Guillaume Grallet et Héloïse Pons, *Le Point*, 14 septembre 2023.
7. https://lebonheuralecole.org/fr
8. https ://www.canalplus.com/decouverte/le-bonheur-a-l-ecole/h/17735785_50001
9. https ://www.arte.tv/fr/videos/087835-000-A/cambodge-a-l-ecole-de-la-mise-au-rebut/

Composition et mise en pages
Nord Compo à Villeneuve-d'Ascq

#lisez! engagé
Pour plus d'information :
www.lisez.com
Imprimé sur du papier issu de forêts gérées durablement.

Achevé d'imprimer par
Normandie Roto Impression s.a.s.
61250 Lonrai (Orne)
N° d'imprimeur : 2403269

Imprimé en France